炒股精简易学实用系列

做精实盘手法

【彩图版】

李志尚 ◎ 著

SPM
南方出版传媒
广东经济出版社
·广州·

图书在版编目（CIP）数据

做精实盘手法（彩图版）/ 李志尚著．—广州：广东经济出版社，2017.7
（炒股精简易学实用系列）
ISBN 978－7－5454－5440－6

Ⅰ．①做… Ⅱ．①李… Ⅲ．①股票投资－基本知识Ⅳ．①F830.91

中国版本图书馆 CIP 数据核字（2017）第 112684 号

出 版 人：姚丹林
责任编辑：罗振文　赖芳琨　周伊凌
责任技编：许伟斌
装帧设计：介桑
ZUOJING SHIPAN SHOUFA（CAITU BAN）

出版发行	广东经济出版社（广州市环市东路水荫路 11 号 11～12 楼）
经销	全国新华书店
印刷	佛山市浩文彩色印刷有限公司 （南海狮山科技工业园 A 区兴旺路）
开本	787 毫米×1092 毫米　1/16
印张	21.5
字数	357 000 字
版次	2017 年 7 月第 1 版
印次	2017 年 7 月第 1 次
印数	1～5 000
书号	ISBN 978－7－5454－5440－6
定价	88.00 元

如发现印装质量问题，影响阅读，请与承印厂联系调换。
发行部地址：广州市环市东路水荫路 11 号 11 楼
电话：（020）38306055　37601950　邮政编码：510075
邮购地址：广州市环市东路水荫路 11 号 11 楼
电话：（020）37601980　营销网址：**http://www.gebook.com**
广东经济出版社新浪官方微博：**http://e.weibo.com/gebook**
广东经济出版社常年法律顾问：何剑桥律师

前　言

PREFACE

主力手法千变万化，出其不意，让散户投资者捉摸不定。其实，主力的手法源自两方面：一方面是在不同阶段做出不一样的手法，另一方面是不同操盘手使用不同的手法。我们研究主力的手法，并不是将所有手法全部看透，也不可能全部看透，而是将最有效的、最易看透的、最有潜力价值的手法进行解析。例如：炒股要赚大钱就必须首选强势股操作，强势股必须有主力控盘，在主力控盘的不同阶段将会用到不同的手法。比如，主力建仓、试盘、洗盘、打压、震仓、挖坑、骗线、修整、变盘、起涨、拉升、出货等，看透这些环节中的手法即钻主力的空子，完全可找到强势股的低吸机会，尽可能避免追高或被套风险。本书中笔者将对这些环环相扣的主力手法进行大解密，可帮助读者在今后的操作中变得更加明智。在读懂主力手法之后，笔者再为大家分享散户投资者最实用的操作手法，以及如何降低风险、扩大利润。

本书初次出版于2012年，近年来持续在同类书籍中销量排前，获得数万读者的好评。经一些读者的要求和建议，笔者于2017年再次重整升级版，更换为彩色图释，并对内容方面进行补充与完善，同时还增添部分笔者近年来最新的心得体会内容，希望帮助读者能迅速提升实盘操作效率。

目 录
CONTENTS

上 篇 主力常用手法

第一章 主力建仓手法……3

导 读 主力建仓的前提条件……5
第一节 低位放量建仓手法……7
低位放量建仓成功案例图解一……8
低位放量建仓成功案例图解二……9
低位放量建仓失败案例图解一……11
低位放量建仓失败案例图解二……12
第二节 低位涨停建仓手法……14
低位涨停建仓成功案例图解之早盘封板……16
低位涨停建仓成功案例图解之持续封板……17
低位涨停建仓成功案例图解之一字封板……19
低位涨停建仓失败案例图解之尾盘封板……20
低位涨停建仓失败案例图解之放量封板……21
低位涨停建仓失败案例图解之板后回吐……23
第三节 低位跳空建仓手法……25
低位向上跳空建仓成功案例图解之重心上移……26
低位向上跳空建仓成功案例图解之串阳张口……27
低位向上跳空建仓失败案例图解之重心下移……28
低位向上跳空建仓失败案例图解之放量回转……30
第四节 低位串阳建仓手法……32
低位串阳建仓成功案例图解之串阳组合……33
低位串阳建仓成功案例图解之持续串阳……34
低位串阳建仓成功案例图解之串阳加速……36
低位串阳建仓成功案例图解之串阳增仓……37
低位串阳建仓失败案例图解之量价关系……38
低位串阳建仓失败案例图解之波段套现……39
低位串阳建仓失败案例图解之趋势未改……41

第五节　小阴小阳手法……43
小阴小阳建仓成功案例图解之慢牛攀升……44
小阴小阳建仓成功案例图解之火山爆发……45
小阴小阳建仓失败案例图解之反弹结束……47
小阴小阳建仓失败案例图解之一叶知秋……48
第六节　常见主力吸筹的 K 线特征……50
阳长阴短特征案例图解……50
牛长熊短特征案例图解……51
窄幅横盘特征案例图解……52
第二章　主力试盘手法……55
导　读　主力试盘的目的和手法……57
第一节　试探是否存有老庄……58
第二节　观察浮筹和持仓情况……59
第三节　探测追涨杀跌和多空力度……60
第四节　长上影试盘……62
主力做长上影线试盘成功案例图解一……63
主力做长上影线试盘成功案例图解二……65
主力做长上影线试盘成功案例图解三……66
主力做长上影线试盘成功案例图解四……68
主力做长上影线试盘成功案例图解五……69
主力做长上影线试盘失败案例图解一……71
主力做长上影线试盘失败案例图解二……72
主力做长上影线试盘失败案例图解三……73
第五节　长下影试盘……76
主力做长下影线试盘成功案例图解一……77
主力做长下影线试盘成功案例图解二……78
主力做长下影线试盘成功案例图解三……80
主力做长下影线试盘成功案例图解四……81
主力做长下影线试盘成功案例图解五……82
主力做长下影线试盘失败案例图解一……83
主力做长下影线试盘失败案例图解二……85
主力做长下影线试盘失败案例图解三……86
主力做长下影线试盘失败案例图解四……88
主力做长下影线试盘失败案例图解五……89
第六节　假阴线试盘……91
主力做假阴线试盘成功案例图解一……92

主力做假阴线试盘成功案例图解二……93
主力做假阴线试盘成功案例图解三……94
主力做假阴线试盘失败案例图解一……95
主力做假阴线试盘失败案例图解二……96
主力做假阴线试盘失败案例图解三……97
第七节　假阳线试盘……99
主力做假阳线试盘成功案例图解一……100
主力做假阳线试盘成功案例图解二……101
主力做假阳线试盘成功案例图解三……102
主力做假阳线试盘失败案例图解一……103
主力做假阳线试盘失败案例图解二……104
主力做假阳线试盘失败案例图解三……105
第八节　竞价中试盘……107

第三章　主力洗盘手法……111

导　读　主力洗盘的目的……113
第一节　主力洗盘区域……114
边拉边洗案例图解……114
二浪洗盘案例图解……115
四浪洗盘案例图解……117
平台洗盘案例图解……118
横盘洗盘案例图解……119
逆市抵御型洗盘案例图解……121
坐山观老虎洗盘案例图解……122
第二节　主力洗盘手法……124
快刀斩乱麻法洗盘案例图解一……125
快刀斩乱麻法洗盘案例图解二……126
破位扫损法洗盘案例图解一……128
破位扫损法洗盘案例图解二……129
破位扫损法洗盘案例图解三……131
阴雨绵绵洗盘手法案例图解一……133
阴雨绵绵洗盘手法案例图解二……134
阴雨绵绵洗盘手法案例图解三……135
坑蒙拐骗洗盘手法案例……137
望而止步洗盘手法案例图解……139

第四章　主力打压手法……145

导　读　主力打压的目的……147

第一节　牛回头打压式……148
牛回头打压式案例图解……148
第二节　强力打压式……150
强力打压式案例图解……150
第三节　分时打压式……153
分时打压式案例图解……153
第四节　顺势打压式……156
顺势打压式案例图解……156

第五章　主力震仓手法……159

导　读　主力震仓的目的和特征……161
第一节　分时图中震仓……163
分时图中震仓做多信号案例图解……163
分时图中震仓做空信号案例图解一……165
分时图中震仓做空信号案例图解二……166
第二节　建仓阶段震仓……168
低位阶段震仓吸筹成功案例图解……168
低位阶段震仓吸筹失败案例图解……170
第三节　洗盘阶段震仓……172
洗盘阶段震仓案例图解……172
第四节　主升阶段震仓……174
主升浪之前震仓案例图解一……174
主升浪之前震仓案例图解二……175
第五节　出货阶段震仓……178
震仓出货案例图解一……178
震仓出货案例图解二……180

第六章　主力挖坑手法……183

导　读　主力挖坑的目的和特征……185
第一节　主跌浪挖坑……187
主跌浪挖坑案例图解……187
第二节　上涨洗盘挖坑……189
上涨洗盘挖坑案例图解……189
第三节　横盘末期挖坑……191
横盘末期挖坑案例图解……191

第七章 主力变盘手法……195
导 读 主力做变盘的目的……197
第一节 认识变盘区域……198
多头变盘转势信号图……199
空头变盘转势信号图……200
第二节 上下影变盘法……201
探底回升前的上下影变盘信号案例图解……202
调整结束前的上下影变盘信号案例图解……204
箱体末期时的上下影线变盘信号案例图解……205
第三节 十字星变盘法……207
第四节 兄弟线变盘法……208
兄弟线转多信号案例图解……208
兄弟线转空信号案例图解……209
第五节 三角形变盘法……212
三角形变盘信号案例图解……212
第六节 神奇数变盘法……214
开盘价神奇数字变盘信号案例图解……217
最低价神奇数字变盘信号案例图解……219
最高价神奇数字变盘信号案例图解……220
收盘价神奇数字变盘信号案例图解……221
第七节 顶底背离变盘法……223
日均线和 MACD 线顶底背离案例图解……223
资金流向趋势指标顶底背离案例图解……224
分时图资金流向顶底背离案例图解……225
第八节 底部与顶部变盘法……227
底部反抽信号案例图解……227
底部反弹信号案例图解……228
底部反转信号案例图解……229
顶部回踩信号案例图解……230
顶部打压信号案例图解……231
顶部反转信号案例图解……232
第九节 平台与横盘后变盘法……233
底部平台变盘信号案例图解……233
底部横盘变盘信号案例图解……234
中继平台变盘信号案例图解……235
中继横盘变盘信号案例图解……236
顶部平台变盘信号案例图解……237
顶部横盘变盘信号案例图解……238

第八章 主力起涨手法……241
导　读　主力做起涨信号的特征……243
第一节　先变盘后起涨……245
第二节　回踩支撑起涨……246
回踩确认支撑后的起涨信号案例图解……246
第三节　平量涨停起涨……249
平量涨停板起涨信号案例图解……249
第四节　突变逆转起涨……252
第五节　光头光脚起涨……253
光头光脚阳线起涨案例图解……253

第九章 主力拉升手法……257
导　读　主力拉升的特征……259
第一节　拉升中的环境变化……260
第二节　拉升中的量能变化……262
第三节　拉升中的形态变化……263

第十章 主力出货手法……267
导　读　主力出货的特征……269
第一节　出货前的征兆……270
第二节　主力出货手法……272
第三节　8 种见顶特征……274

下篇 散户必用手法

第一章 散户选股必用手法……281
导　读　散户常用手法特征……283
第一节　长看一年翻几倍……284
冷门股走势案例图解……285
第二节　中看半年炒作否……287
爆炒热度降温案例图解……288
潜伏主升浪案例图解……289
第三节　短看三月建仓区……291
涨停板快马加鞭建仓案例图解……292
串阳组合稳中有升案例图解……293
长串连阳一气呵成案例图解……293
疯狂抢筹牛气冲天案例图解……294

震荡攀升顺势而为案例图解……294
第四节　近看一月洗盘位……296
第五节　细看一周形态图……297
第六节　再看分时找买点……298
第七节　时间窗口有变数……299

第二章　散户操作必用手法……301
导　读　散户稳操胜券的特征……303
第一节　学 7 战 3……304
第二节　做熟弃生……306
第三节　以小博大……307
以 2 博 10 案例图解……307
以 5 博 20 案例图解（一）……308
以 5 博 20 案例图解（二）……310
第四节　仓位控制手法……311
第五节　散户卖出手法……313
第六节　主动解套手法……315

附录
附录一　做精一张图☆强势股形态选股软件……319
附录二　志尚财富简介……321
附录三　【股民系统化培训课程】干货大全……323
附录四　【期货系统化培训课程】干货大全……326

后记……329

上篇 主力常用手法

SHANG PIAN

概　　述

股市中的主力机构也是由自然人组成的，所以说从人为的本质上讲，散户和主力没有什么区别，但从思维和行为的角度来讲就有较大的区别。商场如战场，股市也一样，只要跟金钱有关联的都会相互影响。散户和主力两者的资本力量不是一个级别档次，岂止是胳膊和大腿的区别呢？地位不同，能力不同，操作的环境和条件都不同，两者获取的信息永远是不能对称的。散户和主力在股市里面就是在行为上不断地厮杀，在心理上不断地博弈，在技术上不断地诱导。所以，散户首先要读懂庄家、战胜庄家、战胜自己，并学会自我保护才能立于不败之地。主力的任何行为都会留下蛛丝马迹，只要你能细心观察、用心研读、静心理解以及换位思考，判断能力就会不断提升。从“发现庄”到“跟庄”再到“逃庄”这三大步骤缺一不可，都不能忽视，在本书中笔者将这三大步骤进行细分图例讲解，将各种主力的常用手法全程破解，可帮助读者在实战操作中减少许多主力在控盘中的疑象。

第一章 主力建仓手法

“建仓”是证券投资者对市场未来一段时间内发掘出投资潜力，而进行相应的投资行为。其中能控制与影响股价的投资者会在什么样的情况下才能大量展开“建仓”动作呢？不同资金来源又会以什么方式进行“建仓”呢？不同操盘人员会有哪些操作手法呢？散户投资者如何从K线图形中察觉？又如何把握其中的操作机会呢？笔者在本章以细分类的图文解读。

导读
主力建仓的前提条件

一、宏观经济

宏观经济是指整个国民经济或国民经济总体及其经济活动和运行状态，如总供给与总需求、国民经济的总值及其增长速度、国民经济中的主要比例关系、物价的总水平、劳动就业的总水平与失业率、货币发行的总规模与增长速度、进出口贸易的总规模及其变动等。股市是国家经济的象征，也是经济的晴雨表，二者相互制动。主力要计划大举进场建仓前首先要对国内的经济进行全面分析，可避免经济失衡和供需关系失衡的系统性风险，同时将会回避经济周期影响到的行业个股。简言之，国民经济的“兴盛与衰落”决定投资者资产的增长与缩水，同时也反映出投资者的投资意愿与需求；国家政策导向和宏观调控以及货币政策等，将直接影响证券市场的供给关联。

二、周边环境

20世纪90年代以来，随着经济全球化和金融一体化以及一带一路的国际发展，我国经济与外部经济的联系日益紧密，股票市场逐步开放，国内股票市场对国际市场的敏感性引起学者和业界的关注。近几年来，随着经济全球化的发展，我国外贸不断增多，对全球市场的依赖性不断增强，主要贸易伙伴的经济状况对我国经济有着重要的影响。因此，基本面联动程度不断提高是我国与亚太乃至全球股市联系不断增强的主要原因之一。例如，1997年亚太金融危机、2008年美国次贷金融危机、2011年欧债金融危机，这三次金融危机影响全球的范围逐步扩大加深。这是全球人不得不反思的话题，也不得不重视的问题。

三、基本分析

股票投资分析方法主要有两大类：基本分析和技术分析。技术面是后者反映出基本面性质变化，但对主力来说首先对前者基本面的要求较高，必要时还会进行实地调研和市场调查等。基本分析法通过对股票内在价值和影响股票价格的宏观经济形势、行业状况、市场前景、财务状况、公司经营状况、市场占有率、高管治理制度等进行分析，评估股票的投资价值和合理价值，与股票市场价进行比较，相应形成买卖策略。

四、获悉消息

泛指所有非公开的能影响到股价波动的消息，而只有部分内部人士获得的消息，就称为“内幕消息”。主力们通过人际关系和相关密切渠道得到一手消息后，做出相应的操作策略。有人说：“二十一世纪只有两种人必赢，一种是能掌握信息抢得先机的人；另一种是拥有大量金钱、并以钱滚钱的模式倍增的人。”这两种人在股市里面就只有主力能获准，A股一贯都是以“消息市”“政策市”为向导。其次就是“题材为王”，没有题材就没有像样的上涨行情。

五、盘面监控

股市上涨完全是依靠资金来推动，水涨船高的原理，只要有资金推动，垃圾股都会上涨。主力在计划操控一只股票前，或操控过程中都会进行个股盘面监控。监控每笔大单流向并做出记录统计，以便自身的操作计划能顺利进行。特别是在建仓之前必须要对目标个股的盘面筹码进行监控，才能做出适当的资金分配计划，以及入场计划。在盘面监控的同时也许会采取适当的资金进行试盘，最后才进入实际布局和控盘阶段。

以上对主力建仓的前提条件做出了简洁的讲解，其目的是让大家能顺应主力的角度思考问题。

第一节 低位放量建仓手法

低位放量

是指经过大幅下跌20%以上的阶段后，突然出现放量上涨，所放出来的成交量比前一个月的量能都要大。

低位放量的类型

1. 持续放堆量：指在低位持续一周左右放出一大堆阳线成交量，这样的现象不一定是中期发展的良好形态。其中有一种形态是量增价不涨，另一种是量增价急拉，主要是由于主力在采用换庄、倒仓、套现等手法。例如：2011年5月底6月初的汉王科技（002362）、2011年7月的重庆港九（600279）、2011年8月的丰乐种业（000713）、2011年10月底的中天城投（000540）等。

2. 单根K线放量：指在调整到低位时的某一天突然放巨量下跌或急拉。其原因分别是放量急跌探底和突发利好放量急拉。特征分别是放量急跌后形成缩量反抽进行技术修复，能否筑底成功需看后续重心移动趋向；放量急拉大阳次日转跌就有可能形成急涨慢跌的弱势状态。类似这样的现象可多观察几天，待方向明朗时再做决定。

3. 两根阳线放量：指在低位放量突破并量价齐涨的现象。这符合主力在低位抢筹或大量建仓的手法，但一般就两天放量的中大阳线，第三天就会修整消化。如果第三天仍持续放量上涨那就符合持续放堆量的形态了。所以，在操作上可在当天放量阳线时用“追涨不追高的法则”买进，在次日逢高可在短线有3%～5%的盈利时抛出。在后期还可继续跟踪关注，待主力缩量修整完毕启动上涨后再跟进。这种情况也有可能是主力在试探性建仓，特别是见底后不超三天就开始放量上涨的时候，极有可能是主力抢筹建仓。本章节中将重点讲述这种手法。

低位放量建仓成功案例图解一

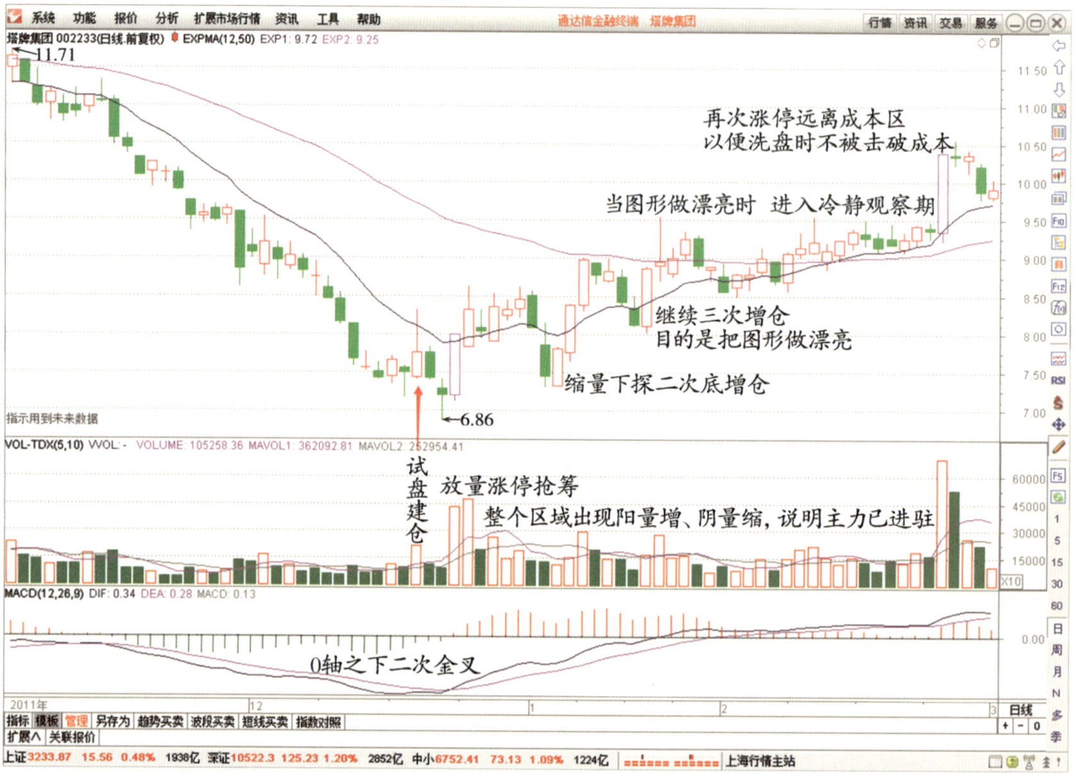

图1 塔牌集团（002233）2011年11月~2012年2月的日K线图

【图形解释】

图1重点所示的是塔牌集团（002233）2011年10月前后和12月底之后的走势。前面是从最高价13.91元下跌至11.14元附近出现过一次低位放量，但最终没有探底成功，是因后市重心趋向下。跌至最低价6.86元（财富密码），从最高价13.91元来计算股价，此时正好处于腰折的位置。就在收长下影线最低价6.86元后的第二天就开始放量大阳线起涨两天，随之进行缩量修整消化浮筹，整体重心趋向上移，并符合常见的主力低位放量建仓手法。

【图解启示】

图1的最低价6.86元正是前一个低点2011年6月13日8.18元附近获取支撑。该股在前期走势非常强势，这说明主力也非常有实力，因此不排除有老主力会在股价腰折

后再次重整旗鼓的可能。不但股价腰折使价值回归并且修整时长近半年，从阶段位置上看，也符合主力再次入场的条件。当股价出现明显高估后（股价持续一轮上涨1～3倍以上)，其价值回归的期间一般不少于3～6个月，中途的上涨就权当反弹对待。

单就量能来讲，一般底部到顶部的量能演变大致为：持续地量区域（进入底部）——阳线温和放量（主力开始逐渐进场）——回踩阴线缩量（主力开始收筹和锁筹，也代表卖量少）——阳多阴少（主力和先知先觉的散户进场）——阳量略增、阴量缩减（主力在休整中陆续增仓）——阳量逐渐放大（拉升远离成本区）——洗盘时阴量迅速收缩（主力只需抛售一两次打压，吓出一批散户的卖量，所以阴线量能很快缩减）——阳线量急剧增长（主力拉主升浪）——阴阳量同增、阴阳频繁交夹（主力开始陆续出货）。

低位放量建仓成功案例图解二

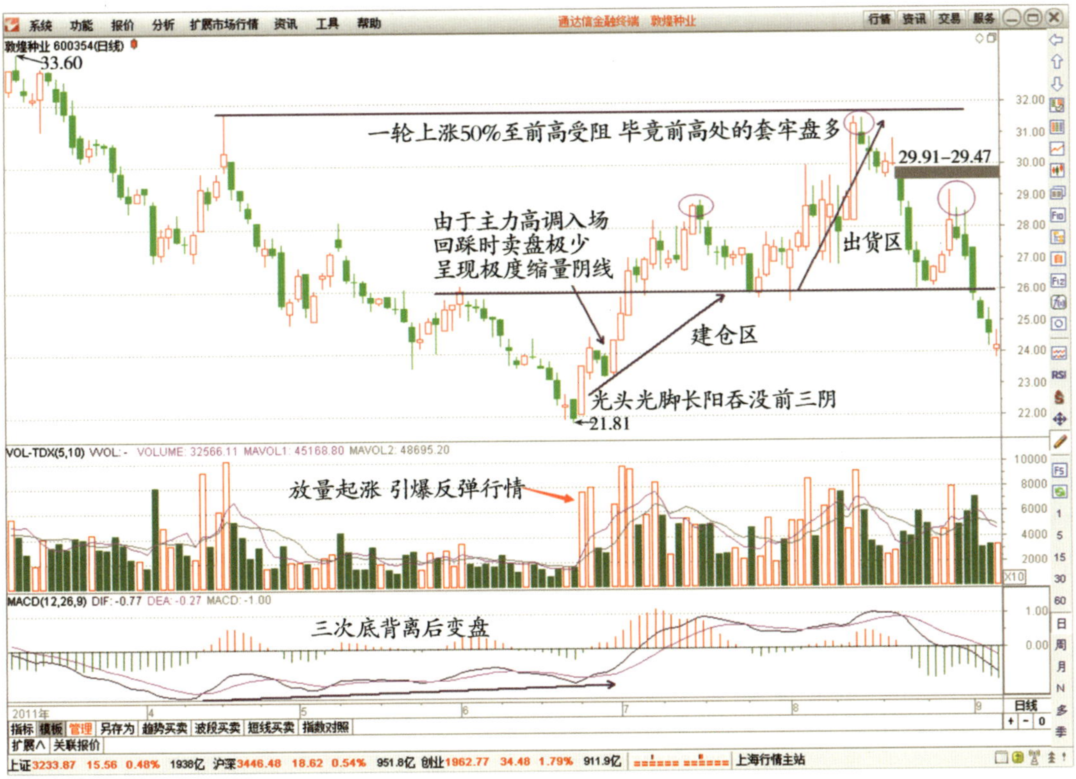

图2 敦煌种业（600354）2011年4~8月的日K线图

【图形解释】

图2重点所示的是敦煌种业（600354）6月24日后的走势。从2010年12月15日最高价39.65元后经过长达6个月时间下调周期，在2011年6月22日以最低价21.81元见底，最低价前第三天出现过地量，MACD也明显底背离，符合探底成功的特征，只差点火引爆起涨。第二天停牌，第三天复牌后全天一路放量攀升，报收涨幅7.72%的实体大阳线，本轮上涨幅度达到50%，这样的幅度使主力获得足够的从进场到出场的换手空间，后面的趋势主力是做多还是做空，这关键取决于市场环境和主力的预期目标位，或者我们可通过强弱指标和资金流指标去观察，例如图2中在第二次拉高时的MACD并没有明显上移，反而构成平行顶背离，且红柱也同比在收短，这也属于一种预见性的风险信号。再进一步观察“头肩顶”的右肩标准构成时，前面的风险信号也就得到确立。当放量阴线跌破反支撑线进入主力建仓成本区时，就应放弃该股了。毕竟当时的大盘趋向很不乐观，若换为强市中，出现这种主力建仓手法后，其股价涨幅应能翻倍。

【图解启示】

图2中有两个强势特征信号：

1. 在见底后的第二个交易日就出现放量大阳拉升，并没有出现筑底的过程，说明这是主力抢筹的手法。

2. 在出现低位两根实体较大的放量阳线后，第三、第四个交易日明显出现缩量小阴线回踩，紧接着又是放量的实体中阳线收复上升趋势。

按照笔者“低进式”的风格会选择在缩量小阴线的尾盘买进，或者是在中阳线收复起涨时大胆买进。因为只有到尾盘时才能确定当天是否是有效的缩量回踩，且缩量回踩的小阴线不能超过三根，最安全的买入点位是在缩量回踩后再以放量中大阳收复时，说明短期修整完毕，将重拾升势的潜力。这种条件大家可借鉴笔者的软件公式来进行选股，也可将选股的时间向前调几天，选出来的个股都是在前几天出现过低位放量的形态，这样可以找到更佳的买入位置。如果短线操作可选择当天符合条件的个股，那么可进行“追涨不追高的法则”操作。

低位放量建仓失败案例图解一

图3　中国嘉陵（600877）2011年5~12月的K线图

【图形解释】

图3重点所示的是中国嘉陵（600877）11月30日和12月1日这两根低位放量阳线的走势。从前高点13.1元下跌至6元左右整整调整了一年时间，股价在腰折位置进行了一个月之久的横盘筑底现象。先看左边2009年7~10月构成的上涨中继箱体，当股价再次回到此区域时，必然会有一定的心理支撑作用，才产生图3中的低位横盘箱体。在横盘末期阶段放量突破，但趋势仍未向上扭转，而是转头向下再创新低。只要没有形成反转趋势向上，就说明主力建仓失败，而这可能是因为市场环境影响不能做多，或者其他某种因素。当实体大阴线跌破前箱体下轨时，就已经表露出主力在放弃该股操作。

【图解启示】

“横盘个股只看不做”这是笔者的交易原则之一，因为不管在任何阶段出现横盘，在横盘之后向上还是向下都是很猛烈的。所以考虑到安全第一，可待方向明确时再做操作计划。如该图中在横盘末期放出巨量，说明主力在拉高出逃。不管是在高位还是在低位，横盘时间越长对主力越不利，既不能有效锁筹又消耗时间和精力，一旦待市场环境变化或预期落空，风险就特别大。其次该图同前述的区别是在见底后没有出现主力抢筹的现象。

按照中国股市常年以来的“零和游戏”规则来讲：例如股价从5元上涨到7.5元构上涨中继平台，再上涨到10元翻倍见顶；当见顶下跌至7.5元时，再构下跌中继平台，然后股价又回到5元。大家不妨把复盘中图3的K线图缩小来看，三次大底和三次大顶形成平行线，中间的涨跌幅度为700%之大。所以，弱市中的横盘或平台一定要注意，提防构成下跌中继，毕竟横盘中大家都在静观状态，假设一旦市场继续趋弱，必然会引起恐慌式的抛售，由此形成“横有多长竖有多长”的理论。

低位放量建仓失败案例图解二

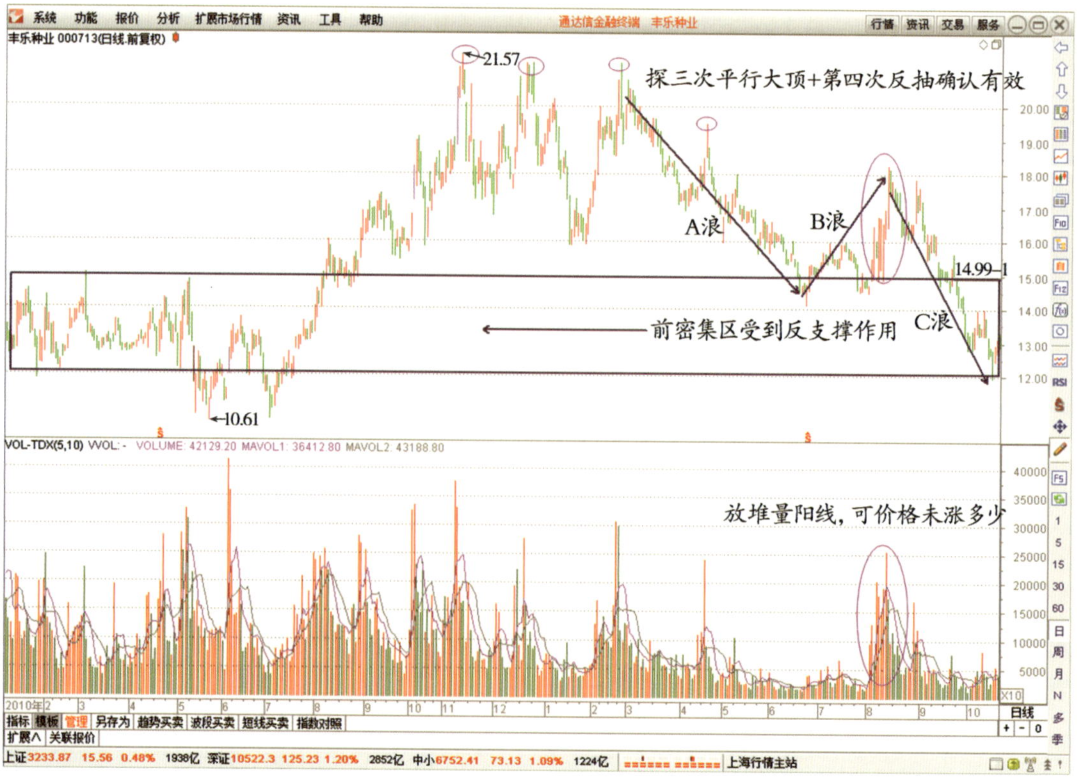

图4　丰乐种业（000713）2010年2月~2011年9月的日K线图

【图形解释】

图4重点所示的是丰乐种业（000713）2011年8月上旬低位持续放堆量的走势。从图形来看，在二次探底后突然放量，并持续放出一大堆量，直到放出巨量才结束。在放量的过程中K线形态以震荡为主，导致加量不加价的现象。二次见底没有跌破前低点，就说明股价已在主力操控之中，所以后面出现放堆量可排除主力有“倒仓”和“换庄”的行为，而是主力在释放前期的套牢盘。在第一次见底后的成交量中可看出，阳线量能温和放大，二次探底回调时以缩量为主未破前低，这可充分说明是主力建仓的手法，但在后面的放堆量现象就表露出建仓暂停一段落。该图同前述的区别在于低位两根K线放量后出现一根缩量阴线，再接着持续放大量，因此主力是速战速决的手法，而不是稳固做大趋势。

【图解启示】

低位出现量增价涨、量平价涨、温和放量才符合主力建仓的量能特征。相反，出现量增价不涨、突放巨量、持续放大堆量的现象都不宜后市做多趋势的势力。如果在低位将量能消耗过多，将会降低后市的推动力；如果低位出现无规则放量，说明多空争夺强烈主力未能有效控盘，将会对建仓造成干扰。

【小结】

很多投资者都有不见放量上涨不参与的操作观点，放量上涨本身是好事，特别是在低位放量上涨的形态。但是很多投资者就在这放量阳线中去跟风追高，从而忽略了技术形态上的风险。例如，个股图形的阶段位置、大盘指数K线图形阶段位置，一定要把K线图形缩到最小，或再从周月线去分析并认清阶段位置，因为不是所有低位放量都可看成底部，毕竟有时主力也会看错失手，再或许是主力采取增仓自解救呢！

笔者建议短线投资者在低位放量上涨当天分时图中找一个回踩点位追涨进去，这样无论是主力试盘也好，还是真正建仓也好，在次日都有顺势冲高短线锁利的机会。只要你不贪，只要次日不低开低走，就都有盈利的机会。如果在当天正在冲高时或尾盘追进，以及在次日才买进，那么买进容易而卖出的点位就不一定会很理想。对于低位持续放堆量短线可以在开始放量的前三天内寻找回踩低位买进，持股最多不能超过三天，必须逢高卖出，否则一旦被套是难以脱身的。

第二节 低位涨停建仓手法

低位涨停

是指调整到一定的低位时，以涨停板的方式反弹回升。任何一只股票出现涨停板均为主力所为，散户盘是难以做到的，特别是中大盘个股。不管主力有何意图，可肯定的是有主力的存在。特别是出现在低位的涨停板，在后市都值得我们去跟踪关注，当找到符合主力建仓的条件特征，以及能识破主力的建仓手法时，我们就有机会参与获利。往往很多牛股的启动浪就是以低位涨停板完成的，因为从底部快速拉升封住涨停板，可抬高散户跟风盘的成本，以便主力在后期顺利控盘。

低位涨停板的原因

1．受到相关利好消息刺激影响，该利好消息受益程度决定后市空间的大小。

2．诱多骗线手法，提高市场关注度，使散户跟风，此时主力趁机派发兑现。

3．价值出现受到主力重视，以抢筹的方式锁定底部筹码，同时展开建仓计划。

4．新低后或挖坑后以及洗盘后主力进行增仓时，也容易出现涨停板。

低位涨停板的量价关系

1．放巨量涨停：就是量能同比增大5倍以上，也必会出现较大的换手率，说明多空争夺激烈，上面抛压较大，新进主力建仓将受到阻碍，直接影响到后市发展。类似现象在次日后都会有修整消化要求，即使是再向上拉升，短期空间也是有限的。操作上以观望为主，观察后几日如何修整。

2．放大量涨停：就是量价齐涨但没有明显出现巨量特征，只是同比增大3倍左右。这也是属于常见的一种，一般是盘中争夺后多方胜再封住涨停板，才导致量能放大。后市短期都还有顺势做高的潜力，其高度大小关键在后续的量能变化，如果持续放大则高度有限，如果量能控制适当或回踩时明显缩量为主则可看高一筹。

3. 放平量涨停：就是只比前一天放大1～2倍。这完全属于单边做多的情形，并且主力资金充裕，在建仓中封涨停板意志坚决。能够平量涨停板只有三种可能：一是在开盘后快速封涨停板，没有争夺的时间；二是在盘中出现分时横盘后突然快速封住涨停板，因为在分时横盘中不可能产生大波动以及大量能；三是平时少有人关注的冷门股，一旦被主力看中后便封住涨停板。总之，这种现象使主力在建仓封涨停板时非常轻松，量能搭配适当，对后市推动上涨极为有利，甚至持续几连涨停板。

低位涨停板的时间关系

1. 早盘涨停板：说明主力早有操控计划，蓄势已久、只待启动。或者受前一天晚上重大利好刺激，在早盘形成单边买多。类似现象次日还有顺势走高的潜力，甚至发展成波段行情。

2. 盘中涨停板：盘中涨停板有三种可能性。一是受到大盘上涨的带动影响；二是受到板块联动影响；三是主力在盘中收集到充足的筹码后择机涨停。类似这样的涨停板是否具有参与性，关键在于当天的量能和换手大小。

3. 尾盘涨停板：在尾盘涨停板有三种可能性。一是为了吸人眼球，引起更多人关注，这种现象属于资金实力较小的主力常用手法；二是主力故意诱多让散户投资者跟风博取次日的冲高盈利机会，而次日却以低开方式套住跟风盘；三是受到次日预期利好影响，如市场收到传闻消息等。但如果仅是尾盘30分钟以内封板的，时间越短危险性越大，这种参与性都不是很强。

低位涨停板的封板关系

1. 一剑封喉：在上拉时以几张大单快速牢牢封住涨停板，封单越大越说明当天再打开的可能性越小，主力做多意图坚决。如量能配合适当，可在次日早盘追涨参与。

2. 开闸放水：在封住涨停板后再打开，如果没有出现大单卖出，也没有下跌至涨幅7%以下的情况，这种现象有再次封涨停板的可能，其主力旨在刻意开闸放出浮筹并收集筹码。如果打开后超过30分钟都没有再次封涨停板，说明主力做多意识不坚决，这直接影响后市的发展。当然，开闸后再次封涨停板的时间越短越好，甚至当天大盘出现跳水仍可死守涨停的，这可充分说明主力的做多意愿强烈和资金实力雄厚。

3. 反复骗筹：主力建仓期收集筹码有很多种手法，如果某一只股票一直下跌到底部，且主力再打压下跌也少有人割出筹码。换言之，假设主力采取打压的方式不能让散户交出筹码时，主力就只好采取拉高涨停再反复打开涨停板的方式让散户交出筹码。因为当散户发现多次打开都不能封死涨停板，担心再次跳水下跌继续被套，故选择放弃了手中的筹码。主力采用这种建仓手法其目的是“舍不得孩子套不住狼”。我们可以试想一下：在低位阶段出现涨停板反复打开必会失去很多筹码，多次打开未封住即使有敢跟进的筹码也不会太多，假设主力是为了拉高诱多出货，那么肯定不会让散户抛在自己的前面，既然主力不怕筹码流出，那必然是主力看多后市大趋势。不管是真是假，多跟踪几日答案自会揭晓。

切记：主力在建仓控盘之时，必会在分时图中做足手脚，所以要将分时图和K线结合分析判断。主力在建仓期必经之路就是不断收集筹码，采取不同手法都是为了收集更多的筹码。所以在主力建仓期持股要坚决，不要松动手上筹码。可以参照《做精一张图（彩图版）》一书中的分时图解中均价线分析关系。

低位涨停建仓成功案例图解之早盘封板

图5　凤凰股份（600716）2011年8~11月的日K线图

【图形解释】

图5重点所示的是凤凰股份（600716）10月14日低位涨停板的日走势。之前一年的时间里，该股票的股性比较活跃，且每当出现持续地量一段时间都会有一波拉升行情。公司主要发起人为中国耀华玻璃集团公司，创建于1922年。虽然该公司属于地产板块，却是江苏文化地产的垄断者，复制凤凰国际书城的一站式模式，受地方政府扶持而土地成本也降低不少，投资回报自然增高。公司参股前十大股东的凤凰传媒（601928）于2011年11月30日上市，随着文化产业的政策支持，该图中是受到预期利好展开了一轮高达70%的强势上涨。

【图解启示】

1．低位涨停后启动一轮上涨行情，其主力的特征就是基金和游资所为，属于激进派类型。上涨时间较短，但上涨幅度较高，中途洗盘会在分时图中震仓或高位平台整理来完成。

2．题材＋资金推动＋早盘封涨停板＋持续涨两个以上的涨停板构底，必然是该题材板块中的龙头股，后市一般都有一轮大幅上涨行情。

3．底部第二个涨停板的分时图中可见，9：33冲击涨停再故意回落放水，排除前面的套牢盘，才有利主力在后面控制盘面，直到午盘后才再度封涨停锁定筹码。所以，第二个涨停板导致量能大幅增加，才产生出随后的回踩修整。

低位涨停建仓成功案例图解之持续封板

【图形解释】

图6重点所示的是天舟文化（300148）10月12日低位涨停板的走势。比凤凰股份（600716）要提前两天启动涨停板，也是文化板块中的领涨个股。同比该股优势特征是创业板盘子小，股价不高（在5月除权后最低价12.18元），就在这个最低价之后可观察出已有主力进驻。图6中的三次低位涨停板都是在盘中很早就封住，前两次只是为了蓄势，等待政策利好时机到来，后一次发起集结号上攻，一轮涨幅翻倍有余。

【图解启示】

1．自图6（前复权）3.46元后小阴小阳酝酿攀升，阳线多阴线少，并且阳线放量阴线缩量，属于主力吸货收集筹码的手法。

2．图6中的前两次涨停板是一拉一放一收三个连环动作，属于主力在试探盘面的手法，并且底位四次涨停封板时间较早。从酝酿吸筹——正式建仓——二次增

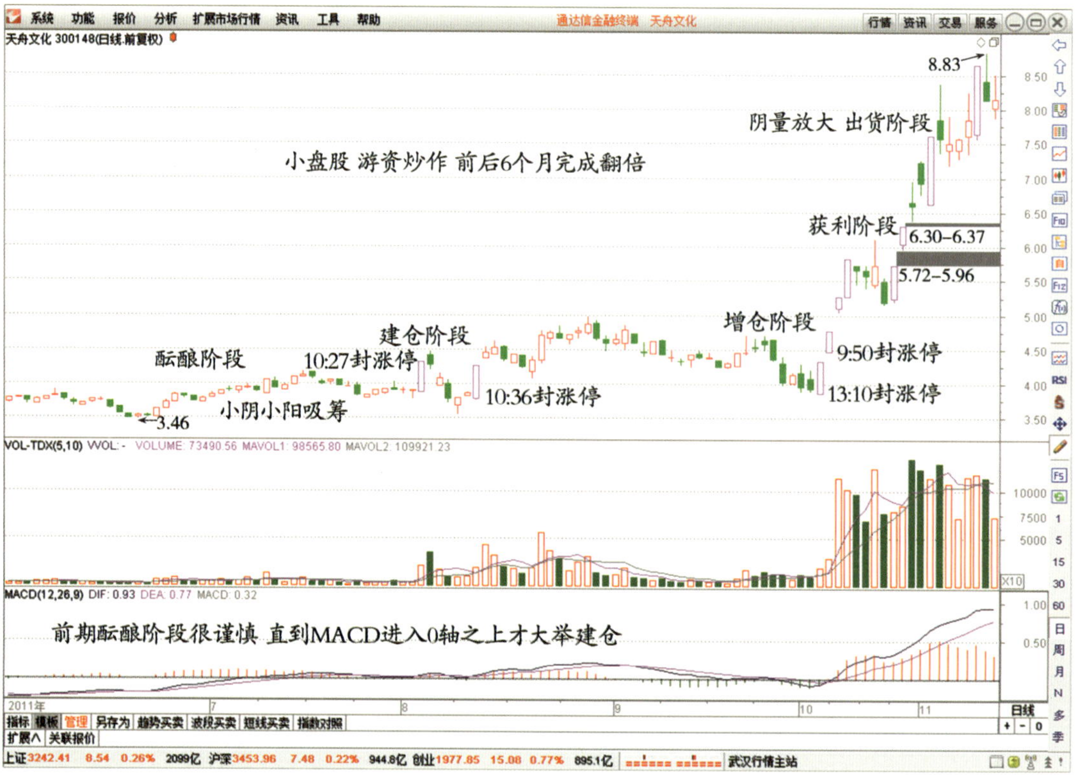

图6　天舟文化（300148）2011年6~10月的日K线图

仓，这一连环动作中都体现出主力果断与坚决的做盘信心。这种简而明朗的主力手法，从发现到跟进都很容易，也包括出货阶段持续放大阴量的卖出信号也很明确。

3．后再经过近两个月时间的修整，主要是消耗市场投资者的耐力，当投资者放弃跟踪遗忘时，主力才再次进攻。

4．图6中可看出，在进攻之前主力采取最后疯狂杀跌，逼迫出持股信心不坚定的筹码，出手越狠涨幅越惊人。

5．图6中第三次低位涨停板的成交量和换手率只比前一天放大1倍，这非常符合笔者软件中的“追踪涨停”选股条件。按条件是低位第一个涨停板的成交量和换手率同比前一天放大1~2倍，这样的条件成立后还会持续出现涨停板的潜力，一般出现三连涨停板也很正常，但可别忘记了《做精一张图（彩图版）》一书中的“三外有三”条件。简言之，低位出现类似条件的涨停板后还会继续拉出几个涨停，其目的是主力快速拉高跟风盘的成本，而在后市主力给投资者机会跟进是为了便于自身出货，所以在几连涨停后会短暂停顿让场外观望者跟进，之后再拉高出货。当明白主力这其中的手法后，我们操作上可以按照“去掉鱼头鱼尾吃鱼身”的方法。

低位涨停建仓成功案例图解之一字封板

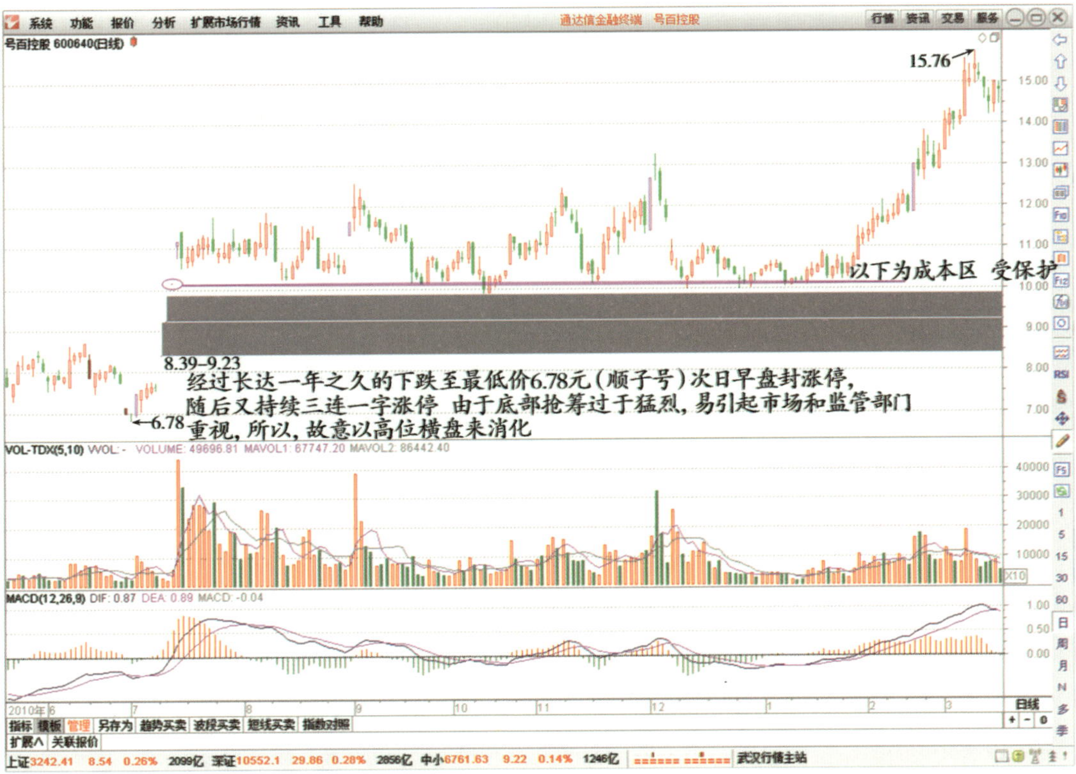

图7 号百控股（600640）2010年7月~2011年3月的日K线图

【图形解释】

图7重点所示的是号百控股（600640）2010年7月9日后的走势图。低位四连涨停板中就有三个“一字板”，在后期大箱体的修整中仍以第三个“一字板”为强烈支撑点，可联想到这个支撑点就是主力的成本保护价。在这么坚固的启动浪后，横有多长，竖就有多高。

【图解启示】

1. 对于主力操控某只个股前都是有预谋的，只要一事连一事去证实后，你就会发现其中隐藏着惊人的机遇。在图中最低价的前一天是低开低走收出光头光脚的跌停板K线，该手法是主力挖坑洗盘砸出恐慌盘，赚取低廉筹码，但前提是我们要从图形中观察出在这跌停板之前是否有多根阳线出现，有则说明预先有主力的资金进入，这资金目的就是用来砸盘。

2．最低价6.78元“顺子号”显然是主力暗示市场或行内人员的一种信号手法，这种数字巧合的概率几乎为零。从分时图中看出，这个最低价在尾盘出现了一分钟，当天报收长上影阴线，也属于一种“骗线”。日久见人心，该低点的次日就以涨停板抢筹，并且还是早盘10分钟后封板，午盘后打开1个小时但保持在7%的涨幅之上且最后再次封住，一连出现两个主力建仓手法的先兆信号。

3．随即，当市场投资者还没有反应过来时，一气呵成拉出三个“一字板”涨停，属于主力单边买进。

4．后面的长期修整是为了消化跟风浮筹，消磨市场投资者的耐心。在保护价之上横盘，“横有多长，竖涨就有多高”，在保护价之下横盘，“横有多长，直跌就有多深”。很多投资者认为“久盘必跌”，但却不明白这里面的分析技巧，保护价就是主力在曾经建仓后的成本价，在之上横盘说明主力仍在等待时机爆发，主力成本价越高，进筹越多，后市爆发涨幅越大。

5．高位卖出信号就在突破箱体创新高后，出现放巨量时趁机高抛不能久留。

如此一套组合性的解析，只要读者能贯通理解以及运用，一年当中能抓住一两次机会便可大获全胜。机会是等出来的，机会是给有准备的人，机会也是给慧眼识真金的人所有。

类似手法还有2008年11月13日后的沃尔核材（002130）、2009年1月23日后的宝光股份（600379）、2010年7月13日后的航天机电（600151）。

低位涨停建仓失败案例图解之尾盘封板

【图形解释】

图8重点所示的是广东明珠（600382）10月12日低位涨停板的走势。从前期的最高价14元跌至图中标记的最低价8元，股价接近腰折。从整体图形中可看出，三次低点略有下降，但在每次低点后都有反搏的意图，可最终还是没有成功。图中的涨停板是在当天尾盘35分钟封住，成交量和换手率也同比放大2倍以上，然而次日顺势冲高放出一个月以来的巨量，可见主力这种建仓手法是失败的。

【图解启示】

主力建仓之前大多都需要蓄势巩固，目的是为了保护价位和资金成本的安全。如果在逆向中贸然建仓是需要承受很大的考验，这种成功率也随之降低，我们不可能同主力一样冒险。当主力站稳脚，股价和趋势稳定下来时，再钻主力的空子，这样我们的安全性就很高，也符合强势股的潜力特征，这也是本书要点的重中之重。

图8 广东明珠（600382）2011年9~11月的日K线图

另外，凡是有关涨停板的分析，一定要查看分时图形和封板时间以及单量，不能草率定论。

低位涨停建仓失败案例图解之放量封板

【图形解释】

图9重点所示的是宁波富邦（600768）9月15日低位涨停板的走势。由前轮高点18.79元跌至10元附近，在图中的涨停板之前一个月是整体缩量状态，其中的阳线量要大过阴线量，低点也比前一个要高，可以看出里面还有主力存在反搏之意。是增仓做多？还是拉高脱身？从技术量价形态中便可得知。当天封住涨停板是发生在尾盘1个小时，从早盘10:30之后一直在7%之上横盘不封板，其目的就是让跟风盘参与接盘，才导致当天收出近两个月来的巨量。次日低开低走至10点后瞬间拉高又快速回落，全天放量走低报收长上影。结合这两根K线可见是属于主力技巧性做高，不属于主力真正建仓做多的手法。

图9　宁波富邦（600768）2011年9~11月的日K线图

【图解启示】

巨量涨停封板的时间较早，且一直没有被打开，次日续涨机会比较大，相反封板较晚还屡次被打开就没有参与意义。涨停量越大，次日冲高回落的可能性越大，紧接着需要一段时间的修整，至于后市能否继续看多，关键看技术上如何修整。如果立即缩量整理恢复平静，再重新蓄势待发，那么前面的放量涨停就有可能是主力试盘的手法，因而可以继续跟踪关注，相反持续放量并重心下移则弃之。

主力在低位涨停板是真做还是假做？笔者总结为三方面来观察与判断：一方面是涨停前有没有主力酝酿轨迹，例如投石问路（试盘）、小阴小阳吸筹、先放阳量试探性建仓再挖坑后涨停填坑、是否有出现地量区域或地量日？另一方面是涨停当日分时图中封板时间是否为早盘？均价线是否随跟而上？是先盘升后急拉升还是直线拉升？盘中是否有与大盘同步还是强于大盘？量能是2倍以内还是3倍以上？是否被多次打开还是没有开板过？最后是次日早盘前一个小时是否盘出高点还是迅速诱高？收盘是否在均价线上还是之下？

低位涨停建仓失败案例图解之板后回吐

图10 *ST新都（000033）2011年9月的日K线图

【图形解释】

图10重点所示的是*ST新都（000033）9月1日的低位涨停走势。在涨停板的前两周走出“串阳组合”的形态，这可能会让技术派产生错觉。在量价齐涨的小串阳中显示有主力吸筹的现象，随后不多也不少的两根小阴线是缩量的，这非常符合主力建仓手法中的“串阳组合”特征。主力经过两周的细心做盘，就是为了拉出这根涨停板的K线，但是最终并没有走出一轮像样的上涨行情。在尾盘15分钟勉强封住涨停，并且还放出巨量，次日大幅低开低走直至跌停。这样的图形、这样的主力是属于无力做多。

【图解启示】

无论在什么位置出现放量涨停都需要提高警惕，除非是突发重大利好，主力强悍做多，多少抛盘都全部接手，但这种现象是比较少的。要么就是在主升浪中主力边拉边撤退，也会导致持续放量。如果是在较深的低位阶段出现放量涨停，肯定会有不少套牢盘抛出，导致量能放大，却又在次日快速回吐下跌，这种现象可视为主力在试盘，也有可能该股存有预期利好，这时可值得大家深度挖掘，同时在技术上可继续跟踪，但没确定之前，不能盲目参与。如果在上涨途中出现放量涨停板后再快速回吐就有可能属于“强势打压”，往往也是主升浪来临的前兆信号，在这本书的后面会以图示讲解。

【小结】

1．当个股经历漫漫熊途下跌至低位或长期持续横盘整理，一旦某只个股在低位出现量价配合理想的涨停板时，这值得投资者密切关注，因为空头能量释放完毕，多头力量开始反攻，意味着新一轮行情到来。

2．观察涨停板时，更要注意目标个股的成交量变化。实战中具有较高参与价值的个股在底部第一个涨停板时成交量并不会很大，分时走势上呈现明显的涨停前放量、涨停后迅速缩量，且封涨停时间较早的特点，这类个股通常可以迅速参与追涨，获利概率很大。

3．但是，在观察形态时必须要注意的是，如果个股在绵绵跌势中突然出现放巨量的涨停，不宜立即参与。从底部脱颖而出的第一个涨停板不能是巨量，温和放量的涨停板才是最完美的量价配合。温和放量涨停，是典型的短线拉高抢筹或者启动信号。

4．底部涨停当日还需输入“16”查看信息地雷，是否与利好消息有关，如果是就要分析消息的本质性。一般而言，最好是没有利好消息刺激情况下涨停，这说明有潜在未公开的消息，有利于预期上涨空间。若消息都已经公开落地了，极有可能仅短时上涨。

第三节 低位跳空建仓手法

低位跳空

是指当股价在调整之后所处低位阶段中，企稳回升之时出现向上跳空高开的缺口。高开缺口无论大小，都表明涨势强劲。跳空是明确趋势开始的重要标志，当然跳空缺口越大并且多日不回补，表明趋势越明朗。

跳空缺口有四种类型，在这里重点讲解的是突破性跳空缺口。主力在低位阶段建仓时，难免会出现跳空高开的缺口。有时为了吸引眼球大多会在K线上留下1分钱甚至几分钱的缺口，但是在后市行情运行中一直没有再回补，往往这个向上跳空缺口正是主力建仓的启动信号，将缺口价格作为心理保护价格。所以，向上跳空缺口大小不是关键，重要的是在缺口之后运行趋向以及量价关系。

很多投资者将这种条件以选股公式来找出相关的潜力个股，一般都是以3~5天不回补为条件，其实也可将选股器中的“历史阶段选股”日期灵活调动，这样可随心选出N天不回补的个股。很多大牛股在几个月后的回调中都仍以前期缺口为支撑，这可说明主力仍在里面，或者是市场投资者对该价格的接受态度。

因此，在低位出现过向上跳空缺口时，投资者都可收集到自选股列表中，如果在后市一周乃至一个月左右一直没有回补，并且趋势向上，这可充分说明主力已经顺利建仓，那么可以待主力洗盘时趁机而入。

低位向上跳空建仓成功案例图解之重心上移

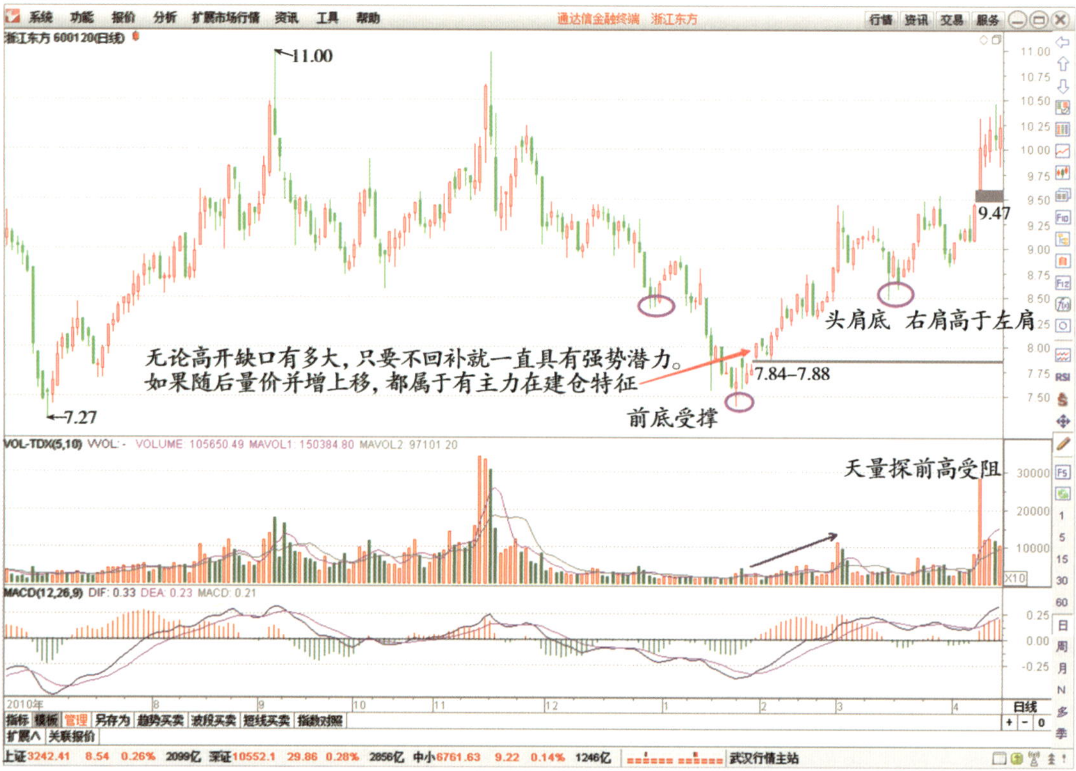

图11　浙江东方（600120）2010年7月~2011年3月的日K线图

【图形解释】

图11重点所示的是浙江东方（600120）2011年1月31日低位上跳空缺口的走势。图中可见当天有4分钱的缺口，分时图中早盘小幅高开高走后全天都在高位盘旋巩固，随后两日以缩量小阴线修整，在随后第三日的最低价恰好是7.88元以缺口为支撑点，随之一轮波段行情呼之欲出，成交量也伴随温和放大。整体图形走势较柔和，因为上涨无涨停、下跌无跌停，中小阳盘升、放量长阳探顶。

【图解启示】

1. 上跳缺口当天的成交量配合较恰当，符合量价齐涨。上跳缺口的大小跟成交量也有密切的关系，缺口越大成交量也就越大，无论成交量有多大，都必须要量价齐涨才属正常的建仓特征。

2．如果当天成交量明显放大2倍以上，不管盘中振幅多少，在收盘时低于5%的涨幅并留下长长的上影线，这都会对后市多头发展带来不利。大家可以认真仔细观察到，很多个股在上跳缺口当天成交量明显放大，又收长上影线的（阳线或假阴线）现象后，次日都会有回落，且难以突破上影线的高点。如果在上影当天追进，次日短线肯定会被套，所以类似这样的形态可在随后几日观察中再找机会。如该图上跳缺口当天的阳线收得特别好，实体性的中阳线，分时图自早盘小幅高开冲高后，从10点开始就一直锁定在高位盘旋，全天波动越小说明盘面越稳定，这有利于主力顺利完成建仓。

3．除了上跳缺口当天有重要意义外，次日的量价形态也尤为重要。该图中的次日以地量的方式修整，说明主力在有效锁筹惜售。这两根小阴线不多也不少，如果次日持续收阳线拉升，那么短期冲不了多高就会有回落；如果随后持续收出三根以上的阴线，那么前面的跳空极有可能是诱多。因为在上涨趋势中正常的缩量回踩均不会超过三根阴线，只有一种情况还可继续看多，那就是这三根阴线低位没有跌破前面阳线的最低价。

4．低位上跳缺口是主力建仓手法的开始，除了前述的一系列先兆特征外，后市仍要保持向多头方向发展，并且成交量也要温和放大，才完全符合主力建仓的轨迹。确定了主力进场后，在操作上可在放量急拉时高抛，缩量回调时低吸。

低位向上跳空建仓成功案例图解之串阳张口

【图形解释】

图12重点所示的是升华拜克（600226）7月5日低位向上跳空缺口的走势。该股在前面以8.68元的吉祥数字见底后，以小阴小阳线回升，当主力经过一周左右的盘面观察并收集到一定的筹码时，正式步入建仓的行动中。图中小幅向上跳空高开当天报收长上影线，但在随后几日修复较快，以带量的小阳线向上修复，一轮波段行情就此展开。

【图解启示】

低位向上跳空缺口是属于主力建仓手法中的强劲特征，那么再配合中小串阳线呢？低位出现中小串阳线也属于主力吸筹的现象，在4～6根中小串阳线中再带有向上跳空的缺口，就同时符合主力在低位建仓的两大特征条件，这必然是上跳缺口形态中最强势的一种图形。

凡是通过三浪下跌后，一旦回补第三浪后，就有潜力将全部回补至前高左右，

图12　升华拜克（600226）2011年5~8月的日K线图

然后再盘整中重新选择方向。

类似图形案例在每一轮底部回升行情中并不多见，例如，2011年2月11日的三爱富（600636）和巨化股份（600160）等。

低位向上跳空建仓失败案例图解之重心下移

【图形解释】

图13重点所示的是东软集团（600718）2011年8月12日低位跳空缺口的走势。长看一年从最高点20.20元下跌至图中标示位置10元左右，股价腰折算得上是低位阶段。中看3个月主力建仓区，从图中的标记可以看出，在6月后的反弹中的确是有主力参与过，只不过不是很坚固，其次量能配合不恰当。在跌破前新低后再次发力上攻，高开缺口冲击涨停但很快被打开回落，全天收出巨量型的上影线。随后经过四天的盘旋再低开缺口回补，此后股价再创新低，整个过程属于主力建仓失败，这或许是受大盘趋势阻挠。

图13　东软集团（600718）2010年10月~2011年9月的日K线图

【图解启示】

1. 图13前一次主力建仓的手法和特征并不明朗，出现量增价未涨的现象，说明上面抛压较大，后面的上跳缺口再次受到空方阻挠而快速脱离，才有巨量出现。

2. 从图形整体来看，该股仍在释放空方阴线量能，一直是阴线多、阳线少的特征。在上跳缺口后持续放量小阴线说明前面进的主力在撤退，短期还不满足做多趋势的条件。

3. 类似这样的低位上跳缺口如果去跟风的话，风险是非常大的。有参与的投资者应立即趁机高抛，不宜恋战。

4. 若图形走成功的条件则是：上跳缺口后不再回补，而是继续上行突破前高，再回踩构头肩底的右肩回升。

5. 在大势环境不好的情况下，底部信号还需2个以上去确认，若是真正的底部，在构底期中有充足的时间去分析和观察以及判断，当构成后上涨的幅度也是较丰厚的，所以不要急于一时的冲动，要学习主力的耐力思维。

低位向上跳空建仓失败案例图解之放量回转

图14　英洛华（000795）2010年11月~2012年12月的日K线图

【图形解释】

图14重点所示的是英洛华（000795）2011年7月4日低位上跳缺口的走势。从图中标记处可见本轮涨幅达到20%有余，但这种建仓的方式太过急切，适合做大趋势的行情。可能是里面的老主力在此低位进行一次增仓套现的行为，借助市场投资者的心理支撑作用，只做一波小反弹而已。原因是技术上在高开缺口当天虽然是涨停板，但消耗的量能太大，特别是次日再放前三个月来的巨量。后面虽有再次冲高，但主力已无力做多，通过缓慢的阴跌趋势撤身而退。

【图解启示】

1. 类似图形现象也有可能是受当日的利好消息影响高开，但是能够封涨停板说明这不是散户的行为。

2. 图中的高开缺口封涨停板而次日又放巨量回吐的组合K线，如果在高位阶段主升浪中，或许还有再次疯狂上涨的潜力，然而此时主力获利筹码较多，因此需要利用边拉边撤退的手法完成。

3. 这样的图形主力手法恶劣，投资者应少碰为宜，若持有该股应立即先出局观望。

4. 在构顶区域、在下跌初期或下跌中继后，易产生反弹行情中出现主力轨迹，还需谨慎。

【小结】

高开现象是通过早盘集合竞价中买盘偏大才导致向上跳空的形态，原因只有两点：一是受市场利好消息的影响，普遍投资者一致看好该股；二是主力发现该股具有价值优势而建仓或增仓的动作。跳空缺口是最为常见的现象，在什么阶段出现？有无消息影响？有什么样的组合特征？量能是否配合恰当？后市趋向何方？明白这些之后，操作上就自有对策。

第四节
低位串阳建仓手法

串阳组合

是指主力在建仓过程中留下的一种K线轨迹，该手法是主力在强势收集筹码的过程。

串阳组合的K线特征

1. 持续收出4～6根中小阳线；
2. 量价齐涨攀升之势；
3. 串阳后再出现1～2根缩量的小阴线回踩才算是标准的组合；
4. 随后再走出复合串阳或中大阳线拉升；
5. 一般都出现在股价低位阶段或一轮大调整之后回升之时。

串阳组合的K线价值

1. 容易发现主力建仓过程中的轨迹；
2. 稳步攀升时主力吃货量坚固，易于后市空间发展；
3. 买入信号明显，时间更充足；
4. 属于强势股形态特征之一；
5. 在不同阶段和不同复合图形中出现可观察出后市的强势幅度；
6. 请参照以下案例讲解和《做精一张图（彩图版）》一书中的相关图解。

低位串阳建仓成功案例图解之串阳组合

图15　铁岭新城（000809）2011年1~6月的日K线图

【图形解释】

图15所示的是铁岭新城（000809）前期经过长达半年之久的底部盘旋的走势，直至图中最低价14.29元前持续地量出现。在上涨行情启动初期走出两组串阳K线的建仓轨迹，串阳中成交量明显放大，并且股价稳步攀升。后期直到成交量突然放大、阶段高位频繁出现阴阳线交夹时，说明短期面临洗盘要求。在主力成本价之上窄幅洗盘整理三个月之后走出最后的主升浪行情，整轮涨幅恰好翻倍。

【图解启示】

1. 在图15中的最低价14.29元已是前半年低位横盘中的第三个低位，常言道“三次见底不跌就必大涨，三次见顶不涨就必大跌”。

2. 主力在低位建仓的“串阳组合”不能少于持续两组以上。如果仅有一组或许只是一次反弹而已，如果持续两组或以上，说明主力是真正在吸筹。

3. 吸筹、建仓、洗盘、出货这些是主力在操作一只股票的必经过程，当我们发现存在建仓的手法轨迹时，可以择机低吸跟进，波段卖出信号就在主建仓完成后放出巨量或阴阳线交夹时锁利卖出。因为洗盘的时间可长可短，需要进一步观察。从该图中可发现这主力是非常有耐力的，属于稳健类型，在启动前期筑底收集筹码长达半年之久，完成建仓后在成本价之上再横盘修整长达三个月后才走出主升浪。如果有善于抓主升浪的投资者不妨参照一下类似这样的图形，主升浪启动的先兆是振幅收窄的同时量能萎缩，并且持续收十字星表明主力已达到高度控盘的效果。

4. 一般而言，稳健型的主力从建仓到出货这期间的涨幅一般都在一倍左右甚至更多，也就是说如果当股价从前最低价到接近涨幅100%左右时，在日K线图上出现有主升浪或放巨量等见顶的特征时，说明主力已达到预期盈利目标，正准备出货派发，此时要及时卖出。

低位串阳建仓成功案例图解之持续串阳

图16 联创电子（002036）2011年9月~2012年5月的日K线图

【图形解释】

图16重点所示的是联创电子（002036）2011年10月底之后的走势。图中标记内持续走出17根中小阳线，其中有7根是假阳线。从12.95元的低价到本轮最高价16.61元，涨幅将近25%，从涨幅和持续连阳中可见必是主力所为，才能够在大盘长期弱势环境下做出如此漂亮的反弹行情，足以证明主力控盘操作是非常成功的。但受大势环境向下的影响，最终再一轮下跌后再以串阳V形回升，同时构出头肩底的三个重要位置都以串阳完成，说明从前到后都是属于一家主力的行为手法。

【图解启示】

1．任何个股走出持续连阳均为主力吸筹建仓到拉升盈利一连贯的行为，中途以假阳线完成修整但同时不损图形上的美观，在出现缩量假阳线时不妨先少量参与，当重拾升势时再加大仓位参与，但是短线要见好就收。

2．图中17根中小阳线的成交量先从小到大温和放量，后面由大逐渐递减，这就是本轮涨幅不会太高的征兆，直到放量阴线出现时结束本轮涨势。

3．低位出现串阳，且成交量温和放大均为主力建仓的轨迹，中途出现串阳也包括假阳线是为了能锁定筹码，并还可吸引更多人气，高位串阳无疑是主力在边拉边撤。整个过程中均以中小阳攀升打持久战，这一惯用手法一般为中小主力所为。

4．从该股的历史运行特征规律中可以发现这是一只非常活跃的个股，在历史上每一次调整之后都是以串阳的方式重拾升势或反弹，类似活跃股性的个股在A股市场中少之又少。

类似的还有海德股份（000567）、安纳达（002136）、金发科技（600143）、熊猫烟花（600599）等，这些个股至今整体运行规律节奏中都显得非常的活跃，几乎在每一个低位一旦出现阳线就会持续几连阳跟随。对于短线辅波段操作的投资者，这类型的个股值得收藏；对于中长线投资者来讲，最好等待底部构成后在盘升时再逢缩量阴线时低吸为宜，特别是大盘还没完成底部的情况下，不要见到串阳就进入，毕竟主力也是人，是人都会有失手犯错的时候。

低位串阳建仓成功案例图解之串阳加速

图17　卓翼科技（002369）2010年9~12月的日K线图

【图形解释】

图17重点所示的是卓翼科技（002369）10月22日串阳中的变盘信号，简称“串阳加速”。本轮最低价13.9元到最高价22.95元，涨幅近60%，低位串阳时以量价齐增的方式启动，当出现缩量的十字星小阳线时即是即将变盘加速上攻的信号。这颗缩量十字星小阳线是在盘口稳定时，主力在高度控盘统筹中，为了加快建仓步伐而采用的手法，显然成交量也随之放大，这种建仓手法仅属于激进型的主力所为。

【图解启示】

1．低位出现4~6根连续的中小阳线中，若是先中阳后小阳再到十字星，前面量价齐涨，到十字星时为缩量，可视为变盘信号，一般都会向上加速上攻，该位置正是跟进的机会。

2．往往在大级别下跌调整后出现类似图形时，在整个形态中呈现出大V型底，属于强劲反转之势。

3．当持续连阳出现在后期修整中时，如果没有跌破连阳中主力成本位的情况下，后市仍还有上涨空间，直到成交量持续耗尽递减时逢高锁利。

低位串阳建仓成功案例图解之串阳增仓

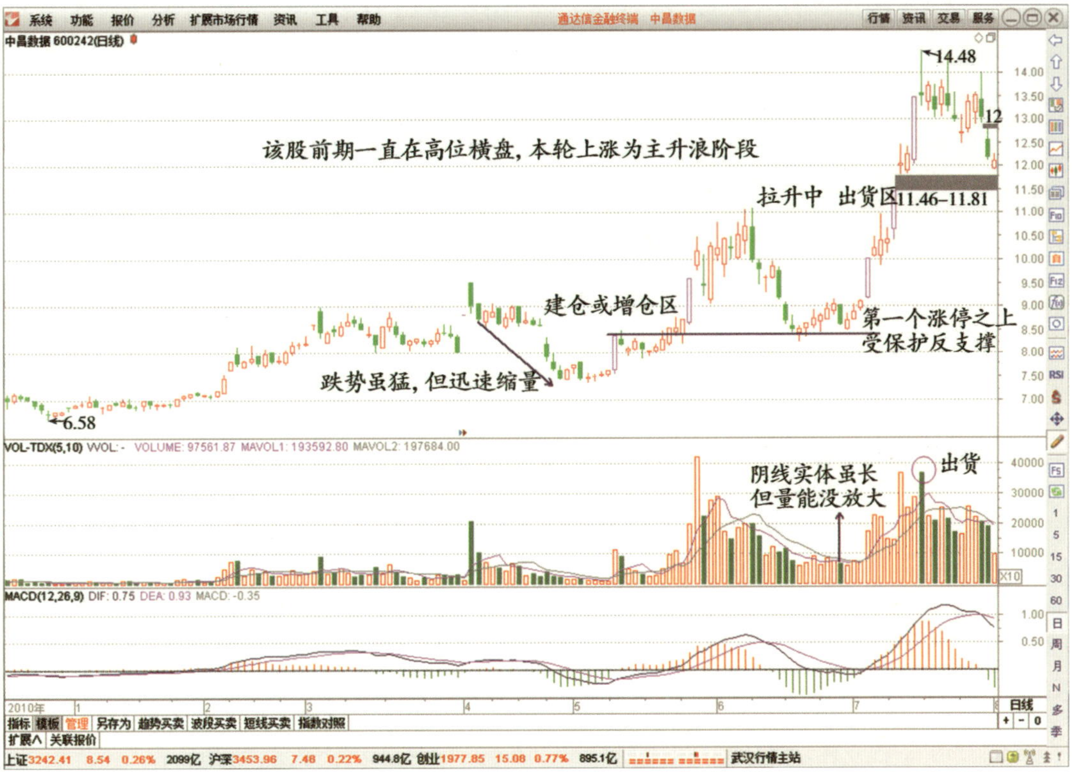

图18　中昌数据（600242）2010年1~7月的日K线图

【图形解释】

图18重点所示的是中昌数据（600242）5～7月的走势。本轮从洗盘后最低价7.35元到最高价14.48元其涨幅接近100%，图中先以温和放量串阳完成初次建仓，在洗盘后再次以串阳的方式抬高股价，直到放量大阳线快速抬高股价，并同时出现巨量上影线才结束本轮涨势。从图中可见，主力在本轮操作中的手法是非常简单的，也非常顺利地到达目标位。

【图解启示】

1. 整个运行过程时为三个月同时涨幅翻倍，这是主力一贯的做庄操控手法。从时间周期上而言，如果太长时间会损耗主力的精力和资金实力以及面临市场环境变化，如果时间周期太短暴涨容易受到市场监管。如此精心酝酿后上涨幅度如果低于100%，则主力的盈利较为有限，如果大于100%将引起市场投资者的心理障碍，不便主力在后期顺利撤退。

2. 笔者经验得知：持续串阳建仓是主力的一种手法或一贯风格，倘若在初次启动浪建仓时以串阳完成，那么在洗盘之后增仓时仍会再次以串阳进入发展浪，甚至在主升浪中还会以串阳完成。另一种常见现象是：在初次启动浪建仓时出现过涨停板，那么在洗盘之后增仓时仍会再次出现涨停板，甚至在主升浪中还会有持续涨停板的可能。

3. 操作中，只要掌握到这种主力手法的规律后，踏准量价形态的节奏参与进去都有较丰厚的收益，特别是在一轮大调整之后，抓住这样的一只个股足以满足你一年中的投资回报。很多突现黑马股或游资股，上涨幅度和速度都较猛烈，但一般都在引爆起涨前的串阳吸筹共性特征。

低位串阳建仓失败案例图解之量价关系

【图形解释】

图19重点所示的是熊猫金控（600599）10～11月低位横盘串阳的走势。该股曾收购国内几家烟花公司，可称得上是行业内的垄断龙头股，特别是在重大节日或国家重大盛会时必然少不了烟花喜庆，因此该股必会受到一些主力机构的关注。该股在低位横盘中波动幅度仅为10%左右，长达两个多月的期间内显然阳线多于阴线，几次走出串阳且形态呈缓慢上移趋势。直到横盘末期时成交量明显放大，阴线频繁出现，甚至阴线成交量突然放大时才选择方向向下突破下行。

【图解启示】

1. 从图19中标记可察觉到主力建仓的意愿不是很坚决，消耗时间太长会引起散户浮筹涌进，这不利于主力在后期的控盘。

2. 在整个横盘中阴线成交量没有明显缩小，这也导致整个图形上涨受阻。

3. 直到后期量增价未涨，说明趋势有即将转势的可能，失去了久盘蓄势上涨的特征投资者应立即卖出或观望。

4. 股性分析如人性分析，当获知股性可从历史中找到相类似的规律和节奏，以便顺势而为。

图19 熊猫金控（600599）2011年5~12月的日K线图

低位串阳建仓失败案例图解之波段套现

【图形解释】

图20所示的是新疆天业（600075）在2011年大盘趋势向下时的反弹走势。图中标记位置均是在调整后低位出现的串阳形态，为什么每一次低位仅出现一组串阳而不能持续出现呢？图中第一组串阳中的上下影线太长太频繁，说明多空争夺拉锯激烈，不利于主力有效控盘；第二组串阳后快速放巨量拉高，太过于急切不利后市持续发展；第三组串阳均为弱反弹且重心有下移的趋势。在每一次调整后的低位主力都在试图做多但最终未成立，说明当前的趋势和市场环境不利于做多。当然，如果市场环境转暖时，该股或许会走出漂亮的上涨行情。

图20 新疆天业（600075）2011年4~12月的日K线图

【图解启示】

运用此图形时，笔者必须告诫读者在目标个股大调整之后，最好是运用后知后觉的思维看待，待主力先进场并站稳脚时(图形形态稳定时)我们再择机而入。如果先知先觉建仓在主力之前或快速跟庄，如此很容易被主力反咬一口。特别是在市场大趋势未扭转，或个股大跌之后底部特征不明显的情况下，切勿盲目大量做多，确保资金安全第一。

低位串阳建仓失败案例图解之趋势未改

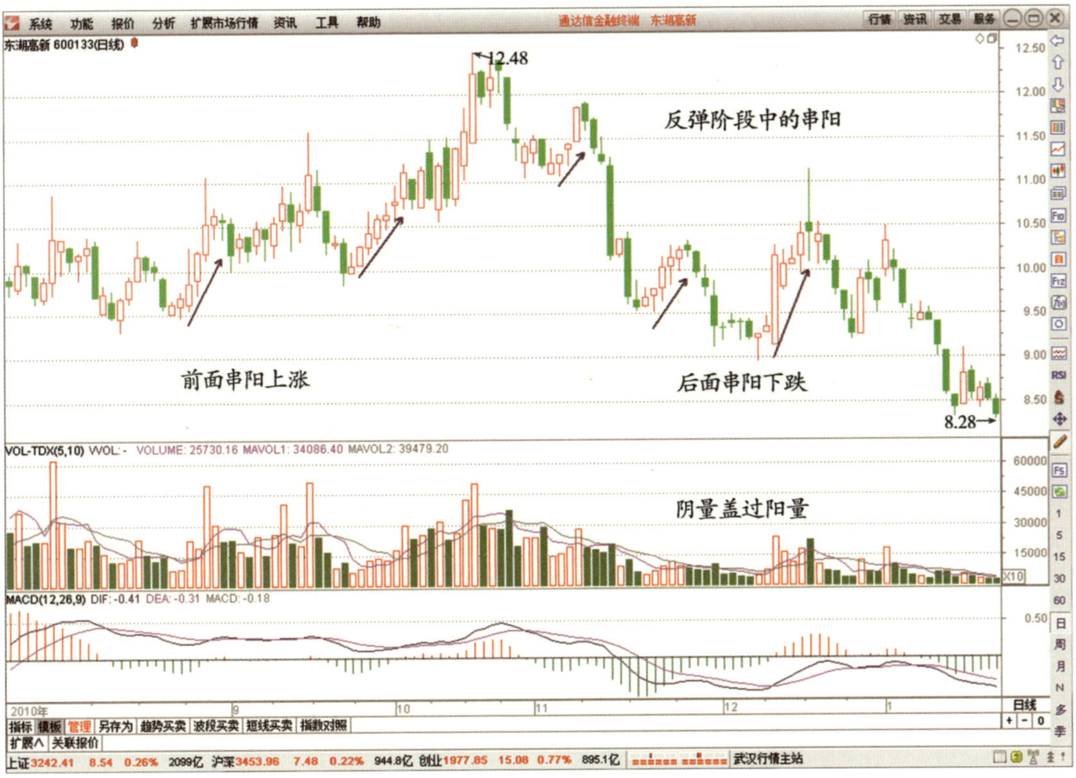

图21 东湖高新（600133）2010年8~12月的日K线图

【图形解释】

图21重点所示的是东湖高新（600133）11月前后的走势。从图中可见，串阳其实是一种下降趋势通道中的“下跌中继”形态，如果在下降趋势还没形成，或在下跌初期出现类似的串阳时，可能会有投资者认为已止跌企稳有回升之势。由于串阳之后走势不能持续上移，这足可证明这是下跌中继，因此不管是主力有没有在建仓、还是主力在制造反弹中脱身，投资者最好是场外观望为宜。毕竟图中右侧的串阳只完成了前半部分，后半部分如1~3根缩量或地量小阴后再放量中大阳产生，由于没有出现中间的缩量或地量小阴，所以也就没有后面的中大阳线。

【图解启示】

1. 图21中可见阴线量仍在持续释放，说明空头未尽、多头难现，这样的串阳形态一定要小心是下跌中继，只有持续出现地量之后个股才有望得到主力的重新重视。

2. 换言之，类似图形还有另一种可能就是受市场环境或消息以及某种因素影响导致主力失去做多的计划，总之不见趋势转多的情况下尽可多看少动。

3. 低位中阳虽是常见的一种主力吸筹方式，但有时必须要谨防主力诱多，因为低位之后还有更低的可能，这关键要根据整体图形上的判断其是否符合主力建仓的区域，以及紧接着的走势变化。

【小结】

综合上述，我们可以得出这样的经验：失败的串阳组合主要问题是与“股性”有关，由于以往无论上涨还是下跌中都常有串阳出现，因此，这种串阳组合就必须要顺势而为。这好比一个喜欢常说谎话的人，无论走到哪里都是谎话连篇。而成功的串阳组合只会在关键时候出现，例如底部、洗盘后、主升浪前夕。

第五节
小阴小阳手法

小阴小阳

小阴小阳是指一种股票K线组合形态，K线表现为十字星等实体非常短的形态，开盘价和收盘价的距离不是很大，一般涨跌幅在3%左右的小阴小阳线。持续时间有长有短，短则一周、长则一月以上不等，持续时间长短和所处阶段位置有着不同的意义。

试想一下：当主力要做庄一只股票时，必须需要大量的控盘筹码占流通盘的30%~60%之间，如果主力吸筹过急，会引发这只股票迅速上涨，从而暴露主力的意图，引起市场公众追涨，这对主力吸筹会有负面的影响。所以，在吸筹时采用温和而又隐蔽性的小阴小阳蓄势，特别在中长期资金建仓时更为显著。

小阴小阳形态分类以及特征意义

1. 低位倾斜攀升式小阴小阳：持续时间较长，一般都在1个月以上，均出现在大调整或洗盘之后的低位，当该股价值回归甚至低估时或被主力挖掘到潜力所在，将会对其进行战略性缓慢吸筹建仓。

2. 低位圆弧式小阴小阳：持续时间长短取决于该圆弧底的大小，属于调整后止跌企稳回升后走出圆弧形态，也是一种缓慢复苏的状态，通常这种图形在后市都具有强势股的潜力。回升中的第一目标位就是前高点(圆弧口沿处)的密集交易区，此时会有修整要求，但有时由于图形走得太漂亮引起众人注目，有可能当圆弧底初步形成时就突然放量急拉后立即进行洗盘。

3. 空中平台式小阴小阳：从低位经过一轮涨幅后在阶段高位进行平台式小阴小阳修整蓄势待发，如此在主力的成本价之上进行蓄势可视作为空中加油之势。一般平台时间周期不会太长，大约在一周至一月以内，一旦其重拾升势则具有较强的爆发力。

小阴小阳吸筹建仓的条件

1. 时间周期：至少一周以上，时间太短主力收集到的筹码太少，统筹不是很巩固会影响主力对盘口的控制。相反，若时间太长如超过一个月时，当K线图形走出多头排列时，图形越吸引人越要注意陷阱，特别是离前高点阻力很接近的。另一种是持续时间长达两个月以上，这种是属于大型机构长期资金在进行慢牛股趋势布局，类似形态的个股基本面必然是很优质的。

2. 量价关系：凡是主力在建仓过程中出现的小阴小阳必然是阳线放量阴线缩量，整体图形中出现上下影线较少较短，而小阳实体线较长较多，具备这样的现象才足可证明有主力在吸筹建仓，这也是主力在收集筹码中的一种手法。

3. 变盘信号：主力收集筹码只是开始，建仓是过程，拉升盈利才是目的。在确定有主力收集筹码和建仓的轨迹时，我们就要去寻求参与的机会信号，一般有主力存在的小阴小阳后必有大阳出现。先知者可在回踩5日线或回踩10日线后再突破5日线时买进，也可在出现缩量的小阴线时低吸；技术派可在持续小阴小阳后出现变盘信号当天买进或次日起涨点时买进；后知后觉者可在主力完成建仓后的洗盘时低吸。

小阴小阳建仓成功案例图解之慢牛攀升

【图形解释】

图22重点所示的是宝钛股份（600456）7月后的走势。从最低价16.9元开始持续近一个半月的小阴小阳攀升，中途的波动为窄幅修整并且回踩时成交量明显缩小，整个图形中显然是阳线放量阴线缩量。直到阶段高位放量阴阳线交夹时，说明离本轮顶位不远了，当出现放出巨量后以最高价40.48元结束本轮涨势，其涨幅远远超过翻倍。该股的基本面众所周知是具有慢牛股性质的。

【图解启示】

涨有涨的势头，强有强的特征，牛有牛的动力，翻倍有翻倍的背景。无风不起浪，没有一定的基本面支撑和题材热捧在技术面上是难以走出大幅上涨的。有一定技术功底的投资者从技术形态上就能观察出股票基本面的优劣。如该图中的案例个股在技术形态上持续一个多月的小阴小阳攀升，首先，反映了有大机构建仓且为了确保资金安全而又稳定的运行发展后盈利才走出如此的形态，其次，也反映了该股的基本面具有一定支撑动力。当这两者融合时必会产生慢牛股行情。在同一时间段

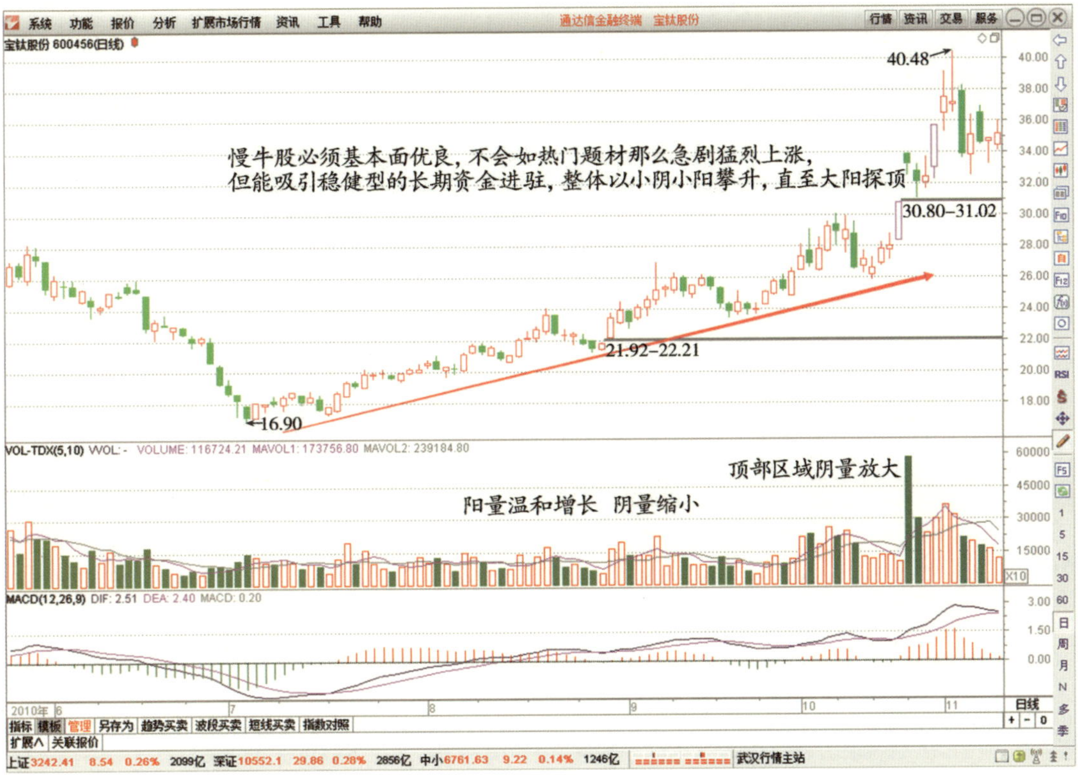

图22 宝钛股份（600456）2010年6~10月的日K线图

类似的还有盐湖股份（000792），也走出慢牛股的走势，从36.45元涨至78元，历时4个月。以上两只个股都属于行业垄断龙头性质，凡是在牛市中，该种性质个股均不会落后于大盘。

小阴小阳建仓成功案例图解之火山爆发

【图形解释】

图23重点所示的是北方稀土（600111）3月后的走势，是一大轮上涨中的一个小波段。该股是众所周知的白马股，从2007年至2011年中仅有2008年走势不好，其他3年走势很牛，涨幅惊人。在此，笔者只是从中抽取一轮涨幅接近翻倍的图形案例进行讲解，在该图截图范围的前期曾有近半年时间的调整，才止跌企稳回升。

【图解启示】

从图23中我们得到的最大启示是：图中在低位小阴小阳快速建仓后出现第一个涨停板位置却是后市的支撑防线，可想而知在建仓期的涨幅就已接近翻倍，主力能

图23　北方稀土（600111）2010年2~4月的日K线图

够如此大胆埋下大手笔筹码，后期的涨幅定不敢想象，但从周期上来讲，其后市涨幅应在3倍左右。直到2011年6月9日最高价79.87元，这样的大牛股是可遇而不可求的，关键是在启动时投资者能否及时意识到该股未来的巨大潜力。

当然，对于长牛股来讲，中途主力或许会换来换去，例如一家主力做一波段上涨，结束后又有另一家主力从低位做起。例如，某股票基金产品期限为一年，到期后必须清算，对于这种长达几年的牛股，很少有主力能从头拿到尾的，所以在中途要注意换庄带来的风险。

小阴小阳建仓失败案例图解之反弹结束

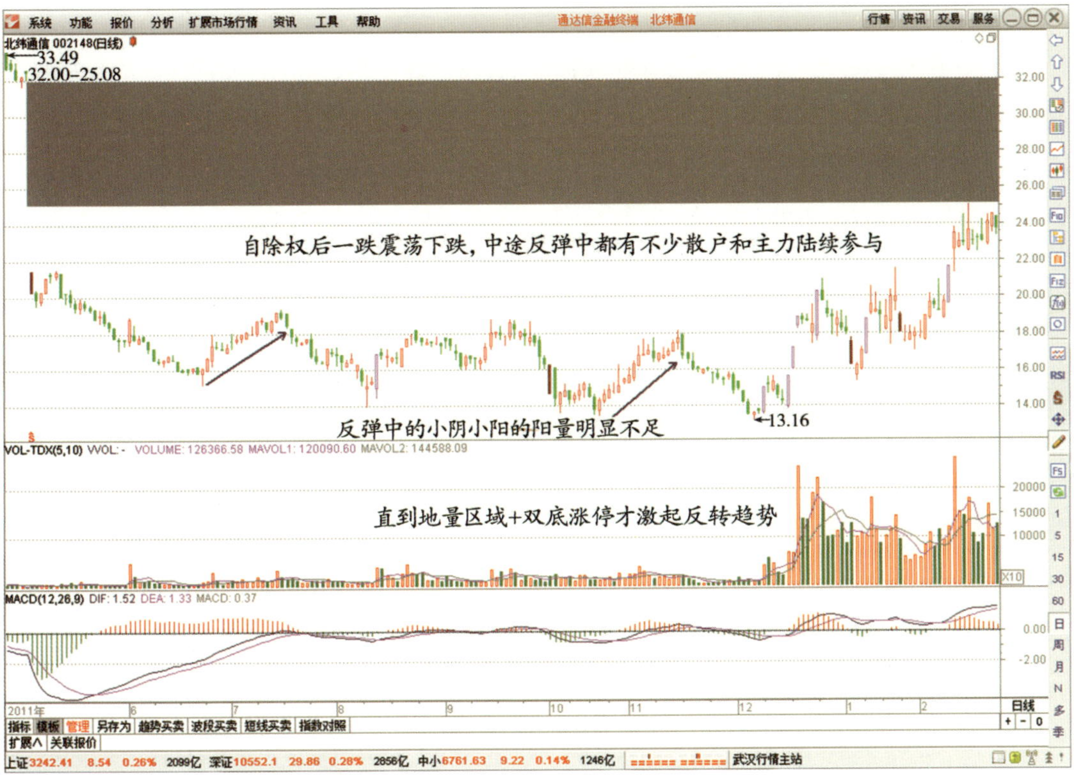

图24　北纬通信（002148）2011年6~12月的日K线图

【图形解释】

图24重点所示的是北纬通信（002148）6月后的走势。图中整体上呈大型下降箱体趋势，但在每一次的低位回升反弹时都是以小阴小阳进行，并且其间阳线多于阴线，成交量阳线也比阴线多。从股票的性质角度来看，其仍然是比较活跃的一只个股，在第一次小阴小阳反弹至前高点之下时就开始出现放量的实体阴线转势下跌，并且在下跌过程中不断释放阴线量能。这说明该主力在多次试探做多，但市场环境使趋势受困，一旦市场转暖时该股必会爆发式上涨，只有这样主力才能顺利脱身并且成功盈利。

【图解启示】

1．图中的小阴小阳回升中上影线较多，成交量搭配不适当(放量太急切)，这使后市上涨行情的发展受到影响。

2. 在走完阶段涨幅后立即呈现持续放量阴线转势，并且三次高点下沉（三次见前顶不涨必大跌）。

3. 长期多次建仓失败但主力仍没有放弃该股，可见该股自有较强的潜力存在，后市主力必然会设法脱身甚至盈利，所以可以先把该股添加为自选股收藏，当市场转暖时择机介入必有厚报。

4. 考虑到除权后价格更低，再加上长时间的盘跌消化，使价压至极低位置，同时也走出地量区域，随后双底涨停起涨时，也正是绝处逢生的机会。

小阴小阳建仓失败案例图解之一叶知秋

图25 平庄能源（000780）2011年2~12月的日K线图

【图形解释】

图25重点所示的是平庄能源（000780）11月左右的走势。在图中短箭头处一共有17根小阴小阳K线，其中仅有6根小阴线，该股前期最高价是17.2元，经过长时间的调整至图中标记位置最低价是9.8元，同时大调整后的低位出现类似建仓式的小阴

小阳K线，为什么最终没有酝酿上涨行情呢?

【图解启示】

1. 量价关系不协调。图中的小阴小阳回升阶段中成交量是先温和放大再逐步递减，其间内阳线量时大时小，阴线量显然有点大，没有明显的缩量特征，整体上成交量呈现“无规则量”。

2. 技术形态不共振。图中的小阴小阳回升阶段中频繁出现上下影线以及十字星，其中的实体阳线偏少，说明主力不能达成一定的筹码收集，筑底不扎实难有大行情上涨。在小阴小阳末期迴然一阴吞没前6天的K线，类似于“一叶落便知秋”的转势特征，由于前面主力吸筹不多，就在这一根阴线完全可以脱离困境。当出现这一信号时，参与的投资者可立即清仓撤退。类似形态的个股还有蒙发利（002614）在2011年11月30日后的走势。

由此可见，可总结归纳为：小阴小阳失败的原因是由于阶段位置不恰当，小阴小阳本身属于一种向上修复的特征，就必须要修复至前高或前一轮跌幅的一半之上再有大阳伴随为佳。所以，在实盘运用中，一定要观察盘升的幅度、盘升中的阳多阴少、阳量增阴量缩的节奏为宜。

第六节
常见主力吸筹的K线特征

阳长阴短特征案例图解

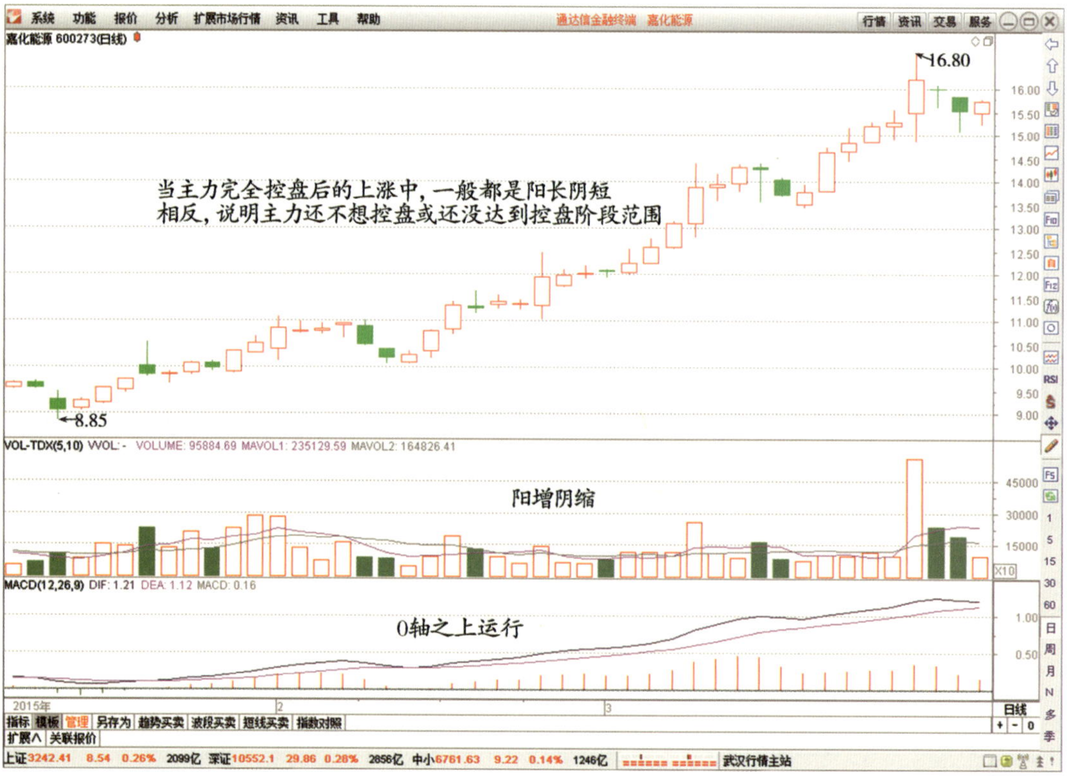

图26　嘉化能源（600273）2015年1~3月的日K线图

【图形特征】

1. 阳线量增价涨：说明主力在实质性买进，大量而又有节奏地吃货。

2. 阴线量缩价平：说明主力在惜售并锁定筹码以防流失过多，稳定盘口不产生较大的波动才有利主力顺利完成建仓，同时对后市控盘度更有利。

牛长熊短特征案例图解

图27 景谷林业（600265）2014年1~6月的日K线图

【图形特征】

1. 牛长：展示了主力对控盘个股在完成建仓后，发展至利润更大化，因为A股只能在上涨中才能盈利。

2. 熊短：是主力在控盘中运用洗盘、打压等手法中的过程，时间越短越强势，以速度换空间；另一种是以时间换空间，虽然熊调长一点，但后期发展盈利空间会更大。

窄幅横盘特征案例图解

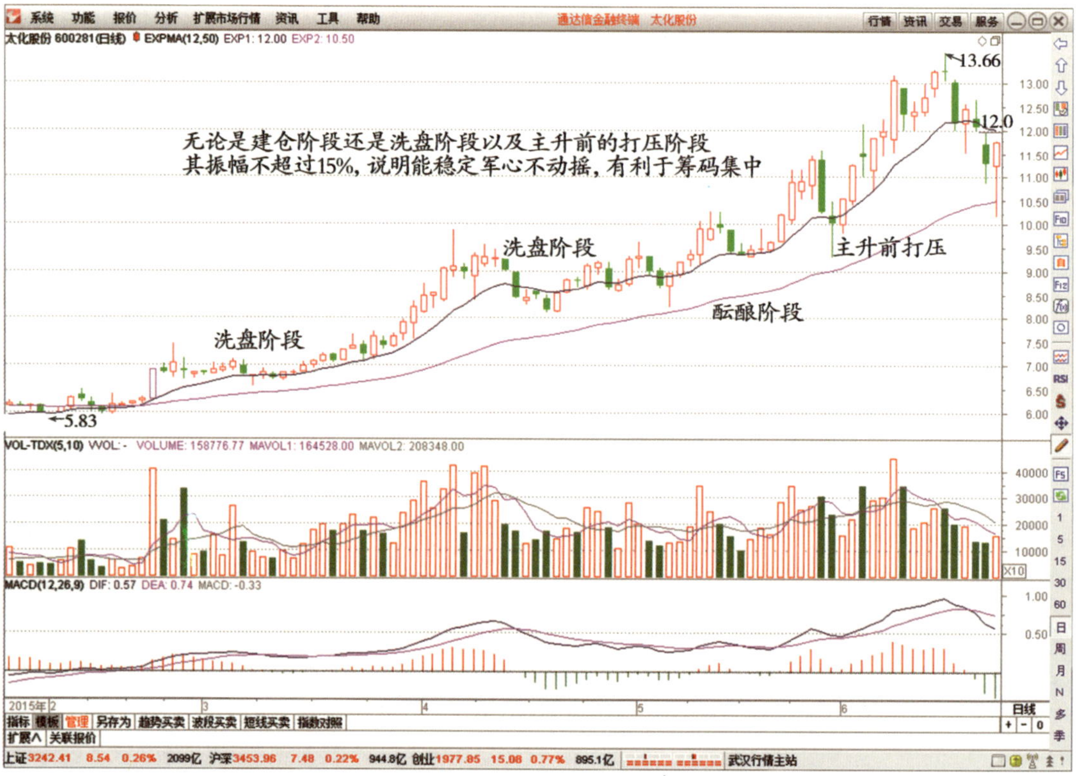

图28　太化股份（600281）2015年2~6月的日K线图

【图形特征】

1．窄幅：无论在任何阶段中，只要有主力存在，出现窄幅波动(振幅在15%以内)是主力在有序控盘的现象，同时也展示了该主力的资金实力和对后市的期望。

2．横盘：洗盘下跌趋势转为横盘趋势，股价已被主力有效地控制在成本价以及计划的建仓价格区间之内。

出现这两种现象时，投资者也可以运用前两大特征来进行辅助判断。

本章总结

1．从图形中发现庄：通过上述系列图解案例理解后，当读者打开股票行情软件对于任何一只个股进行观察时，就能从形态中扫描出该股是否有主力建仓的轨迹，如果有，就暂停下来仔细观察每一步的节奏、每一个形态组合的特征、每一个涨停的分时图、整体量价关系的搭配以及主力成本区域等，然后寻求下一个介入信号点位在哪，以及对后市的预期空间有多大，目标位在哪。

2. 庄中有强庄，强势股当中有短期牛股、中期牛股、长期慢牛股等。不同主力机构性质、不同资金来源、不同建仓手法、不同建仓周期、不同K线形态等关系着牛股的发展空间。总之，只要发现主力强势控盘的个股，都值得收藏，特别是基本面稳定成长的个股更值得珍藏，即使当时没有机会介入，但不排除后期没有。跟庄要有耐心，机会永远是给有准备的人。如果大盘下跌该目标个股不跌，或者大盘大跌它小跌，以及大盘大调整它却以横盘或窄幅波动，总之走势一直是强于大势，就能走出独立的上涨行情。

3. 认识牛股特性不难，学习操作技巧也容易，但难的是心态，例如事先要有主力思维，选股和等待信号要有耐心，观察中要细心，捂股中要有恒心，等等，希望各位读者朋友能慢慢去适应吧，时长久之能养成一种习惯更好。

第二章 主力试盘手法

“试”——试探、测试、试验都是同义词，“试”的过程中都带有一种不确定性，同时也带有一种风险性，不过不试就没机会，因为成功就在于尝试与测试。

导读

主力试盘的目的和手法

当主力决定做一只个股时，均会对这只个股进行盘口测试，以便进行控盘前的资金规划，以及整体操作策略的研究，如常说的“投石问路”。如果有发现某只个股有主力的试盘动作，那么这只个股我们都可以进行重点跟踪，一旦试盘成功，主力就会如期进行控盘，一只牛股因此而诞生。

对任何一只个股而言，只要主力有动作就说明有可能转势，这总比某些冷门股没有主力活动的迹象要好。那么，主力是做多还是做空呢？主力在此阶段位置活动的意图是什么呢？因此，我们要站在主力的角度去思考，并且还要懂得主力会用到的手法，从而分析出最终的局势。

主力试盘的最终目的就是选择多空，也就是上下试盘。手法虽简单，但留在K线图形上的轨迹却各有不同。作为技术分析要如何去分辨多空试盘呢？又要如何判断试盘是否成功呢？接下来的走势又会如何演绎呢？下面笔者将用不同的多空图解进行案例分析。

第一节 试探是否存有老庄

有的个股在平时没有发现主力活动迹象，但不能说明里面就没有主力存在，如果有那就是“老庄”。

“老庄”一般潜伏在绩优蓝筹里面，将投入资金当作是一笔储蓄增值，只要年收益比银行利息要高就很满足了。另一种“老庄”是曾经被套而无力自拔遗留下来的。我印象深刻的是2004年初的四环生物（000518），当时是深市持股度最集中的一只股，持股10万股以上的股东有2238户，持股率达91.14%。这时有人可能会问：“老庄控筹大部分小散持股，谁来拉升？”在大趋势向上的情况下，老庄将会顺势而上；如果在弱势的情况下，谁也不愿为谁抬轿。所以，在K线图形上将会走出长期横盘的箱体走势，除非到了熊市阶段才会各自设法脱身。例如，有一些基金重仓股也是如此，只有在大牛市的背景下才会有一番较强的表现。2008年金融危机时，大多数基金亏损50%以上，为什么没有止损呢？作为个人投资者在亏损20%以内时都会有减持或清仓止损的意识，这个答案大家心知肚明——基金用的是投资者的钱，不管盈亏都有管理费。

上述只是举例说明，当一只个股被一家新主力看中时，特别是这只个股在前期以横盘箱体走势持续半年左右，那么新主力在操作前必定会进行一次试盘动作。试探里面的老庄有何反应，如果新主力发现老庄卖压很大，说明里面的老庄急切想出货，这时新主力可能就会放弃这只个股，随后股价仍然保持原状运行。

相反，如果里面的老庄不但没有卖压反而在抢筹，说明里面的老庄坚定看多后市，这时新主力要看自身的资金实力状况了，能否达到一定的控盘力度，才不会受老庄的牵制，否则两庄相斗必有一伤。

其次，如果里面没有老庄存在或者只是个别小庄，这时新主力完全可不理会，可按照预期计划进行操控，随后股价也将一路攀升。

第二节 观察浮筹和持仓情况

主力计划控盘一只股票时，首先要掌握需要多少资金去控盘，才能达到预期的收益。所以，主力在测试一只个股里面有没有老庄存在的同时，也要测试里面有多少固定持股筹码，以及有多少持仓不稳定的浮筹。

如果测试出里面的固定持股筹码大于控盘资金时(一般控盘资金要达到流通盘的30%～60%)，这时新主力可能会放弃该股的操作计划。试想一下，当里面的固定持股筹码不愿放弃手中的筹码，那么新主力就没有机会控盘，也许会少量参与顺势做多。

如果测试出里面没有太多固定持股筹码，或者是这只股票的筹码属于一盘散沙，那么新进的主力将一如既往地进行操作计划。如果里面的浮筹太大，主力将会采用“震仓”的方式来进行清理，一边清理一边收集持股信心不强的投资者的筹码，直到达成自身能控盘的数量为止。

在这个阶段，K线图形上走势非常难看、非常复杂，这使散户投资者不知所措，一片茫然。有的投资者胆小经不起波动，可能就会在这节眼上丢弃手中的筹码，而这往往就造成一卖出就大涨，如果要再买进也只好追高，如果投资者因胆小而不敢再追进就只能看着别人数钱了。

第三节 探测追涨杀跌和多空力度

观察一只股票的盘口买量和卖量是主力的日常基本工作，例如笔者先前就职的某单位里面就有这样的盘口观察员职位，其工作职责就是将操作的股票盘口中的每一笔买卖都记录下来，统计后再进行加工分析，最终得出下一步的操作计划。

当然，主力在测试一只个股是否有追涨杀跌和多空争夺存在时，也必须在盘口上进行测试。例如，在盘口上先挂委5的价格买入，这时分时图将会出现火箭发射的形态，但是没有成交促使分时图中的均价线背离，主要目的是测试后面有没有追涨的跟风盘出现，一旦主力撤单分时图将迅速回落(因为股票成交是先按时间优先，后按价格优先的机制)。如果追涨跟风盘较大，主力将会采取两种方式进行：一种是该股遇到利好时，操作时间紧迫，那么主力就会采取跳空高开来开盘，或者是盘中快速抬高股价，同时也抬高跟风盘的成本；另一种是采取打压或宽幅震仓的方式，直到盘面平静下来时主力才再次进攻。

相反，当主力在盘口先挂委5的价格卖出，这时分时图将会出现跳水现象，但唯一的特征是分时图中的均价线仍处在横向，并没有向下弯头或下移，其主要目的是测试有没有杀跌的跟风盘出现。如果主力发现有太多的卖盘出现，那么主力也会采取两种手法：一种是继续打压，因为这种情况下一旦拉升会有不少获利盘或套牢盘兑现，会对主力短期做多有影响；另一种是继续主力中期做多计划，不想失去人气，丢失筹码，将会快速收复原状。这样的手法一般运用在两个阶段：一是在上涨一波后的短期平台中，笔者在强势股形态选股软件中称为“加油平台”，时间短则3～5天，长则两周左右，为了不损人气，在筹码集中时主力会选择再次上攻，直到达成预期目标；二是在该股长期下跌后的底位区域中，如果主力再次进行杀跌，可能会有不少散户去抄底，或者被另一家主力抢了筹，所以主力只好反向做多才有利。

主力在经过上下试盘后，如果发现多空争夺激烈，有不少大单跟随，这时没有资金实力的主力就不敢轻易做多，否则反被另一家主力所控，这时K线图频繁收出上下影线。如果有资金实力的主力即使有大量卖盘出现，也会统统接货以达成做多目的。

第四节 长上影试盘

长上影线

是指多方攻击时上方抛压沉重，或受上方的阻力而回落。但是，长上影线在个股的不同阶段位置，其表示的意义则不尽相同。

一、底部收长上影线的原因

1. 个股走势全然受到大盘走势的牵制，所以也就随大盘同步收出长上影线。

2. 受到当前利好影响，早盘高开随后人气不足，或受当天大盘较弱，以及该利好不构成短期做多的理由，导致全天走低的局面收出长上影线。

3. 庄家想拉升这只个股，但是到前面高位时受阻回落；或者是主力采用试盘方式，测试上方的卖压力度，结果造成个股收长上影线。

经验总结

在底位出现长上影线时，要防止多方受阻后继续探底的可能，或许需要一些时间来洗盘震荡，短期内什么时候放量突破这根上影线，就证明拉升行情开始了。

二、上涨中期收长上影线的原因

1. 个股在上涨中期出现长上影线，可让散户误认为是上涨末期的长上影线，导致技术型的散户被庄家洗出，但在第二日却不跌反涨，这让自以为逃顶成功的散户大跌眼镜。

2. 主力故意开闸放水，例如，有的个股在上涨中途冲击涨停，但很快又回落，或者是早盘冲高后再回落。该主力目的就是把前面有获利的散户先洗出去，主力方可多收集一些筹码，为后面的主升浪埋下伏笔，更有利主力在高位脱身。

3. 当天成交量的大小取决于主力的打压力度，以及盘面资金流通和换手量的大小。如果是下跌无量以及前期总体涨幅不大，或者短期涨幅在20%以内，均值得跟踪关注。

经验总结

在上涨途中出现长上影线时，可按照“仙人指路”的形态分析操作。可密切关注次日早盘前60分钟走势，如果重心在向上移，并且可判定当天能收阳线的情况下进行试探性买入，当收出阳线或突破前上影线的高点时“仙人指路”就完全成立，也是安全的买入信号。空间涨幅估算技巧就是一点：假设出现这根上影线之前涨幅为15%，在出现这根上影线之后还有15%的涨幅。

三、上涨末期收长上影线的原因

1. 个股在经过长期的拉升之后，收出一根长上影线，唯一能给出见顶卖出信号的是当日放巨量。

2. 庄家已无心恋战，特别是前期涨幅越大越是大顶部的成立，或者是在高位阶段中频繁出现两根或以上长上影线，说明随时会见顶回落转势。

3. 还有一种原因是回到前期的高点附近时，受阻回落呈现出双顶或“三外有三”的形态，所谓是“三次见顶不涨必跌”。

经验总结

在中长期上涨的高位出现放量的长上影线时，一般在当天10:30后就已初见形态，特别是在出现这根长上影线之前有明显急拉快涨的主升浪形态，此时可果断卖出。如果周线在高位形成长上影线，那就有可能会形成长期顶部区域，更要警惕巨大的风险。

主力做长上影线试盘成功案例图解一

【图形解释】

图29重点所示的是宝塔实业（000595）2011年1月10日的长上影线，笔者当初选中它的原因如下：首先，是该股在历史阶段形态中正处于长达三年半的大箱体运行，在笔者关注时已处在波幅收窄的区域中，也就是临近箱体末期变盘区域。其次，从近两个月的波动形态中，可发现有小串阳吸筹现象。当它出现图中的长上影线时引起了笔者的注意，并在1月12日的“2011年掘起第一桶金股票池”新浪博客文章中提示到该股有主力试盘的动作。

图29　宝塔实业（000595）2010年9月~2011年2月的日K线图

从技术角度分析，在出现长上影线的次日虽然是跳空低开缺口，但是报收缩量十字星止跌企稳。最关键是转多信号在1月12日以中阳线收复缺口，并收在上影线的收盘价之上，就从这一根中阳线可看出主力试盘做多的意图，也正是买入条件信号。在1月13日虽有压筹现象的小阴线，但是明显的缩量状态，更说明主力做多意图而惜售。由于技术形态上主力做得有些明显，略懂技术分析的人都能分辨得出，这必然会导致不少跟风盘参与，所以在后面冲涨停板的次日再以一字板跌停进行强势打压。但很快又在第三天以涨停板收复前三天的高位，同时也回补了缺口，从这一点可判断出主力在为主升浪做准备。在接近前涨停板的高位时必有跟风盘进行兑现，所以再次修整。在2月1日出现明显缩量的小阴线十字星，又是一次买入的信号，直到放巨量出现的顶部特征时卖出，不到两周时间可获得近50%的利润。

【图解启示】

1. 在低位出现小串阳线均可说明主力在耐心吸筹，但又不敢大胆建仓，如果在小串阳线后主力发生任何异动现象，能给到我们的信号就更加强烈，可充分说明里面有主力，更可进一步确定前面的小串阳为主力在吸筹，接下来做多的潜力很大。

2. 在上跳缺口的当日收放量上影线是属正常的，如果没有量就不会有高开的现象出现。只要不是巨量出现就不危险，因为如果是巨量说明上方抛压大，多空争夺强烈。但是，出现在低位可关注性比较高，出现在高位尽快减持或清仓。在次日能否再收阳线走出“仙人指路”图形？要到次日才知道，故待第二个能做多的图形出现时再买回也不迟。

3. 底部起涨前、洗盘后重拾升势前、主升浪启动前的长上影试盘都需要引起重视，特别是高位长上影是探顶还是主升浪前？首先确认该股在前面是否已经有产生过主升浪？如果没有那就有50%的可能性是主力在准备做主升浪前一种测试，此时我们可以密切观察主力的一举一动，当等到将长上影的影线部分修复三分之二后便可以考虑买入。

主力做长上影线试盘成功案例图解二

【图形解释】

图30 游族网络（002174）2011年3~7月的日K线图

图30重点所示的是游族网络（002174）6月的长上影走势图形，前三个月从高位进行三浪调整跌破前一个低位后，（按中级调整波浪理论下跌均会以三浪下跌完成，当有一浪下跌形成时就有二浪下跌的可能，如果有了二浪下跌后就必会有三浪下跌，如果在三浪下跌后没有明显转势向上的图形时，不排除还有最后一次主跌浪，主力集中杀跌抄底。）在12.5元止跌企稳，次日以涨幅2.75%报收的“光头光脚”小阳线为“起涨信号”。在6月8日早盘高开冲击涨停又快速回落，单从这根高开缺口的K线就可看出有主力在吃货，由于长期下跌后必会有不少套牢盘的抛压，所以不利于主力封涨停板。随后，在6月15日再次在盘中即13：00后火箭发射拉高股价，但均价线背离没有跟上，属于虚单技巧性拉升，很快又迅速回落。这一根K线刚好是平台中的第5天。同时，从虚单技巧性拉升可看出主力还会进行一次打压，就在当时也许会猜想做多试盘是否会成功？答案还需要进一步去确认。从后面进行5天的打压中可看出成交量明显缩量，说明主力仍是惜售。就在第6天也就是6月24日发生变盘，放量突破短期平台的高点，体现出主力做多的意图仍在，也正是最佳买入机会的信号。

【图解启示】

1. 在低位向上跳空缺口显然会强于高位向上跳空缺口。所以，有在低位向上跳空缺口的图形均可进行跟踪。

2. 按照上跳缺口理论随后3～5天不回补，且重心向上移则为“突破型缺口”，可择机参与。如果以横盘走势，或者回补时是以缩量为主仍还有机会，特别是出现在调整后的低位。

主力做长上影线试盘成功案例图解三

【图形解释】

图31重点所示的是游族网络（002174）7月13日的走势，前一次在探底后以涨停板启动扭转趋势，次日在午盘后分时图中以虚单技巧性拉升是为了保护建仓成本价，使均价线背离，股价很快又回落至前一天收盘价附近收盘。从这根K线可看出主力的两大意图：一是测试盘口有没有追涨杀跌的现象，二是故意开闸放水清除浮筹。这样主力方可多收集一些控盘筹码，随后稍做打压之势还可换来低廉的筹码。从3天的打压中可看出成交量明显缩量，很快主力以小串阳攀升吸筹，就在第5天就可看出有回升之势，可进行试探性的买入。后面一个多月中以小阴小阳上涨，成交量是阳线放量阴线缩量，可体现出是一只长庄慢牛股形态。

图31 游族网络（002174）2010年7~10月的日K线图

在这两个月的漫步攀升中均为主力在吸筹建仓期，当主力建仓完成时有将近30%的涨幅，同时离前期的高位也较为接近。此时，主力又会怎么操作呢？如果在此阶段进行主升浪拉高只会为前期套牢盘抬轿，所以K线在短期内出现两次向上试盘的上影线，这意味着股价已到洗盘阶段了。那么此时不宜做主升浪，就必会经过洗盘修整后再做主升浪，这是庄家常识。主力经过两个月好不容易收集到控盘筹码，所以在后期主力为了能稳定筹码，不是采取宽幅度打压洗盘，就是以横盘震荡式完成。一直到11月25日以19.10元探顶，其间股价也接近翻倍，虽然中途很谨慎、很折腾，也算是如意的一轮做庄手法。

【图解启示】

1. 对于新手股民来说，最惊心动魄的就是持有的个股出现急拉快跌，使自己措手不及，不知所措。要想改善这一点，就必须学习技术本领，提高分析能力，搞明白为什么会急拉快跌？甚至如何去发现先兆信号？不妨将大形态进行全面综合性判断，以主力轨迹从前到后惯性分析，以便做足心理准备。

2．或者也可以例如实时观察30分钟、60分钟图形中的量能变化，如果某一个30分钟内出现放巨量急拉快跌的走势都应立即减持或卖出，这招是精简易学又实用的。

3．上升趋势中出现放量上影线减持或清仓后，只要不破下轨线仍可继续跟踪寻求低吸机会。一般是以5日线、10日线为运行通道线，以20日线、30日线为下轨线。

主力做长上影线试盘成功案例图解四

【图形解释】

图32 大冷股份（000560）2011年5~11月的日K线图

图32重点所示的是大冷股份（000560）8月走势，前期经过长达5个月的下跌后以放量串阳回升。在8月19日低开后又迅速冲高，再进行横盘方式报收于前一天的收盘价附近。主力为了在大盘弱势中建仓不太明显，只用少量资金参与作为试探性买入。值得我们研究的是，在这根长上影线之后的两天，收盘价均以前上影线的收盘

价为保护支撑，所以在第3天以上跳缺口开盘，并且当天一分钱的缺口未回补，同时成交量也稍有放量，此时正是最佳的买入信号。

由于当时大盘处在弱势阶段，该主力在操控方面也比较谨慎，短期涨幅没有持续多高，就开始进行修整。当时笔者在读者QQ群里还对这只个股进行了分析，并提示如果在修整到位再向上转势时，极有可能会走出一波可观的上涨行情。虽然在后面没有如期快速上涨，但从后期横盘箱体趋势来看，也明显强于大盘的下降趋势，但个股仍然难改大势熊途漫漫。

【图解启示】

1．在变盘区域内出现上影线，证明主力在真实地试盘，而不是自然形成的。主力有动作，我们就有机会，因为主力的意图已显现，随后股价一旦向上，就说明试盘成功，我们也就可跟着立即做多。

2．对于大资金来说，在变盘区域内，或在主力选择多空的敏感区域内时，千万别冲动地大单买入，否则会引起主力的重视，如果主力一旦改变操作计划，或者放弃该股，这样的结局会是很惨的。

3．再者，首先要明白一个道理，主力为什么要试盘？说明主力也在犹豫不决、持有质疑心理，所以要投石问路去测试。那么，既然主力都这样的状态，我们更不能急于一时盲目性参与，而是等主力试盘成功后我们再寻求买入机会。

主力做长上影线试盘成功案例图解五

【图形解释】

图33重点所示的是五矿发展（600058）9月后的走势，在图中标有4个图示：图示1是经过上涨后的修整平台起涨时出现的上影线，也就在这一天突破前面的平台高位。主力的意图有两点：一是选择在盘中冲高回落可测试跟风盘多不多，如果多就还会再次进行打压。二是主力做出骗线，让市场散户投资者不敢轻易买入。最为关键的是第2天收阳线，因此如《做精一张图（彩图版）》一书中的“仙人指路”图形也就成立了。

图示2、图示3、图示4同样也符合“仙人指路”的组合图形，但出现在上涨途中，理论上如“前面上涨10%时出现此上影组合，那么后面仍有10%的涨幅”。

图示4是一种典型的长上影线探顶信号，特征有两点：一是这根长上影线是放巨量的阴线，二是在次日收出实体大阴线，为向下的转势信号，也是主力在冲高出货的信号，而不是主力在做多前的试盘信号。

图33　五矿发展（600058）2010年5~10月的日K线图

【图解启示】

1. 在上升通道中不管主力运用什么手法，只要没有破坏上涨趋势，均可沿上行轨道线捂股待涨，不要轻易被主力震出仓，或被骗出局。对于没有技术水平的人，更不要贪图几毛钱的差价利润，来回倒差价不是那么容易做的。

2. 在上升通道中不管收出什么K线，都要珍惜每一次的低吸机会。但是，一般这样的低吸机会不会太多，如果错过前面2～3个低吸机会时，后面就算还有低吸的机会也不要跟进了，因为涨幅已高风险太大。

3. 由此可见，在上升通道中的长上影，也是新买入的一些机会，并且见效很快，能起到立竿见影的效果。

主力做长上影线试盘失败案例图解一

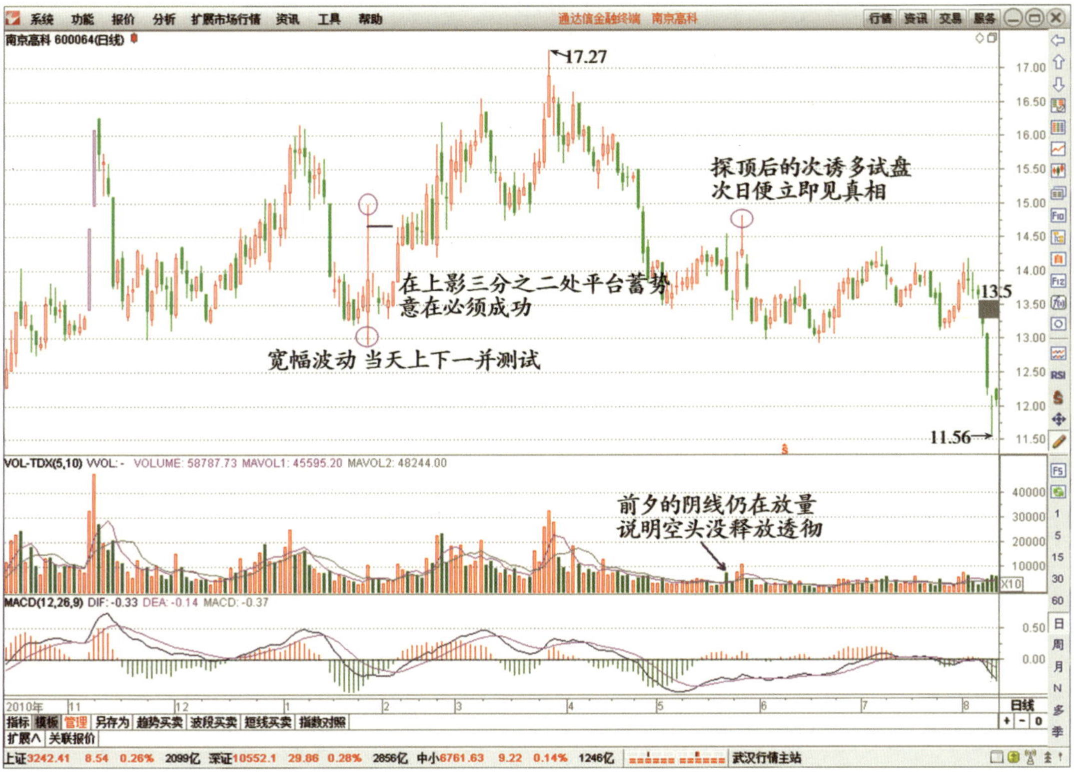

图34　南京高科（600064）2011年1~5月的日K线图

【图形解释】

图34重点所示的是南京高科（600064）5月26日收出的长上影线。我们结合前期分析，这属于见顶后的超跌反弹阶段，由于串阳反弹中“量增价不涨”压制了反弹的力度。股价在5月26日早盘快速拉高，又迅速回落至分时均价线之下横盘，此时已表露出当天走势为弱势。或许主力还想做一次强反弹以达成最后的出货工作，但因跟风盘未增加，其次是上方套牢盘超重。最为关键的是上影线次日低开后重心下移收出阴线，这可充分表明主力无意做大反弹，后期的股价也以重心下移的箱体走向为主。

【图解启示】

1．不管主力运用什么手法，我们都不能盲目参与，待主力操控平息稳定后再判断是否有参与机会，否则是很危险的。

2．不管主力如何操控、如何掩盖都摆脱不了量价形态和阶段位置上的迹象，这就是需要我们去分析研究的方向，而不是某条均线指标能永久有效的。

主力做长上影线试盘失败案例图解二

图35　葛洲坝（600068）2011年4~8月的日K线图

【图形解释】

图35是葛洲坝（600068）的走势图。从前高点急跌企稳时，构筑平台走势，在5月20日周五收出地量十字星变盘信号，也正是平台末期变盘信号。5月23日周一早盘经过两轮拉升，分时均价线也紧跟而上，但这毕竟是在试盘，随后回落报收于前一天收盘价之上。从这根上影线和前一根地量十字星可看出，主力的确是想做一次反弹行情，但第二天涨幅2.43%的小阳线，却消耗了不少量能，说明在此位置拉升比较费劲，还得向下打压一次，这表明试盘做多暂不可行，故就在第三天收出实体小阴线转势向下。随后经过三天带量阴线打压后，又重现筑底平台，此平台周期长同前一次相似，在6月13日的平台末期又一次出现地量十字星，再次出现变盘信号，随后

伴随量能温和放大，最终还是走出一轮像样的反弹行情。在后期反弹至上方缺口附近时，显然有较大的阻力存在，并且在短时间内频繁出现三根长上影线，疑似反弹到位的出货现象。

【图解启示】

1. 不管在什么位置出现放量的上影线时都需高度重视，若有持仓可先减半出来待观察，或者清仓等待下一次机会出现。

2. 当图形走到前高位左右时，或者是经过一轮上涨后的阶段高位时，出现量增价不涨、阴线放量阳线缩量的情况均为磨顶信号，特别是短期内频繁出现上影线，随时会有迎来大阴线的可能。

3. 与在上涨中途和主升浪之前出现长上影方试盘不同的是，在底位和起涨后的中继处出现长上影试盘的，一定要综合全面分析，并需谨慎操作，毕竟还没有完全摆脱底部区域，仍存有不确定性因素。

主力做长上影线试盘失败案例图解三

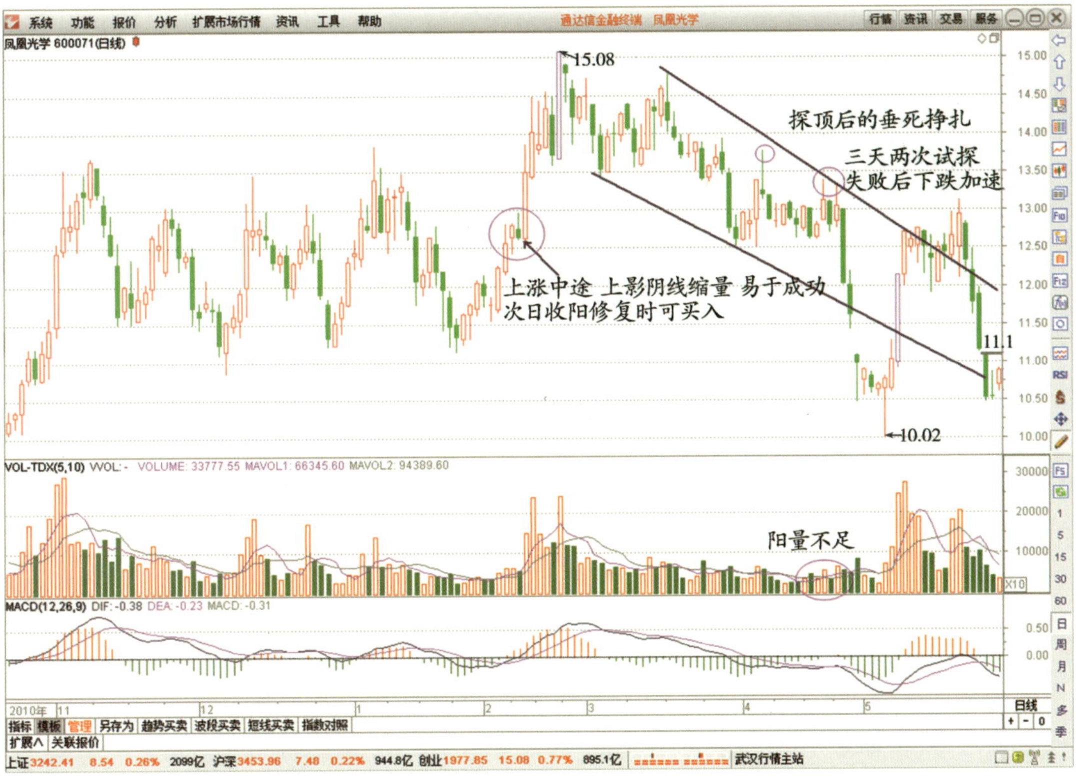

图36 凤凰光学（600071）2011年2~5月的日K线图

【图形解释】

图36是凤凰光学（600071）的走势图。我们先看历史阶段走势，从2008年11月4日的2.26元到2011年2月23日的15.08元，上涨幅度近7倍。2011年4月19日大盘才向下调整，但该股在2月底就开始进入下降通道，进行半年以上的大修整期。从上图中可以看出，在明显的下降通道中有几次上影线出现，都是触及到上轨处时返身侧下。主力意图也就两点：一是想以磨顶的方式做假反弹诱多，但经过向上试盘测试到抛压过重，最终还是返回下降通道之中。二是主力想在盘中做假拉升吸引跟风盘，以便自身派发出货。

【图解启示】

1．在下降趋势中不管演绎何种K线，只要没有摆脱大趋势的方向，都不能轻易转手做多。例如，2011年8～9月的大盘一样，笔者每天都在学员群里提醒，当大盘没有摆脱下降趋势，以及大盘没有成功脱离底部区域之前，都不要重仓参与某只个股，因为熊市的风格就是急涨慢跌，一不小心就会被套在高位。

2．要想摆脱下降趋势就必须要放量突破上轨线，要想成功脱离底部区域就必须在突破上轨后回踩时确认支撑有效，再重拾升势。否则就休息或者少量参与反弹机会。

经验总结

一、阶段位置

1．在调整后的低位，有几根阳线反弹后再出现长上影线为主力建仓前的试探，前面几根阳线的反弹也是属于主力吸筹，因为主力必须要先进一点筹码才适合试盘的，一般在建仓时是不会做上影线的。

2．在横盘或短期平台的末期出现上影线，是为了测试上方阻力和跟风盘资金的流向以及做骗线。因为这是处于变盘区域，如果试盘成功将会展开向上一轮涨势，相反则下跌。

3．在上涨途中出现长上影线说明是主力在压盘，同时也有“仙人指路”的图形潜力存在，一旦成立还会继续走强。

4．在阶段高位或短期频繁出现上影线极有可能是顶部特征，主力有出货的疑象。

二、次后三日

出现上影线时，从当前所处阶段位置和前几天的图形可初步判断主力的意图，但是要确定主力试盘是否会成功，只有一个分析判断技巧，那就是在出现上影线之后的3天内是向上还是向下，如果次日就收阳线向上，可择机介入，如果次日就收阴线，那成功率就较小，如果是在高位出现放巨量的上影线，当天就必须及时出逃，次日再收阴线也有必要清仓。

三、顺势跟踪

只要是在调整后的低位，符合主力建仓的区域阶段内，甚至是在止跌企稳回升后出现上述的上影线，都值得跟踪。一旦主力试盘成功均会有一轮像样的上涨趋势，大家可用股票分析软件进行条件选股。要想缩小选股范围，就把选股条件设为上影线后次日收阳的组合为筛选条件，如此，即可捕获到更多的潜力牛股。

第五节
长下影试盘

长下影线

是指显示空方打击时下方有大量的接盘，或受下方的支撑而回升。另一种就可能是主力做的骗线或老鼠仓行为，在这只讲解主力有试盘动机的长下影线。长下影线与长上影线有所不同的是，长上影线主要测试上方的抛压，长下影线则是测试下方的支撑。也可称为是“单针探底”或“双针探底”的形态。

主力做长下影线试盘的目的

1. 换取低价：主力在盘中刻意向下砸盘至技术支撑位，或者破支撑位，但很快就被收回。与此同时，可迫使部分投资者因害怕亏损被套而恐慌性抛售，主力也达到再次吸收低价筹码的目的。

2. 持股信心：主力在盘中刻意向下砸盘可测试出当前市场投资者的持股信心是否坚定。如果持股信心较强，盘面就少有卖盘出现；如果持股信心很不坚定，盘面就会出现大量卖盘。当主力掌握这一信息后，可确定砸盘的幅度。经过试盘，如果市场持股信心很坚定，主力再往下砸自会有市场投资者进行补仓，这时主力可能会选择砸浅一点；如果持股信心不坚定，那么主力就会趁火打劫砸出最低价。当长下影出现后再继续盘升中，对主力和散户在持仓中的信心也起到稳固的作用，上行走势也将更加稳健。

3. 场外反应：主力在盘中刻意向下砸盘还可测试出场外资金的关注度。如果有场外资金也在关注该股，当现有的主力砸低股价后，难免会有场外的资金进行抢筹，唯一能体现出来的就是成交量非常大。

主力做长下影线试盘成功案例图解一

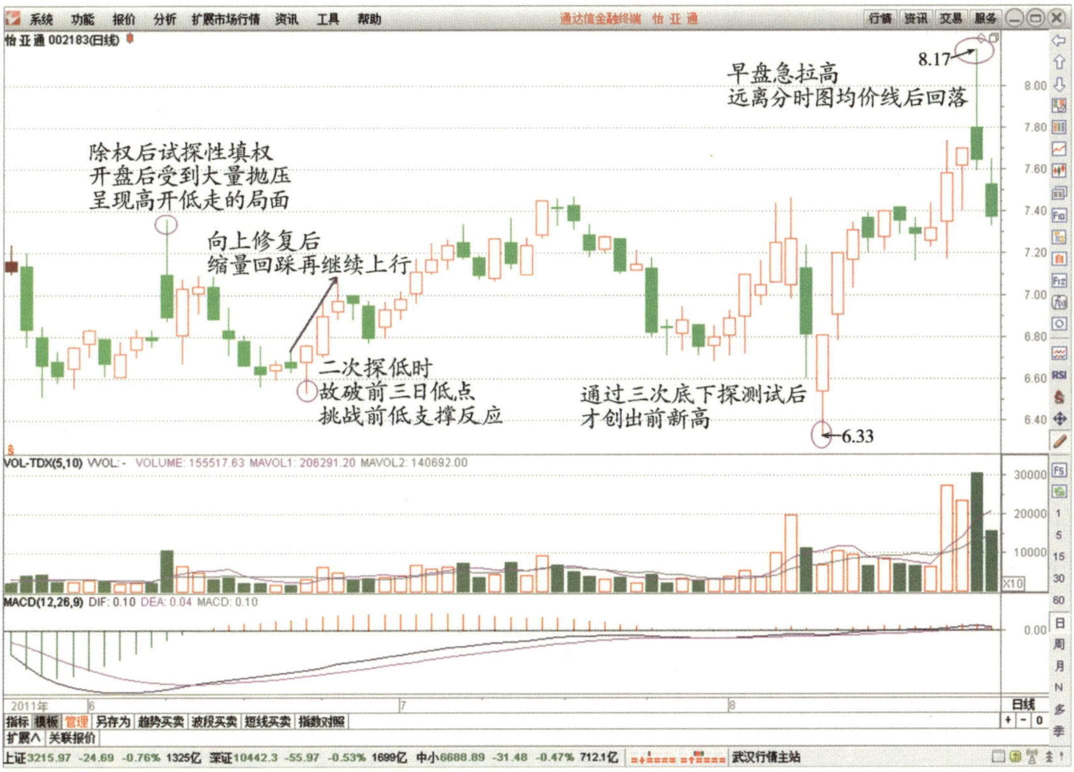

图37 怡亚通（002183）2011年6~8月的日K线图

【图形解释】

图37是怡亚通（002183）的走势图。回想一下当初大盘在6月20日以2610点探底后回升，但该股是在5月27日以6.51元探底回升，显然是提前于大盘见底并逆市反弹。在6月9日图中的第一根上影线试盘，成交量明显放大，说明上方抛压十分严重，紧跟着次日主力再以下影线试探支撑及接盘力度。主力做出这两根上下影线也非常不容易，一拉一砸、一进一出上下试盘后，随后接连两天K线下移，说明暂时放弃做多，需要进一步修整。当时可能我们也无法判定主力是否放弃或试盘失败，但从前两根上下影线的意图可感觉到主力有异动，值得我们进一步去观察跟踪。跟踪一周以后，K线自会给予答案，从图中可见以短暂的3天平台筑底修整后，股价在6月23日早盘平开走低，并跌破前3天平台下轨，给技术派制造出恐慌盘杀跌，但唯一的信号是前低点未破形成双底，在临近中午收盘时迅速拉升，下午一路攀升并突破前3

天的高点，同时量价齐涨。基于前面的走势再结合当前这根下影试探前低点的支撑信号，我们可在跟踪中找到可介入的买入信号，此后该股走出小三浪上涨行情。

【图解启示】

1. 从上图中可以看到，前面出现过一次底部，反弹回落形成二次探底，如果二次探底时在前底位附近能缩量企稳或获得强烈的支撑力度时，均可试探性地买进，一旦出现放量中大阳线上攻时，即为第二个安全买进信号。

2. 从第二次见底回升到前高点时必会出现抛压现象，技术上也会有回踩确认支撑的要求。如果在缩量回踩企稳后再放量回升，这是第三次最佳的买入信号，下一攻击目标必会突破前高点。回踩支撑后再回升也属于第二浪上涨，有了第二浪就有第三浪的潜力，这将会给操作增添一个机会，甚至卖出信号也在掌握之中了。图37的走势正是如此。

3. 就整体而言，在短期内反复试盘可以体现出两方面：一方面是再三确认（“试”不过三的说法），另一方面是主力对该股和市场信心不足，比较犹豫不决或比较谨慎。

主力做长下影线试盘成功案例图解二

【图形解释】

图38是中材科技（002080）的走势图，其中最明显的特点就是两根下影线探底，这也可称作是“双针探底”，并且两根K线都是阳线，两根下影线中间仅隔一根假阴线，第二根下影线试探支撑位置有所抬高，同时也出现了吉祥数字，即最低价11.16元。当然，主力将图形做得太漂亮，必将引起更多人的收藏关注，这难免会出现跟风盘。所以，主力必会做出打压阻止跟风盘跟进的举动，但这种举动主力一般不会延误太长时间，而将采取速战的方式完成低位建仓。在向下打压的最后一天虽然是低价缺口当天未补，但收出一根非常缩量的假阳线，这就发出了一个买入信号。

【图解启示】

1. 有关“双针探底”的分解为：中间相距时间有长有短，时期长短并无讲究，总之在第二次下影线探底时股价在前一根的下影线底位附近有强烈的支撑就成立。如果在下降通道中，短期内出现两根下影线后仍为下降趋势则无效。对于是否阳线的下影并不重要。

2. 如何判断是否有强烈的支撑：如果第二根下影线比第一根下影线的最低点

图38 中材科技（002080）2011年8月的日K线图

位置有明显抬高则为有效支撑；如果第二根下影线同第一根下影线的最低价位一样，说明有强烈的支撑力度；如果第二根下影线比前一根下影线的最低价高或低几分钱，说明主力在此价位进行保护，但也不排除是主力刻意做出来的多头信号。例如，美尔雅（600107）在2010年6月30日下影线最低价8.3元，到2011年10月24日下影线最低价8.31元，相距16个月两次下影线最低价仅差1分钱获得支撑。

3. 如何发现最佳的买入信号：很多投资者在发现第二根下影线时，就迫不及待地买进，很担心错失介入机会，但一买进后持续几天不上涨，甚至一见下调就卖出。其实，交易并非简单，投资者从一开始就进入主力的圈套，因为主力跟散户是不可能在同一区域内建仓的，主力一旦发现跟风盘过多，必会做出调整动作后再上涨。有的散户投资者在发现这一根下影线信号时，就立即跟踪关注，经过短暂几天跟踪后，不见起色就将该股从自选股列表中删除，当停止跟踪时或许该股就开始回升了，过一些时间回看一下已上涨，恨不得又去追高。很多散户都是这样，发现好股跟踪不好、操作不好、买卖点把握不好，这些都是亏钱的原因。所以，笔者奉劝大家，一旦发现有潜力的或者主力有异动的个股，都要一直跟踪关注，要明白机会是等出来的，直到图形完全破坏时再放弃跟踪。当然，要做好这一环节就必须要认识该种图形在后面的预期图形会怎么走，完全掌握这种运行规律后自会发现机会的存在。

4．图38中的买点信号汇总为：老鼠仓探出的神奇数字11.16时，从分时图中收复均价线之上便可买入；随着日线回补前中阴线时也可买入，如被套可观察量能是否缩小也不用担心；第三次探低确认时如再收长下影或大阳回升时可买入或加仓；当底部构成后进入上行通道中逢缩量回踩阴线的低点还可买进或加仓。

主力做长下影线试盘成功案例图解三

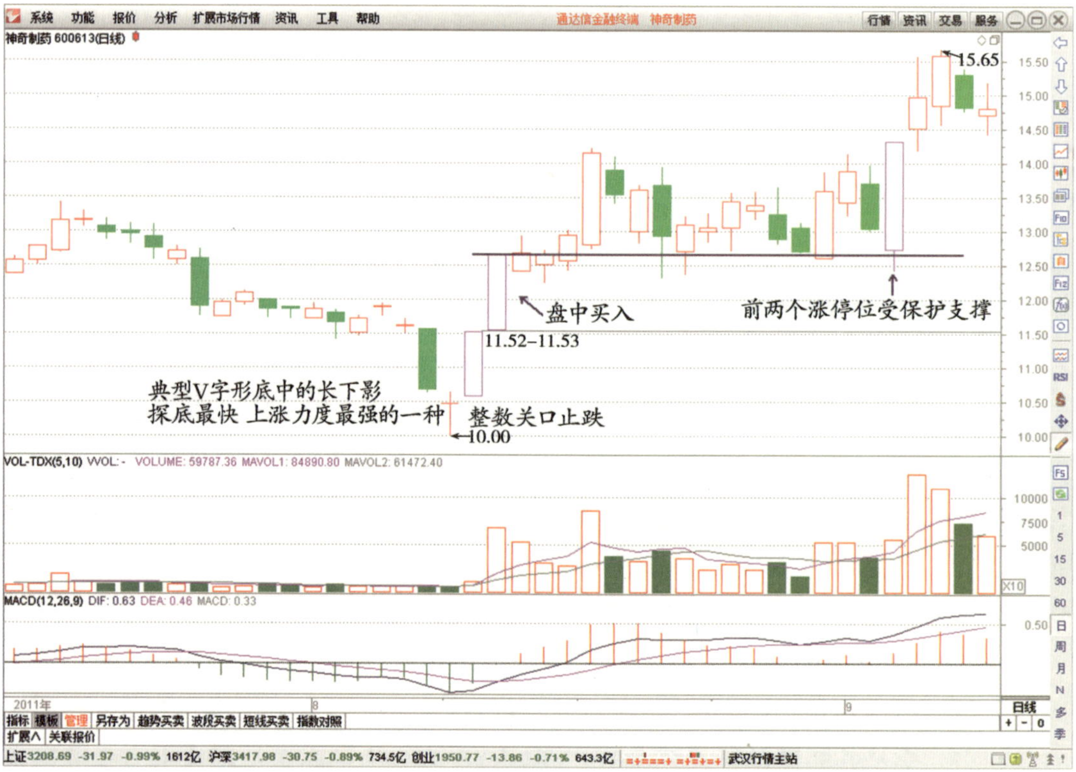

图39　神奇制药（600613）2011年8月的日K线图

【图形解释】

图39所示的是神奇制药（600613）8月9日的“单针探底”图形。从图中下影线之前的走势可以看出，先是阴跌后是急跌，明显的赶底特征。但到了最后一根实体大阴线下跌时的成交量有明显递减，基本上属于已无量可跌了。次日早盘低开低走

20分钟后迅速回升，探出最低价10元的整数价，似乎是主力事先有预谋的。经过急探底导致短期超跌，也促使均线底背离形态形成，同时距离2010年5月21日的9.4元和7月2日的9.5元双底很接近。据此说明，主力以下影线还试探出前期低点的支撑力度。

【图解启示】

图39除了符合“单针探底”图形同时还符合V型底的特征，先以大阴线急跌，接着出现一根下影线探底，随后是一根大阳线回升或收复前大阴线，这种典型的V字底是反弹中最强势的图形。这种图形成立后反弹的第一目标位是前高点附近。如果前期是大幅下跌后出现，那么反弹的目标位分别是前跌幅的0.382、0.5、0.618价位。当然这只是理论数字，实战操作还得根据实际情况例如量价关系而定，按照常规进行高抛锁利。

主力做长下影线试盘成功案例图解四

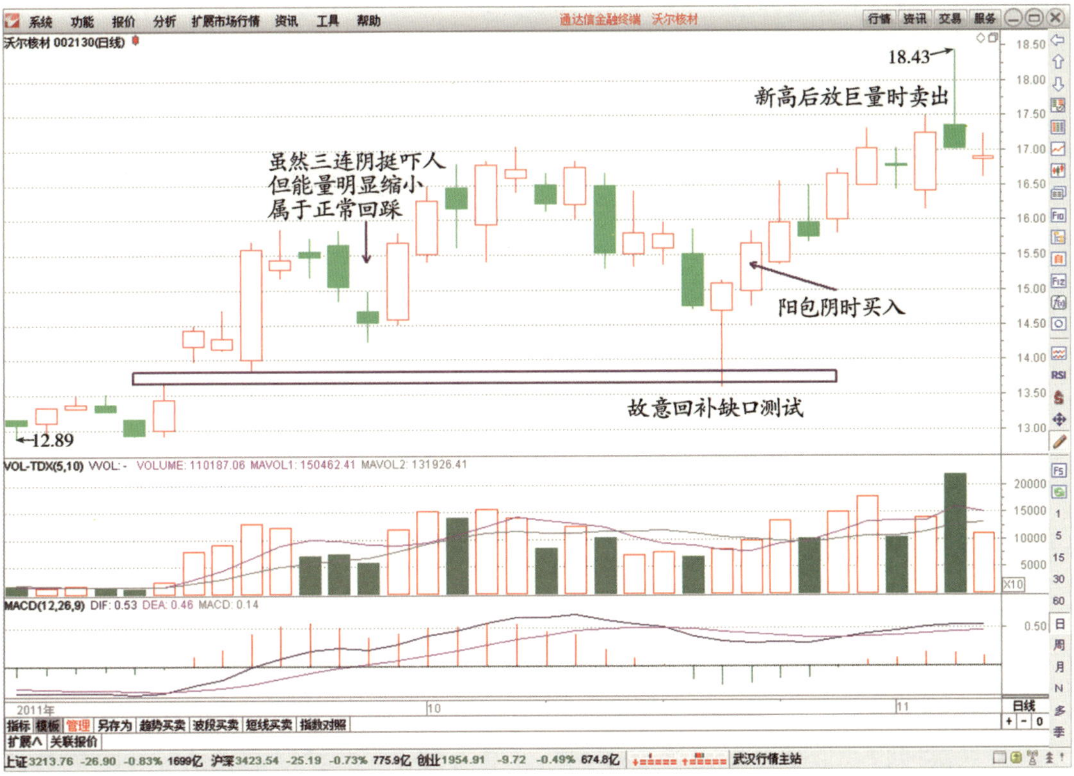

图40 沃尔核材（002130）2011年9~10月的日K线图

【图形解释】

图40重点标记的是沃尔核材（002130）10月24日的下影线。首先从整体来看，在第二次探底后以上跳缺口的方式起涨，并强势走出两浪上攻。在第二浪随大盘下跌趁机洗盘回调，当下跌至第一浪上涨后回踩的低位时，主力以一根长下影线下探至起涨位的缺口之下。其实，在前一个低点和起涨时的缺口都可看作支撑位置，但这一根长下影线将一气呵成击破了两个支撑位。主力这种强悍的试盘手法其意图很明朗，是测试下方两个支撑位的力度有多强，才能决定后市能做出多大的上涨空间。在长下影线试盘成功后，伴随成交量增长在形态上顺利走出第三浪上涨。

【图解启示】

1. 先从形态看出运行节奏规律，从底位两浪上涨后，极有可能出现第三浪上涨。当在第二浪回调企稳后是最佳的买入信号。

2. 主力试盘往往会击破常人的心理价位，才能表现出常人的反应，以达到主力试盘目的。例如，该图中的下影线先跌破前低位再跌破缺口，在这种情况下有的投资者可能因一时恐慌而放弃该股的筹码。但是要记住："破位不要紧，关键要快速收复。"只要能在30分钟内快速收复回去，该股还是可以继续看多的，例如破支撑位或破新低以及回补缺口都如此。

主力做长下影线试盘成功案例图解五

【图形解释】

图41所示的是中环装备（300140）10月12日的长下影线，在图标下影线的前期是以两个涨停板起涨，冲高回落至EXPMA趋势指标12日线获得支撑，并沿着均线上移。在主力准备进行二次进攻前，做一次向下试盘的手法，第一可测试出下方的支撑力度，第二是经过盘中下跌可捡到一些散户丢弃的筹码。图中可发现，在长下影线下探至起涨时上跳缺口以及趋势指标50日线处时，获得强力支撑迅速回升12日线之上，次日很顺利地完成涨停板攻击。

【图解启示】

1. 在上涨趋势中经常会发现类似的图形，主力为了缩短洗盘打压的时间，目的是尽快做高股价，以早日完成预期的目标价位。对于一些持股信心不足的投资者可能在盘中抛出，而懂技术的投资者可观察当日的分时图走势，在盘中股价快速下探而均价线却没有跟随，这种情况会很快被收回的，因此图形上也形成长下影线。如果股价线下探时均价线也紧跟而下就属真实下跌，应立即卖出。

图41　中环装备（300140）2011年7~10月日K线图

2．在股价线快速下探而均价线没有跟上时，特别是在下方某个支撑位置获得支撑后快速回升的情况下可立即进行增仓或买进。

3．由此可见，主力一般会在二、三次探底时，洗盘后的低位时，以及主升浪前均有可能会进行盘面测试，因为这是几个重要的窗口。当大家知道这种习性手法，实盘中也不妨多坚守30分钟的观察期。

主力做长下影线试盘失败案例图解一

【图形解释】

从图42标记可看出，聚光科技（300203）共为三浪回调，第二浪中一根长下影线放出巨量，这里面可说明主力在杀跌赶底，由于处在下跌末期，加上短期超跌底背离现象，难免会有跟风抄进。但是在随后三天以两阴夹一阳的转弱形态出现，也没有突破前下影线的高位，量能并未放大暂且看空。随之走出三连十字星的“一字平台”，正式进入变盘区域，最终选择了向下打压探底点，当时是伴随大盘反弹顺势而上。

图42　聚光科技（300203）2011年9月的日K线图

【图解启示】

1．波浪理论中说，有三浪上涨同时也有三浪下跌，在中级以上的上涨或下跌行情中第二浪延续时期较长，推理说有了二浪就必会有三浪出现。因此，如该图中正处在二浪下跌中，即使是出现下影探底疑似主力向下试盘行为，但也不能轻易立即做多。

2．不管是上影试盘还是下影试盘，是否成功都需要观察随后3天左右的重心偏向，例如该图中的第一次下影线后连收阴线下移则看空，第二次下影线后不见量价齐增并还是“两阴夹阳”形态，同样看空短期行情，等待第三浪下跌完成后方可看多。

3．在下降通道中经常有很多间断性的下影线出现，每过几天或许又出现一根，这是属于主力在诱多的行为，当图形没有出现反弹或向上转势的特征前，不要盲目跟随参与。

4．三浪下跌中分三次上下影双向试盘，说明主力别有用心，最终才赢得大V型再创新高。由此可证明主力在前面虽有获利不多，也并没有抛出的意愿，在保护和反复测试中操作。

主力做长下影线试盘失败案例图解二

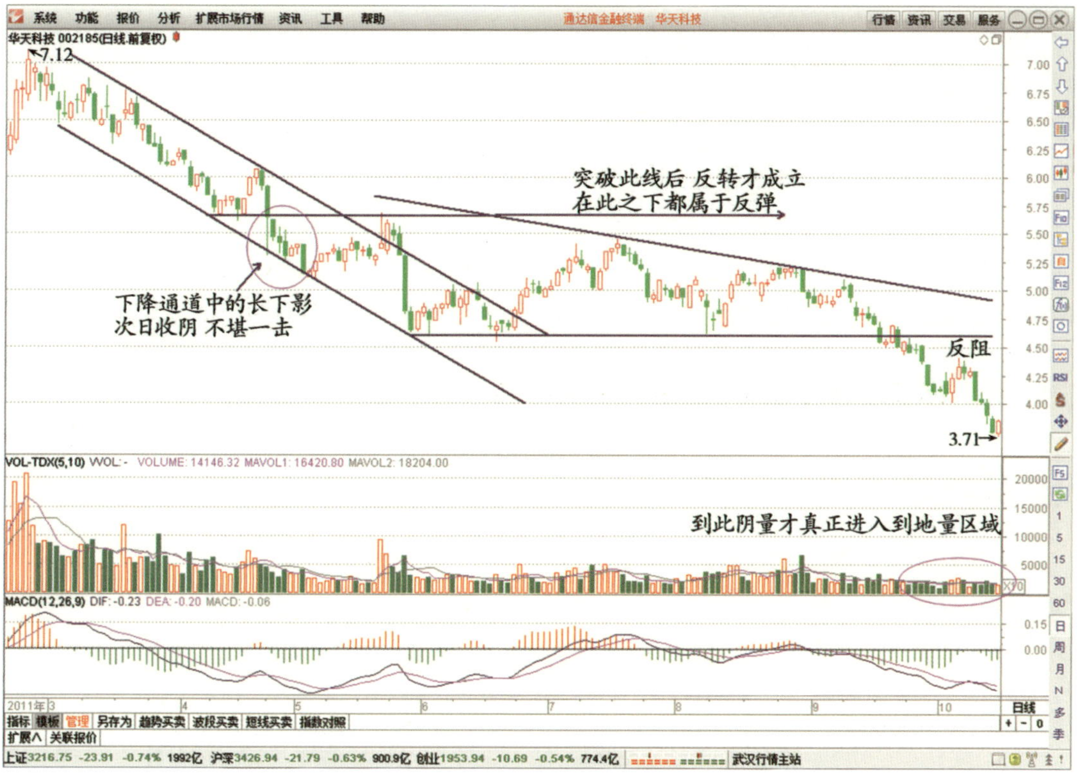

图43 华天科技（002185）2011年3～5月的日K线图

【图形解释】

图43华天科技（002185）的下影线是4月25日早盘平开低走，刚好在10点整直线下跌接近跌停板，类似老鼠仓行为的手法在短短几分钟内又立即收复还原，但没有收在分时图中的均价线、大盘线、中轴线之上。K线的形态上也正好下探至下降趋势的下轨，表象上看似有支撑企稳的形态。但是，不能做多的原因有两点：一是在快速下探回升股价还原后全天以横盘为主，但收盘没有收在开盘价之上，表示主力无力做多。二是该下影线的最高点也恰好处在下降趋势的上轨附近。次日以低开低走收实体阴线，就已明显确定前下影线为无效下探试盘，随之股价连创低点。

【图解启示】

当出现长下影线时，不但要结合K线图的走势分析，而且还要观察当天的分时图走势。分时图形要看两点：

1. 看下跌时是缓慢下移还是一张大卖单下探？如果是缓慢下跌后再回升收出下影线极有可能是随大盘波动或者是自然波动，如果是一张大卖单跌至某个价位获支撑后立即拉回，这可充分说明这是主力刻意做出来的。例如，有的个股刚好下探至前低点附近获支撑，还有的主力故意下探一个吉祥数字的最低价，比如：8.88元、11.18元、15.15元、17.17元等，这都给市场发出做多信号。

2. 当下探出最低价之后，在回升的途中是否伴随着股价线和均价同时向上移？当天是收阴线还是收阳线？这些都可决定后市的多空指示。例如，上图中的下影线分时图在下探回升至前开始下跌的价位附近，就没有再向上移却以横向收盘则看空。

主力做长下影线试盘失败案例图解三

图44　川投能源（600674）2011年7~11月的日K线图

【图形解释】

图44是川投能源（600674）的走势图，在8月8日前的下跌趋势平台中继后加速下探，导致短期超卖现象而又回升快速报收长下影线。当天的最低价11.92元距离2010年6月30日的(上证2319点的底位)11.56元只差0.36元，说明主力如此急速下探是在测试前期的低点是否有支撑力度。从随后几天走势中可以看出，的确是有止跌企稳回升的迹象，但是在后面的一周左右时间并不见主力做多的局势，量价都不见增长。按照中期横盘理论分析，在横盘一个月左右为周期变盘区域。在8月31日早盘和尾盘两次冲高，但收盘收低，日K线走出上影线，当天在突破横盘上轨后又受到上方缺口的阻力。因此，主力在近一个月的时间内做出先向下后向上的试盘，这并不符合上攻的条件，或许是当时大盘趋弱所致，后面继续走低进入下降通道中再创新低。

【图解启示】

1．在弱市环境中，无论大盘还是个股，对于任何一个支撑和阻力位都有着极大的影响力度。比如说，当下跌至前低点受支撑时必然有不少跟风盘参与低吸，当上涨至前高点受阻挡时也必会有大量的抛盘出现。例如，上图中在长下影线获支撑后，一直为横盘走向，在这横盘中必会吸引不少技术派去抄底，但是久盘不攻也不见放量，最终在向上试盘时受前期下跳缺口的阻力，随之也引起一轮抛盘出现。

2．“支撑”和“强力支撑”的概念是不一样的，“支撑”可能是当天或是一个时间的支撑，“强力支撑”是经过几次反复确认支撑后成立的，所以笔者常在课程中提到“做有支撑位的个股还不如找已有强力支撑的个股更安全”。

3．先看跌后看涨，看好支撑位后，再看上涨空间是否有障碍，能否突破要看起涨态势的力度。支撑后还要看主力的动向，当主力不进攻说明这还不是可操作的机会，如果散户都抄在主力前面，可想而知主力会怎么操控？在弱势行情的关键位置上必须要做后知后觉者，先让主力进场后我们再择机参与更保险。

4．短距离内出现上下影和下上影，其原理都一样，关键看随后的重心移向决定方向。

主力做长下影线试盘失败案例图解四

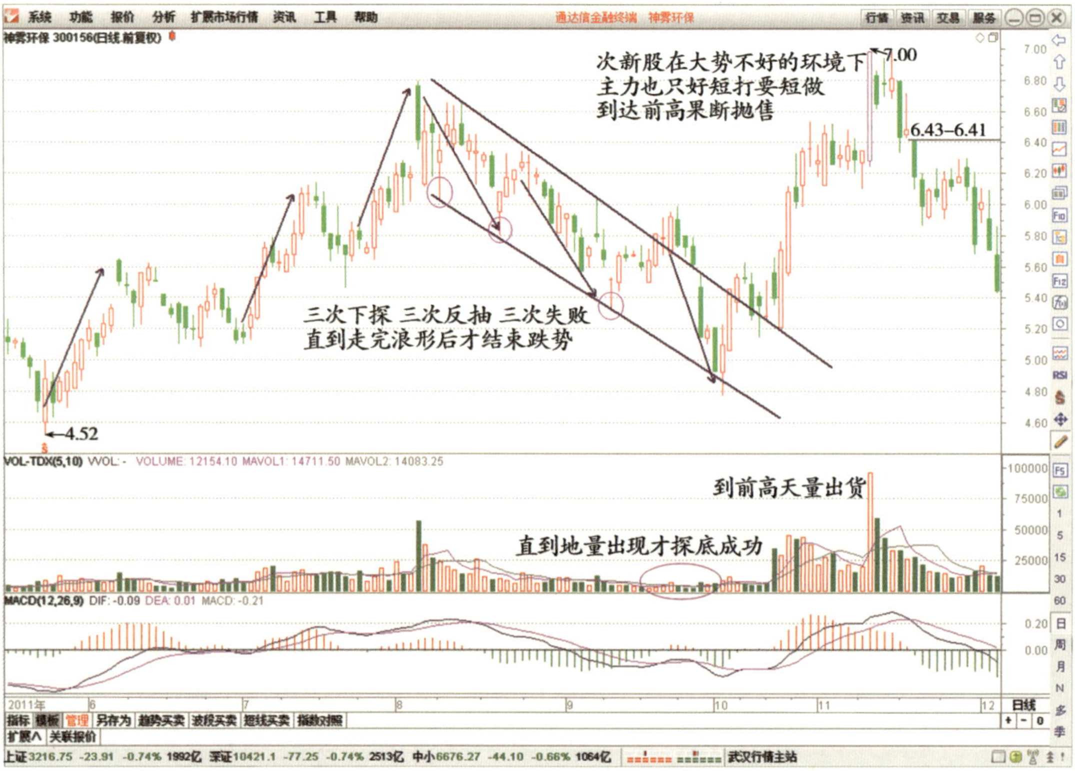

图45　神雾环保（300156）2011年6～11月的日K线图

【图形解释】

图45是神雾环保（300156）8月初在高位放巨量见顶后，进入两个月的下降趋势，在这期间内一共出现四次下影线急探底。每一次快速探底后都出现一波反弹，原因是每一次急跌都会导致超卖现象，也就有技术修复反弹的要求，同时也可使主力在反弹中顺利完成出货。从量能上看是逐步递减，直到低迷地量出现才止跌。

换一种说法：在下跌中主力持续几次测试下方的支撑力度，说明主力还不想放弃该股，也不想跌幅太深。经过两个月的下跌，从后期可见，自第四次下影线最低价21.9元探底后一个月时间的反弹，又回到前高点附近。

【图解启示】

1. 买股票的前提要认准趋势投资，在下降趋势中出现任何有止跌现象时，都必须要等到趋势扭转确立后才能买进。若一有止跌信号出现时就去追涨，最终如果没有扭转趋势则很容易被套。

2．在高位出现下跌时，成交量如果先放量后逐渐递减，一旦下降趋势形成必会出现地量，这才是底部区域。

3．一般中小板的次新股盘子都比较小，在大盘趋势不好的环境下，也难以走出通畅的上涨趋势。另外，次新股虽能吸引新庄，但在上市后的第3个月、第6个月、第12个月时会有解禁盘释放要高度注意。

主力做长下影线试盘失败案例图解五

图46　兴森科技（002436）2011年5~9月的日K线图

【图形解释】

图46重点所示的是兴森科技（002436）8月23日的巨量下影线。这根下影线的特征主要在量能，先是扭转趋势向下的初期，当日早盘放巨量下探后回升；次日虽有十字星企稳现象，但仍在释放量能，随后的两根小阳线十字星明显量能不足，紧接

着又是一根放量的实体阴线跌破前下影线的低位。其次，从这根长下影线探至前面6月的低位之上，但由于抛压量能太大，迫使向上试盘做多失败，最终只好顺势向下跌破前低位。

【图解启示】

巨量的背后是有主力异动而产生的，在不同阶段位置出现代表着不同的转势信号。在下跌末期出现可视为主力疯狂杀跌，跌出恐慌盘后以便主力抄底；在见底后出现可视为主力在疯狂抢筹建仓，特别是当大盘或个股突发利好时较常见；在高位见顶时出现可视为主力在疯狂抛售，特别是当大盘或个股突发利空以及在股价已达到主力预期位置时，一旦出现向下跳空缺口并放出巨量一定要卖出，这种现象一般是在早盘前60分钟给予信号。

第六节 假阴线试盘

假阴线

是指当天收盘价低于开盘价，但却高于上一个交易日的收盘价，K线虽然是阴线，但是股价或指数增长为正。比如说，一只股票昨天的收盘价是10元，今天的开盘价是10.8元，收盘价是10.1元，这样今天就收了阴线，但是今天的收盘价10.1元实际上是比昨天的收盘价格高出了1%，这就是所谓的“假阴线”。

假阴线的阶段意义

1. 在起涨初期出现：由于上涨过急，甚至接近前高位时，遇到沉重的抛压，股价高开回落，但下档承接力强，收盘仍顽强收在上日收盘价之上，同时主力也在保护上日的收盘价。

2. 在整理阶段出现：由于经过一段时间的整理，当主力决定做多或做空时，往往在这之前会做一次试盘。与前述长上影线试盘意图同理。

3. 在上涨途中出现：这属于主力骗取筹码的一种手法，股价大幅高开后，股价未能维持高开高走的强势状态，部分散户见股价冲高回落便立即抛出。但因为主力还没有达到预期目标，于是便会在下方继续接筹以便在主升浪控盘。换言之，主力也可通过这种手法在上涨途中故意开闸放水清除浮筹。

4. 在上涨高位出现：在股价高位阶段性地上涨20%以上，出现放量的假阴线，这种情况诱多概率较大，碰到这样的情况走为上策。

假阴线的实战意义

1. 因为经过早盘集合竞价后以高开的方式开盘，所表现的是前一个晚上包括主力、散户在思考之后的一个买入或者卖出决策，并不是一天当中真正的多空双方的力量对比，因此准确地说，K线应该表现的是收盘价格和开盘价格的对比。

2．“假阴线”有多种原因所致收出不同形状的K线。有的个股可能是受到大盘高开或当天利好消息的刺激高开后低走收“假阴线”；不同形状的K线可分为上下影假阴线、十字星假阴线、实体假阴线；不同原因可分为顺势自然形成、主力手法形成、多空双方争夺后形成。

本章节中要讲述的是主力在整理阶段出现的“假阴线”试盘手法，其他阶段出现的类型在后面续述。

主力做假阴线试盘成功案例图解一

图47　江西长运（600561）2011年4~7月的日K线图

【图形解释】

图47重点所示的是江西长运（600561）6月3日、6月9日、6月21日三根假阴线的整体图形。第一根假阴线以下影的方式绝地反攻之势，形成高开低走后收高，凭其高开近4个点就可证明主力将有所作为，更何况是在大调整之后的低位。第二根假阴线以上影线的方式探高回落，同样是高开近4个点再冲高到7个点后一路回落，虽然

当天成交量较大，但都是在早盘产生的，探高至前高位密集交易区域时受阻回落，说明短期还不宜做多，需要再进行一次打压。有了前两根假阴线，在第三根假阴线出现时，图形就显得更加明朗了，对主力的意图将全貌揭开。随后一个月时间走出小三浪上行。

【图解启示】

1．从前期顶点后的走势来看，形态上有两大特征：一是走出三浪下跌并再加主跌浪来完成调整，完整的浪形调整后反弹将势在必行；二是在进行第二浪和三浪下跌后的中继阶段中持续出现小阳线，这可充分说明主力还没有完全出完货。

2．在出现主跌浪后或许可认为主力出货完毕，但是从图形上看在超跌后必然会有技术性反弹的要求。在图中出现第一根假阴线时就已经证实了主力仍在，既然这个位置主力仍在，可想而知接下来主力会怎么做？肯定是要酝酿一波反弹杀一次回马枪，这点分析原理在后面两周时间内就很快被证实了。

3．图形所处的阶段位置是技术分析中的关键，在什么阶段位置出现什么样的图形相结合分析，就可知道主力的意图，只要你认真分析判断，耐心观察几日便能得出答案。

主力做假阴线试盘成功案例图解二

图48　广东榕泰（600589）2011年6~8月的日K线图

【图形解释】

图48重点所示的是广东榕泰（600589）8月24日的假阴线。以小幅高开后走高回落收低，形成长上影的假阴线，成交量略微放大(一般在高开缺口的当天都会放量的)，表面上是阴线量但实际是阳线多头量。上图中显然是二次探底时比前低点要高，此时多方已经露出水面。在二次低点时三天重心上移的平台示为企稳回升之势。再结合图中标记的假阴线试盘建仓动作，可看出上涨的趋向。

【图解启示】

图48这种图形在高开缺口当日出现是很正常的，因为主力只是在早盘竞价中进场，开盘后是跟风盘导致拉高，才产生长上影线，如果主力需要在盘中再进行建仓，那么就会高开高走。出现类似的图形若符合三个条件在短期即可看涨：一是在次日必须收中大阳线；二是上跳缺口后3天内不回补；三是这3天要保持重心上移。

主力做假阴线试盘成功案例图解三

图49　深圳能源（000027）2011年1~4月的日K线图

【图形解释】

图49重点所示的是深圳能源（000027）2011年2月15和3月21日两根长上影和假阴线。图中的两个标记有四个共同的特征：一是都在阶段高位出现；二是都以长上影报收；三是随后以缩量回调为主；四是在整体向上趋势的通道中。

【图解启示】

类似图形主力并不是要立即展开拉升之势，以假象拉高再回落收假阴线目的是吓唬已获利的散户抛出筹码，同时又达成测试跟风盘的大小，经过两次同样的手法以及一个多月的时间来回整理，实为主力的建仓时期。整理越充分，主力吸筹就越多，拉升也就越高。要明白，只要趋势向上，主力在出货前必然会先放量拉高。

此外，假阴线的实体无论多长，一定要等待修复假阴线的三分之二位置后，才可考虑是否买入。否则防止假阴线再缩量回踩或试盘失败。

主力做假阴线试盘失败案例图解一

图50 时代出版（600551）2011年4~8月的日K线图

【图形解释】

图50重点所示的是时代出版（600551）6月13日、6月14日放巨量的假阴线。两天都是小幅高开后震荡再收低，成交量有多半是在早盘宽幅震荡中释放出来的。从整体图形来看，前期经过二浪深跌后稍微企稳时展开报复性急拉，触及前高附近时迅速回落，随之进入第三浪再创新低。在后期弱反弹中虽然串阳不断，但量增价没伴随上涨，最终未能突破前高点。

【图解启示】

从图50我们可以明白一点，该股是某机构的重仓股。凡是暴跌后再急拉都有可能是主力还没有完全出货，制造假象反攻吸引跟风接盘。成交量不会骗人，整个图形都在不断释放量能，因此该股在后期还有下跌的空间，直到持续地量之后，或许主力才会重回做多。另外，凡是懂得波浪分析的人，不会受到这张图的诱骗，因为有二浪就有三浪下跌潜力。该股的基本面性质较好，加上文化传媒的潜在政策利好，必会吸引不少大机构的重视，但是受大势所困才走出如此难看的图形。

主力做假阴线试盘失败案例图解二

图51　远达环保（600292）2011年3~10月的日K线图

【图形解释】

图51重点所示的是远达环保（600292）5月16日和7月5日出现的上影假阴线。两次都是高开后冲高再回落，并且也都是出现在阶段的高位，特别是第二次未能突破前高，还放出巨量。如果再结合4月13日的上影线高点将后两次画一条线，结果是高点和低点都在逐个降低，形成大型的下降通道。整个期间成交量是阴线放量阳线量增价不涨，类似这样的图形表示空头不减难以见底。

【图解启示】

技术形态的强弱看重心趋向，主力的举动看量能。主力的意图可在图形中略得一二，最终的答案都会很快揭晓。例如，图中的两次拉高都是出现在上涨到一定幅度时，主力曾想试图拉高可多骗取一些筹码接盘，但跟风筹码有限。

特别是在下跌初期或中期，不愿放弃的主力很容易出现向上试盘，是反弹还是反转？试盘后便知。所以，在懂得这些原理后，若持股被套者识破这一方面，也就不必要苦等解套啦，早出早换股。

主力做假阴线试盘失败案例图解三

图52 双良节能（600481）2011年3~12月的日K线图

【图形解释】

图52双良节能（600481）重点所示的是4月20日和9月8日的假阴线。图中显现四个特征：一是图中标记处于下降趋势中并触及上轨回落；二是在下降趋势中仍在释放量能说明还没有跌到底；三是从整个图形来看成交量是在逐步递减但仍不见持续地量出现；四是当天股价高开后短暂冲高又迅速回落，全天股价向下移，报收实体较长的假阴线，就已表露出主力在抛售的举动，因此试盘做多的可能性极小。

【图解启示】

许多技术派投资者都会认为在急跌或大调整之后会有技术性的反弹出现，换作主力的角度同样是只有上涨才能盈利，但是在实际操作中要接受很多现实问题。例如，反弹受阻、试盘失败、市场环境和人气以及资金缺乏等都将影响上涨动力，导致图形走坏未能达到预期时，就必须要接受现实并做出相应的对策，所谓“知时务者为俊杰”，而不能强撑，也不能固执最初的观点。

总之，只有在构底酝酿中、上涨中继阶段、横盘和平台后、洗盘后，出现试盘才能表明有主力运作或潜伏已久，等待爆发前投石问路，以便发兵应战，这类似个股才值得我们去跟踪寻求机会。其他情形很可能是诱多或假象，失败概率大。

第七节 假阳线试盘

假阳线

是指当天收盘价高于开盘价，但却低于上个交易日的收盘价，K线虽然呈阳线，但是股价或指数增长则是负。举例说明：一只股票昨天的收盘价是10元，今天的开盘价是9.5元，收盘价是9.9元，那么今天就收为阳线，但是今天的收盘价9.9元实际上是比昨天的收盘价格要低，这就是所说的“假阳线”。

假阳线的分析意义

一般而言，阳线表示买盘较强，卖盘较弱。因股价波动是多空双方力量的权衡结果，它反映了交易双方的心理变化过程。明白这个原理后，在分析中就会明朗很多。“假阳线”一般出现在上涨趋势的调整中，因为市场做多的动力未减。相对来说，在大涨之后的高位转势向下时，主力都纷纷出货的情况下是难以收出“假阳线”的。能否在“假阳线”之后再现真阳？还是继续下跌？“假阳线”的实体大小有什么分析依据？本章节将会重点分析。

假阳线的试盘意义

事实上，当收盘价大于开盘价但又低于昨日的收盘价，说明仍有多头力量在反搏。如何分辨主力是否在试盘？假设一，在早盘以低开低走再收高的下影假阳线，在低开低走时就可测试出是否有抛盘和抢筹盘出现或者试探某个支撑点；假设二，在早盘低开后走高收出光脚的假阳线，原因有两种可能：一是经过早盘竞价后导致低开，二是在低开时发现有大量接盘出现，随之主力迅速做多；假设三，当收盘价小幅高于开盘价的原因也有两种：一是随波动而自然形成，二是受大盘的影响，则不是主力试盘的行为。

主力做假阳线试盘成功案例图解一

图53　恒力股份（600346）2011年1~7月的日K线图

【图形解释】

图53重点所示的是恒力股份（600346）5月31日的假阳线。5月16日停牌开董事会通过有关公司非公开发行A股股票方案的议案落实，在5月31日复牌当日早盘以跌停开盘后30分钟内迅速回升5个点，接下来以横盘波动为主，次日早盘10分钟内牢牢封住涨停板。后市直到放巨量并将量能耗尽时才走完主升浪。

【图解启示】

从消息上讲，非公开发行股份是属于私下或定向募集资金，其发售的对象主要是拥有资金、技术、人才等方面优势的机构投资者及其他专业投资者。无论从消息还是技术上分析，在复牌当日以跌停开盘，就能说明主力在测探市场的反应，其次是吓出散户主力可得到更多的筹码。但很快主力就开始进行抢筹拉高，再进行横盘整理，迷惘的散户不敢轻易进场，在次日早盘10分钟冲涨停也让跟踪的散户措手不及。事实可见，遇利好当日不涨说明三个原因：一是主力还没吸足筹码，并故意做空骗取市场筹码；二是为了不引起市场跟风，所以主力在当日不拉升股价却在次日猛拉杀个措手不及；三是该利好在预期已炒高，利好兑现时主力趁机出逃。

主力做假阳线试盘成功案例图解二

图54　三房巷（600370）2011年4~9月的日K线图

【图形解释】

图54重点所示的三房巷（600370）是8月9日的假阳线。该假阳线以长下影线报收，下影线正是前期低点附近，前跌停板之后的顺势探前低，从K线图形上看，明显获得强力支撑。从当日分时图来看，仅是早盘10分钟后几张大单急跌又快速收回，整个时间不超5分钟，图中的下影线就此出现。随后全天以震荡走高之势直到收盘略微回落。分时图和K线图综合判为这是主力在洗盘中的一种试盘手法，后市走出V型反攻直至前高点附近。

【图解启示】

从图54中可得知，下影越长、下探越深，导致盘面越恐慌，越会有大量散户筹码流出，此时有利于主力收集更多筹码。往上收高的下影说明下方已获得支撑。在收高时上方实体K线越长，说明盘面做多气势越强烈。即使尾盘没有收在昨收盘价之上，但盘中也曾有突破过并收阳线(假阳线)。大家可以认真观察，很多在出现V型底反攻形态的个股，大多数都收出图中类似的假阳线。

主力做假阳线试盘成功案例图解三

图55 青海春天（600381）2011年5~8月的日K线图

【图形解释】

图55重点所示的是青海春天（600381）8月5日、8月9日的假阳线。该图形共有三个特征：一是从整体图形来看，将前面最低点5.65元向上画一条线，图中标记的位置正好是处在上升趋势下轨线的第二次回踩点；二是图中标记的两根假阳线都是光

脚K线(最低价与开盘价相同)，在早盘大幅低开后高走，说明该股在下方接盘力量较强；三是在出现第二根假阳线时以缺口为支撑，并且三天内出现两根K线，测试支撑有效。

【图解启示】

在上升趋势没被破坏之前仍有做多潜力，通道上下轨道线也是市场重要的心理线，区域的震荡只是一个过程。向上跳空缺口大小并不重要，重要的是短期内回补或回踩时能否得到支撑。支撑是否有效需要进一步确认，随后三天是最好的验证时间，如果这三天重心向上移或者再下探时重获支撑，这种表现就称为“强力支撑”或“有效支撑”。当获得支撑之后反攻的第一高度为前高点附近时，是否运行到阶段顶位？可从成交量中分析得知，例如，图中在标记之前已有长时间的高度涨幅，在标记中实为酝酿主升浪造势，在标记后的主升浪中成交量频繁放出巨量并见顶。往往在低位出现的以最低价与开盘价相同的“光脚假阳线”都有止跌企稳回升的潜力，并且还很有可能走出强势的V型图形，所以笔者将这一选股条件列入强势股形态选股软件里面，作为平常搜集目标个股的条件之一。

主力做假阳线试盘失败案例图解一

图56　上证指数2011年5~11月的日K线图

【图形解释】

图56重点所示的是上证指数（999999）8～9月下跌阶段中出现的假阳线。大盘图形反映的是整个市场多空争夺的表象，但大机构投资却是主力军，因此出现假阳线也具有不同的分析意义。例如，图中大盘整体处下降通道之中，也恰是熊途之中，在每次低位出现假阳线后都未走出像样的反攻行情。这样频繁的假阳线看似市场具有反搏酝酿之势，但实际为假象反弹中吸引跟风盘接筹。

【图解启示】

熊市典型的技术特征是“急涨慢跌”，牛市典型的技术特征是“急跌慢涨”。在没有出现转势信号之前，或者没有完全摆脱底部区域时，主力有任何举动都需保持谨慎，并静观其变。笔者个人认为，在抄底时最好是后知后觉最为安全，不要抄在主力的前面。

简言之，单根K线必须顺从几根K线组合，几根K线组合必须顺从几十根K线的形态，几十根K线形态必须顺从阶段位置，阶段位置必须顺从周月线的大周期。所以，笔者一向不建议在实盘中运用单一定论，而是建议要综合观势。

主力做假阳线试盘失败案例图解二

【图形解释】

图57重点所示的是豫园商城（600655）5月5日至5月6日的两根假阳线。从图形形态来分析是二次探顶未突破，从而走出双顶形态。从图中的成交量能分析，先在阶段高位见顶时放出巨量，接着不断释放阴线空头量能，空头不止难有起涨。从图中标记的阶段位置分析，股价处在前低点附近疑是寻求支撑，但量价关系不符合做多条件，经过短期重心下移的平台后继续下跌再创新低。

【图解启示】

1. 只要出现双顶或多顶或在前高点附近上涨受阻时，股价都会有调整要求，特别是未突破就转势向下的更要注意。

2. 前面一周左右放过巨量同时具有停止上涨的趋势，不管是调到支撑位，还是缩量止跌时都要谨防是下跌中继的可能。

3. 在高位阶段中，只要高点在下移，当到达某位置获支撑时，建议不要在当日盲目跟进，最好是经过有效确认后再考虑跟进，否则容易因主力试盘失败或假象止跌而受诱骗。

图57 豫园商城（600655）2010年1~7月的K线图

主力做假阳线试盘失败案例图解三

【图形解释】

图58重点所示的是上海石化（600688）8~9月走势图中的假阳线。同前面图53中的上证指数（999999）走势类似，只是该股图形要稍微强势一点。这样的图形很容易诱导散户投资者的盲目参与，除非高点上移后逢缩量阴线才是低吸机会。

【图解启示】

本章前面就有讲述过，在出现“试盘”K线等信号后3天的走势最为关键，是进一步确认的阶段，其间内的形态重心偏向和成交量能变化可直接影响到后市多空取决，此时应以静观其变为主。

从技术形态上来讲，在五种情况下需要静观其变：

1. 筑底阶段：该阶段走势复杂，反复震荡，捉摸不透，不要抄在主力前面，需

图58　上海石化（600688）2011年7~11月的日K线图

要耐心等待方向明朗。

2．磨顶阶段：该阶段以震仓为主，表面上是蓄势整理，即使是有拉升也是造势派发。

3．平台阶段：不管是高位还是低位阶段中出现平台整理形态末期时，都有可能会出现先假突破后真跌或先假跌破后再真涨，这都是主力常用的一些诱骗手法。

4．横盘阶段：横盘时间越长，后市方向就越迷茫，一般主力在做多前都会先跌后涨，这是为了清除横盘中的浮筹或老庄。

5．下跌阶段：下跌只有两种可能，一是出货，二是洗盘，前者是让散户接盘，后者是让散户抛盘，对于没有技术分析功底的人最好是在场外观察。

第八节 竞价中试盘

集合竞价

是指沪深两市开放式集合竞价，沪市的时间为9：15~9：25，深证的时间为14：57~15：00，即时行情只显示内容包括证券代码、证券简称、前收盘价格、虚拟开盘参考价格、虚拟匹配量和虚拟未匹配量。9：15~9：20可以接收申报，也可以撤销申报，9：20~9：25、14：57~15：00可以接收申报，但不可以撤销申报。由投资者按照自己所能接受的心理价格自由地进行买卖申报，电脑交易主机系统对全部有效委托进行一次集中撮合处理过程。在集合竞价时间内的有效委托报单未成交，则自动有效进入，9：30开始连续竞价。

竞价中主力试盘和实战意义

一、集合竞价阶段往往隐含着主力资金当日运作意图的一些信息，同时在涨幅榜上可揭示主力资金活动的主要窗口，也包括当日某些个股受消息影响刺激的反映。总之，在竞价阶段中可以观察出主力的身影。

二、集合竞价对于中长线投资者来说或许没有意义，但对于短线投资者和喜欢追涨杀跌的人来说，其间屡屡暗藏玄机。庄家往往利用集合竞价完成出货和建仓。暗藏玄机之处主要有以下几方面：

1．根据价格优先和时间优先的交易原则，同时在竞价里面还有成交量最大的也能优先，所以在竞价里面对于大资金主力来说，有着直接定夺开盘价的优势。

2．在交易时间上9：15~9：20挂单后可以撤单，主力可在这期间进行拉高测试卖压，或者走低测试支撑和接盘量。所以，往往在这5分钟内出现先涨停后还原，或者先跌停后收回的现象。经过这5分钟的试盘后，在9：20~9：25挂单后不可以撤单，此时主力可能会用到多个账户来完成对倒，也能决定开盘价。9：25~9：30交易主机可接受申报(昏暗区)，但不对申报做处理，并开始进行撮合开盘价。

三、经常可发现在竞价中有涨停板出现，但在开盘之后却不是以涨停开盘，或者在盘中也没有封住涨停板的情况。相反，在竞价中出现跌停板也是如此。这说明什么呢？一种原因是多家机构的激烈争夺，另一个原因就是主力在试盘。在这里只讲主力试盘手法，试盘的目的同前面章节提到的意义一样。例如，主力在竞价试盘中发现当日不便拉升，那么可在9：25～9：30的昏暗区进行抛出，导致没有以涨停开盘甚至走低的可能。或者是主力在9点30分零1秒进行抛售，导致走低减免跟风盘或大量做空。如果测试卖压不大，主力就会在当天选择拉升；如果测试卖压较大很可能主力会放弃今天的拉升操作，选择继续打压。

四、一般在竞价中9：20后出现过涨停，然后在开盘和盘中并未涨停的个股，在随后均可进行跟踪，因为在竞价中能涨停只有主力所为。但是，有一种情况可以放弃跟踪，那就是结合K线图进行综合分析，如果K线图上股价处在相对高位时，极有可能是主力在诱多骗筹，那么在当天就会收出放量的大阴线。相反在较低的位置出现，极有可能是主力建仓区域中的一个环节手法。

五、在竞价中仍可重视量价的关系以及换手率。如果竞价中成交量不是很大，换手也低于0.5%，并且下方还有托盘的现象，那么当天上涨的潜力就比较大。

六、通常情况下，如果某只股票在前一交易日是上涨走势，收盘时成交的买单量很大，就会导致尾盘抬高。随后，当天集合竞价时又跳空高走，并且买单量也很大，那么这只股票在当天应有好的表现，甚至有涨停的可能。

七、如果某只个股在一段时间内，频繁出现竞价为零交易的情况，那么这只个股可称为冷门股，在短期难有大涨的表现，除非突受利好消息的刺激影响。

八、当某一只股票涨到一定程度时，市场传媒网站和电视节目有过点评，导致众人关注跟进，在竞价里面可能会抬高股价，但是在开盘之后短暂冲高后又迅速回落，这样的散户盘过重的个股只会适得其反，这恰是主力接盘或主力打压的好时机。

九、没有一定的短线技术基础和经验的投资者，笔者建议最好不要在竞价中冒险参与，避免不必要的风险产生，即使看中一只好股也得等到10：30左右稳定局势时再买进也不迟。因为在9：30之前委单竞价没成交的，在开盘后将会继续竞价成交，基本上在10：00前走势都不稳定。在主力发现盘面不利时，往往会在10：00左右采取措施，所以在10：30左右就可基本稳定局势，并且可对当天的走势进行预测。

十、由于竞价时间内是多空争夺最强烈的区域，也是最不明确的区域。笔者忠告大家最好不要以竞价走势来进行选股操作，除非是手中持有个股可作一定的参考意义。因为竞价图形在历史分时图中不能查看，读者也不便复盘参照，笔者就不附上图解了。

本章总结

1. 主力试盘就相当于是“投石问路”，所以不管试盘成功与否，都需要资金进出流动，因此也会产生不少印花税，因此主力不会随意玩花招。

2. 有主力在某只个股里面并且还有活动，总比某只个股没有主力活动要好。不管主力试盘成功与失败都可进行跟踪，并且答案如上述图解一样会很快被揭晓。在熟练掌握这一分析辨别技巧后，经常可跟踪一些有主力活动的个股，时而还会抓到大牛股。

3. 在学习操练中最重要的一个环节是，要百分百地去确定是否主力在试盘，不要随意把一根K线认作是主力试盘，当然有的图形不是很明朗、看不懂时可直接放弃。一定要先确定该阶段所处位置是否符合主力试盘的条件，然后再结合随后3天或以上的走势进一步确定，在确定有效的条件下才能择机入场参与。

4. 分析中别忽略了分时图中的量峰位置，以及大单流动位置。例如，在关键区域里出现大单打到关键点位时，这基本就可确定是主力所为，而不是随机波动自然形成，也不是散户行为。

第三章 主力洗盘手法

“洗”是形容将污垢、浮尘等清洗干净，会使盘面更显健康，“盘”是指股票的盘面，“洗盘”是股市里面的一个名词。当主力收集到一定的股票筹码上涨后，为防止跟风盘或原持有的人搭乘顺风车而进行的一种手法称之为“洗盘”。

到哪个阶段位置会洗盘？会洗到哪个位置？主力又会怎么洗？怎么确定是主力在洗盘而不是在出货？主力以不同的手法洗盘又有什么样的目的和特征？笔者在本章以图文方式为大家解读。

导读
主力洗盘的目的

1．洗走获利筹：让低价买入股票的中小散户出局，以减轻股票后市上升时的压力。

2．洗出大空间：主力在洗盘时高抛低吸，降低自己的持仓成本，提高自己的盈利空间。

3．洗来抬轿夫：让高抛低吸、想多赚差价的人晕头转向，一些自作聪明、技术不精的人往往在低抛高追，甚至弄巧成拙在低位踏空、高位追涨，而成了主力的抬轿夫。

4．洗高成本价：让跟风参与持股者的平均成本上升，以便主力在最终出货时顺利出逃。

5．调控资金比例：如果主力在底部买进筹码比例比较大，对后市没有留足够的拉升力量，可利用洗盘之前拉出高价出货，再大幅度洗盘还原出拉升力量。

6．调整仓位结构：如果主力持有多只股票的筹码时，可以通过洗盘调整所持股票的持仓比例，分出主与次，使其更能显示出组合投资的效应。

7．调养市场时机：洗盘或修整中等待市场时机进一步成熟，或者利用洗盘继续吸筹，以及主力等待大势、板块和消息的配合。

8．大幅度洗盘：就是让散户割肉——主力吃肉。

9．中幅度洗盘：就是让散户喝汤——主力吃骨头。

10．小幅度洗盘：就是让散户抬轿——主力名利双收。

第一节
主力洗盘区域

通常而言，主力建仓期单边上涨幅度为25%～50%之间，洗盘幅度均为前涨幅的1/3左右，在洗盘中获得支撑的位置往往是主力建仓的成本价区域之上。

一、建仓区域洗盘

主力建仓区域的洗盘分为两种：一种是一边建仓一边洗盘，目的是为了阻止大量跟风盘涌入；另一种是分批建仓中的分次洗盘，目的是在每一次洗盘后再次增仓。

边拉边洗案例图解

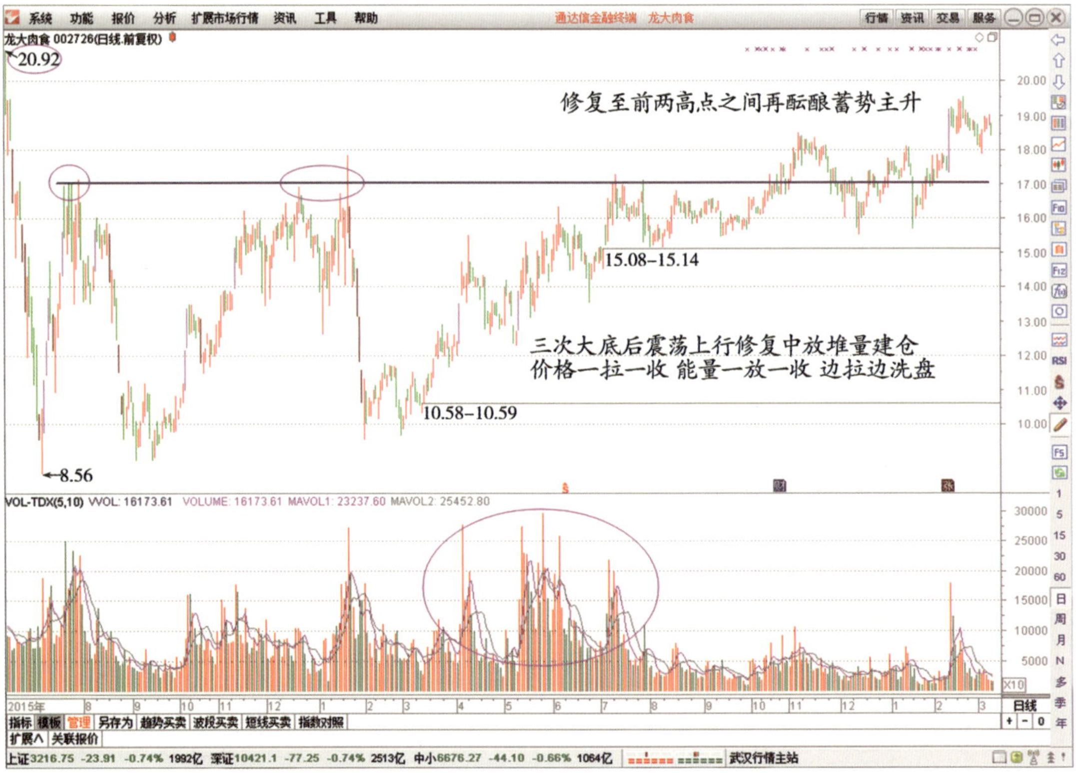

图59 龙大肉食（002726）2015年7月~2017年3月日K线图

【图形解释】

图59重点所示的是龙大肉食（002726）2016年2月后的走势。该股在2015年股价翻倍后回调宽幅修整中构出三重大底，其二、三次都以小双底完成，且三次底的低点抬高。随着2016年大盘小幅盘升中，该股也呈现出震荡上行，向上修复前高，在修复期间的成交量明显阳量增阴量缩，表明这区域内有大量筹码在进与出，但最终还是阳线量价齐升之势。所谓一边建仓拉升一边洗盘，行情就在犹豫中上行，当主力收集到一定的筹码时，必定会展开一轮主升浪行情来获得最大的利润。

【图解启示】

在底位区域主力建仓中一边拉升一边洗盘的现象并不少见，类似现象一般为激进型主力所为，为了缩短大波动洗盘的时间，并能快速完成预期获利目标，同时在建仓中可防止跟风盘涌进，还可震出部分持股者交出筹码。或者是前期套牢盘太多，需要边拉边洗出，否则迅速拉高只会为散户解套，而主力不利于控制盘面。

在实战操作中，“顺势而为”的意义就是顺着重心趋向以及通道方向去操作，若是向上发展则持股，若是向下发展则持币。在建仓区域向上发展的趋势中成交量关系尤其重要，每一根K线的成交量都能体现出主力活动的迹象，同时也能体现出主力收集筹码的手法和比重，这将直接影响到后市发展的上涨空间幅度。

二浪洗盘案例图解

【图形解释】

图60重点所示的是标准股份（600302）2011年2月的走势。如果将该股的日K线图缩小来看，图中整个三浪都属于主升浪阶段，重要的是有主力在买进拉升并且有着完整的浪形，浪形有大有小，但节奏却大同小异。图中股价在低位启动时以持续小连阳上涨，在接近前高点时才收出一根实体阴线，此时一些技术派投资者会认为受前高点阻碍而回落，并将手中已有获利的筹码卖出，这正好达成主力在起涨后洗盘的目的。由于本阶段属于主升浪位置，所以中途洗盘时间较短。

【图解启示】

一组完整的浪形是：启动浪——修整浪——发展浪——再次修整浪——主升浪——A浪转跌——B浪反弹——C浪主跌。启动浪是主力建仓浪，幅度一般为20%以上。随后的修整浪为洗盘，洗盘的幅度主力会根据当时的盘口流动现象而定，或者以自身的成本保护价为支撑点，总之在有效控制筹码并对自身有利的情况下适当调

图60 标准股份（600302）2010年11月~2011年5月的日K线图

整。如果是喜欢低进式的投资者，就会在此时逢低钻主力的空子，甚至有时还能抄到主力的底。所以，此时一定要珍惜洗盘的低吸机会，因为接下来是发展浪。发展浪是最长的一浪，也是主力真正能获利的一个阶段。凡是在低位或者是大底位之后曾出现有主力建仓的轨迹，随后的第一次下跌回踩中都值得我们去重点关注，不管以什么手法下跌，只要能快速在某个保护支撑位缩量并企稳回升时，就是强势股最佳的低吸信号。但是要记住，不是正在下跌时去低吸，而是在止跌后收放量阳线起涨时安全买进。

二、上涨中继洗盘

上涨中继洗盘分为三种：第一种是“波浪理论”中的第四浪回调洗盘，目的是以时间换空间；第二种是短期平台洗盘，目的是不引起太大波动而产生筹码失控、同时缩短洗盘时间而加快拉升步伐；第三种是横盘整理中洗盘，目的是将短线获利者卖出、持股信心不强者清除、没有耐心者逼出、没有技术经验者逼出局，此期间主力经过蓄势后待时机成熟时将再次拉升。

四浪洗盘案例图解

图61 标准股份（600302）2010年11月~2011年5月的日K线图

【图形解释】

图61重点所示的是标准股份（600302）3月的走势。如图60一样的图形，但要讲解的点位不一样，上涨中继是出现在一轮上涨趋势的中途，出现短暂的止步停顿，往往是主力在加速拉升前的一次休整，类似“空中加油”。如图中也是主力在拉主升浪前的最后一次洗盘动作，此时洗盘往往可以将被洗出的投资者再以高价唤回为主力接盘。

【图解启示】

图61中有完整的浪形体现，其分析判断就明朗许多。因为有一浪上涨调整后就有二浪上涨的可能，当有了二浪上涨后就必会有三浪(或主升浪)的出现。“上涨中继”一般是在上涨的中高位阶段出现，停顿的时间非常短，成交量明显缩小，甚至以平台的方式完成。如果此时停顿的时间太长会导致大量的获利盘出局，将引起盘

口筹码松动，这不利于主力有效控盘。“上涨中继”中的图形只要没有出现明显的见顶出货特征，都可持股待涨，但要注意中继后的变盘趋向，有时可能会突然上攻，很快又回落收出长上影线，次日又将面临变盘。因为此阶段主力已撑控到一定的持仓量甚至早已获利，实战中要高度注意方向，以及注意幅度大一点的主力震仓手法。

平台洗盘案例图解

图62　莲花味精（600186）2010年10月~2011年4月的日K线图

【图形解释】

图62重点所示的是莲花味精（600186）2011年2月后的走势。图中全轮涨幅可达50%，历时三个月，从时间和涨幅来看，有足够主力进出的跨度。一般用三个月的周期完成一次成功的操作，都是比较激进型的，其间能出现涨停板是有必要的，其涨停板大多都会出现在建仓时和主升时。所以，在中途的洗盘时间也会缩至最短，并且避开大波动影响盘面。图中两次平台式整理都是发生在重要阶段，前一次是在建

仓期收集筹码，后一次是在主升前(成本保护价之上)蓄势，直到主升浪中放出巨量，突破新高诱多后才结束全轮涨势。

【图解启示】

平台式洗盘会发生在不同阶段中，并且平台时间均在一周左右。例如，低位试仓期、正式建仓期、上涨中途、洗盘之后，或遇大盘下跌时主力却以平台抗跌等。当然，如果平台出现在较高的位置，特别是刚放量急拉高之后就要当心变盘转跌。如果平台出现在较低位置，特别是主力建仓期内，平台前的上涨成交量同比前期有所温和放大，平台间的阳线成交量略增而阴线成交量缩减最佳。通常情况下，类似的平台中都会有根地量小K线和诱空下影线，也就是即将面临变盘前兆，此时便可以试探性买进，待向上突破起涨时再增仓。但是，如果是出现在高位洗盘的平台最好是在平台中择机买进，待突破平台拉高时就趁机锁利而不做追高的风险，相反放量跌破平台下轨时就需注意转势下跌的风险。

横盘洗盘案例图解

图63 维科精华（600152）2010年7月~2011年5月的日K线图

【图形解释】

图63重点所示的是维科精华（600152）2010年11月后的走势。该股从2008年11月初到2011年5月期间一直是强于大势的慢性牛股，股价从最低2.12元到最高17.18元，涨幅超过7倍。该截图部分是主力增仓做大型主升浪阶段，从图中的最低价5.97元后持续温和放量的小阳攀升，直到临近前高点时以涨停板完成大量扫货。图中横向画线一直是在此涨停板之上进行前“头肩底”的右肩方向横盘，主力采用以时间换空间的方式完成筹码消化，因为主力在筹备漫长的主升浪之前，不想以大波动完成洗盘，而需要在稳定盘面的情况下进行消磨式洗盘，并蓄势待发。

【图解启示】

横盘方式洗盘的特征有：用时一般不会太长，均在一个月左右才能有效稳定盘面；其间内的阳线成交量略微放大；横盘中的均价在主力建仓成本价之上；由于横盘时间较短，在横盘末期一般不存在挖大坑的可能，或以重心上移直至放量中大阳线突破起涨。“横有多长，竖有多高”是指出现在主力建仓后并在保护价之上进行横盘式的洗盘现象，此手法是为了做大后市上涨空间，在横盘中即可让先前有盈利的投资者出局，并消磨、清除短线跟风投资者，同时主力可以达成横盘中不断收集筹码蓄势。个别情况下的横盘，也许是主力在等待市场转好或该股基本面某利好消息公布，再择机暴发上涨。

另外，例如某股在上涨中期盘升中，还没有明显出现主升浪的，一旦出现有短时几日强力打压、挖坑洗盘，只要随后能迅速中大阳或涨停板回补的，这都是主升浪的前夕节奏，一定不容错过，抓住一次相当半年或一年的总收益。所以，一年中抓住一两轮上涨行情、一两只最具潜力的个股、一两张最有爆发力的图形即可，前提是要学精与做精，机会都是给有准备的人。

三、高瞻远瞩洗盘

高瞻远瞩洗盘的意义是“大牛股”“慢牛股”的特征，例如从前期的最低点上涨以来涨幅已达1倍以上，但主力仍没有出货的意思，该股在长期低估后仍在价值复苏之中，或者它的未来还存有较大的成长空间，同时当前是属于大牛市行情环境中。所以，主力不想太早放弃该股，而在上涨后的阶段性高位进行逆市抵御或高位箱体横盘。原因是，上涨趋势还没有结束，还没有达到主力预期的目标，牛市行情还没见顶，等等，该股还能延续上涨的动力。

逆市抵御型洗盘案例图解

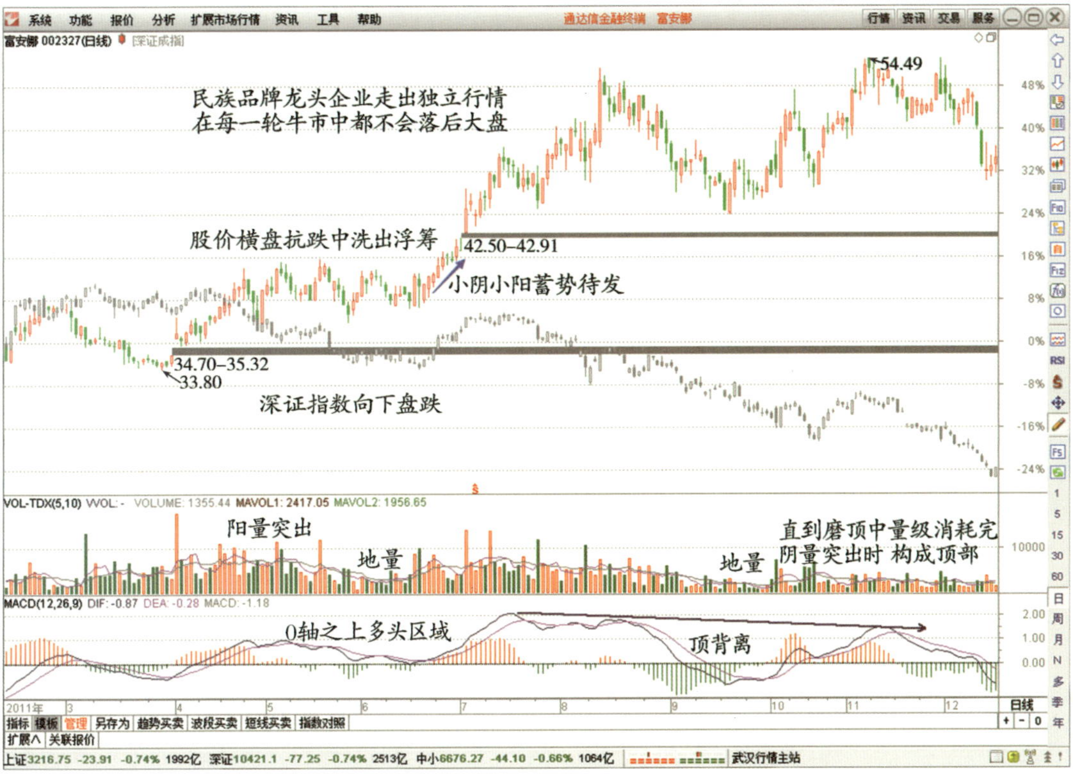

图64 富安娜（002327）2011年3~11月的日K线图

【图形解释】

图64重点所示的是富安娜（002327）4月后的走势，下方K线是叠加了的深证指数走势（因为是深市股票）。图中标记横盘部分，其意义则与图63类似，但所处的市场环境却不同。该图在低位以跳空缺口式启动上涨后，缺口一直未补并且重心一直上移，显然为主力建仓的轨迹。正好在主力进场后，遇上了大盘在4月18日起转跌趋势，但该股却一直不理会大盘走势，走出独立趋势。其间，采用长时间的横盘抗跌，有危险就有机会，主力恰好利用大势下跌的机会承接有投资者抛出的筹码，同时达成了主力洗盘的机会，主力收集到大量筹码，后市走出牛股特性也理所当然。

【图解启示】

总体看该股股价，图中的标记区域是处在牛股的半山腰，前期一轮的上涨幅度刚好让股价翻倍，随之修整后再走出该图中的趋势。能在逆势中抗跌的，一般都有主力控盘，说明该股价还没达到主力预期目标。特别是在主力刚建仓或增仓后遇上大盘调整，而不随大盘顺势洗盘的，横盘整理同样能达到洗盘目的，这也展示了该主力的资金实力和后市预期空间的信心。所以，在分析和选股时，切莫忘记对照大盘，同步大盘就分析并依据大盘来操作，落后大盘就放弃，强于大盘为首选。类似条件的个股一般具有大牛股或慢牛股性质，市场一旦转暖或大盘反弹，该股一定会牛性大发。例如，图中标记后的上涨期，正处于大盘在6月的反弹中顺势引爆突破，由于当时盘子不大，主力控盘较多，出货较慢，所以需要磨顶的过程，结合MACD指标顶背离和阴线放量频现，表明其均为卖出信号。

坐山观老虎洗盘案例图解

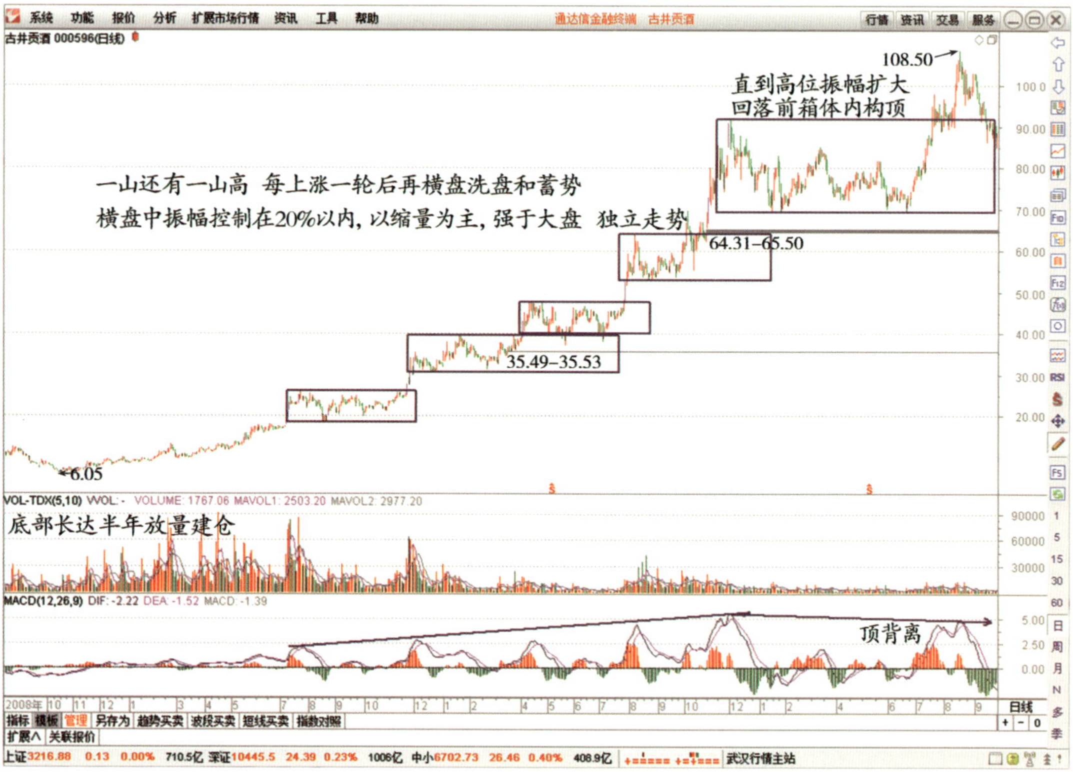

图65 古井贡酒（000596）2008年10月~2011年8月的日K线图

【图形解释】

图65重点所示的是古井贡酒（000596）横盘箱体洗盘阶段。自上轮熊市调至最低价6.05元后处于价值严重低估区域，此时在市场环境预期转暖的情况下，引起各大机构投资者的参与，股价也随之节节攀升，成交量持续密集放大长达半年之久。正所谓是各大机构重仓股，所以在建仓后洗盘时，谁也不愿意洗太深，而采取长期横盘方式完成洗盘。仔细观察在横盘区间振幅均控制在20%以内，并以明显的缩量为主，走出相对大盘独立的走势。图中三次横盘都是出现在一轮上涨高位之后，这种横盘箱体震荡洗盘属大牛股的特征，一山还有一山高，这种走势必会少不了基本面的优质支撑。

【图解启示】

如果你想做精一只股，那就珍惜每一次熊市或大调整之后的低吸机会，选择为数不多的优质品种个股，不用理会大盘趋势，直接做精目标个股，跟上节奏做独立趋势。在任何一次高位阶段或在大盘调整的情况下，只要该股的波动幅度控制在20%以内都属正常洗盘修整现象，可继续跟踪或持股到股价真正高估时，当跌幅超过20%以上就有可能是出货转跌。图中的五次高位横盘洗盘标记可见，一次比一次横盘波动的幅度要大，说明股价逐渐进入高估阶段中，后期将面临大级别的调整。

第二节 主力洗盘手法

股票市场中就是主力与主力之间的争夺、主力与散户之间的心理博弈，最终仅有胜方盈利。当资金投入股票市场后都有一个共同目的就是“赚钱”，所以在操作中任何一次举动、任何一种手法都是冲着“赚钱”的计划而执行。人的思维不同，赚钱的方式也就不同，采用的手法也有所不同。

识别主力采用不同的洗盘手法，才不会被轻易洗出局，反而能从洗盘中抢占低吸或增仓的大机会。笔者将主力洗盘手法分为几种类型，如恐“吓”新手出局、“逼”迫老手卖出、蒙“骗”没有主见的人快速交出筹码、折“磨”没有耐心的人退出、“哄”导犹豫的人继续观望、“随”势洗出稳健投资者清仓。不同类型的手法可以洗出不同类型的投资者，并且是立竿见影、针针见血。

如果你想在股市中赚大钱，那就要抓住有主力运作的个股！

如果你想在有主力运作的牛股身上盈利，那就要学会钻主力的空子！

如果你想捡主力的便宜而又不追涨、不追高，那就要学会识别主力在洗盘中的低进式机会！

一、快刀斩乱麻洗盘手法——吓

特征：急跌急涨　急跌慢涨

目的：恐吓逼供

“快刀斩乱麻洗盘手法”犹如突然“急刹车”，甚至一天跌回前一周以上的走势，因为新手散户最怕的是“急跌”，主力通过“急跌式洗盘”可以吓倒这种类型的人，并让这种类型的人来不及思考并交出筹码。

通常在两种图形下出现这种手法：第一种是“多头排列”，主力在完成建仓且所有均线指标都已金叉后，上涨趋势通道初步形成时，突然急跌洗盘。第二种是中长期横盘后突然急跌洗盘，让市场投资者认为主力放弃该股在出逃而被“吓”出局。

快刀斩乱麻法洗盘案例图解一

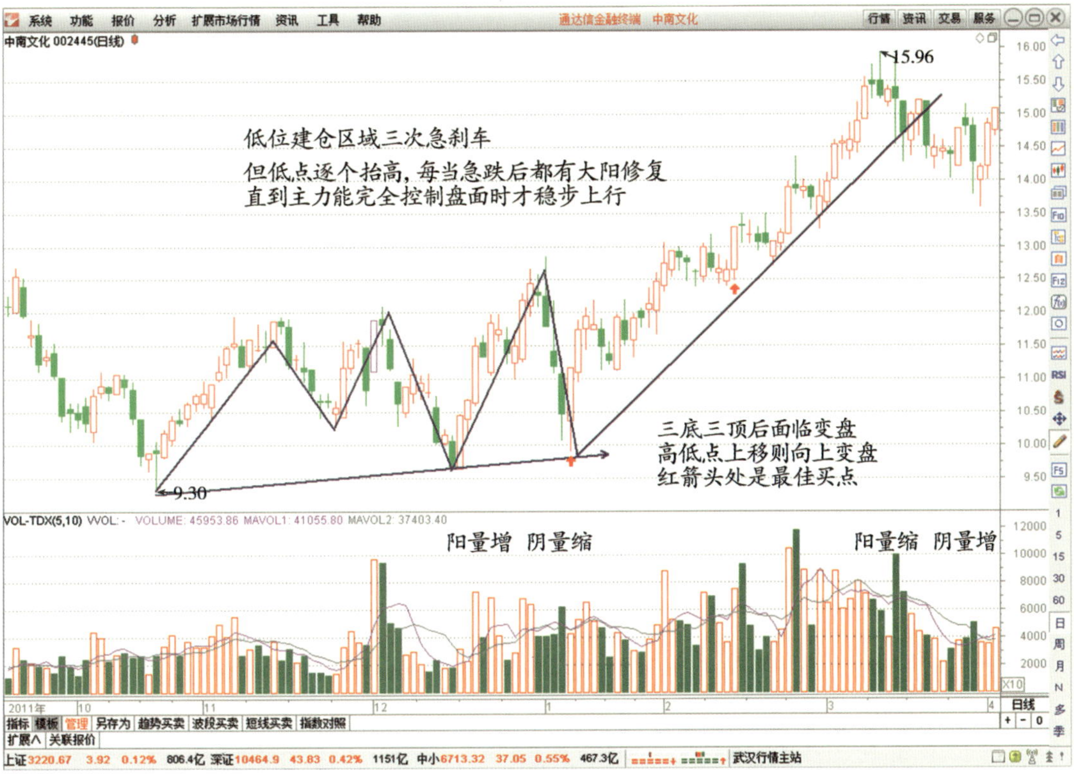

图66 中南文化（002445）2011年10月~2012年3月的日K线图

【图形解释】

图66重点所示的是中南文化（002445）2011年10~12月的走势。前期经过两个月时间的中级调整至最低价9.3元，随后展开温和放量的串阳回升，当趋势线接近金叉时突然急跌(如图中第一次回调)，第二次上涨再受前高点阻力回落，使趋势线未能再次金叉。在第三次虽突破前面两次高点，日均线即将多头排列形成时再次连续三天急杀跌，但很快伴随光头大阳线收复失地。在经过反复的急剧洗盘后局势才得以平息下来，走出稳固的上升趋势。

【图解启示】

图66中的三次急跌洗盘中低点逐个抬高，因此也体现了主力低位建仓的痕迹。通常情况下，主力在建仓期，图形都是比较复杂的，这更让投资者捉摸不定，投资

者很容易在地板上被洗出，因为主力要不惜一切手法完成收集筹码。在此，笔者跟读者分享两技巧：一是在低位有主力频繁活动时（能在低位活动表示主力有做多建仓的意图），投资者如先前有持股可紧捂不放，等待局势平息方向明朗，或者待入场的投资者可趁机在未破前低止跌时买进（如图中每一次急跌洗盘后都有大阳线抢筹收复），一般这种频繁剧烈波动是不会持续太长时间的，如果太长时间，对主力来说也是耗不起的。二是很多个股在主力建仓后期技术图形都非常的漂亮诱人，例如均线指标金叉、多头排列等，这必将引起众人的关注，当人气一旦提升时，主力为了防止太多短线浮筹进入，便会立即采取洗盘的行为，因此很多技术初学者很容易上当受骗，当买进后突遇洗盘的风险就会止损。总之，在主力建仓期非常复杂，手法变化多端，看不懂的投资者可止步观望，待稳定之后再入场也不迟，只要能确定有主力活动并有建仓的痕迹就有机会，机会是需要耐心地跟踪等待。

快刀斩乱麻法洗盘案例图解二

图67 科力远（600478）2010年7月~2011年5月的日K线图

【图形解释】

图67重点所示的是科力远（600478）2010年9~12月的走势。图中在前期经过一轮大幅下跌后最低价10.33元，随后走出小阴小阳线反转之势，其间涨幅达到80%（18元时），试想一下，主力在建仓中该吃了多少筹码？该股在后市会有多大的预期空间？正因如此必会引起市场投资者大量跟风，所以在图中第一次挖坑处进行洗盘，但力度很小，缩量惜售为主，随后再次盘升走高。在图中跌停板当天随大盘下挫，紧接着继续随大盘盘跌，而该股以横盘缩量为主，且以第一次轻微洗盘的低点为支撑走出横盘箱体。到横盘末期略破下轨，做出假象破位转跌之势“吓”出前期参与的新手投资者，但很快以V型反转直进上攻，走出非常漂亮的主升浪。

【图解启示】

图67的启示在前面已点解过，在主力建仓成本之上横盘均为蓄势待发，如果横盘中的波幅较小就能说明主力控盘稳定，所掌控的筹码充足，后市预期的上涨空间也就越大。横盘末期假象破位其实是一种障眼法、一种变盘信号，当V型回升时便是散户投资者立即重仓跟进时。当你明白主力在前期运行轨迹中的意图时，类似这样的潜力图形、类似这样的主力手法，怎能轻易错过？应适时重仓参与。特别是在串阳向上修复中可择机参与买入，在到达前高修整时阴线缩量可继续买入。

二、破位扫损洗盘手法——逼

特征：技术失常

目的：击碎众望

“破位扫损洗盘手法”是指主力在洗盘过程中故意跌破下方某个支撑点，或者跌破市场众望的心理位置，以及跌破通道和箱体下轨线。因为很多投资者在买进股票后，都会为自己所能够接受的风险范围内设定止损价，或者是将技术支撑点设定为止损位。主力击碎众望的点位，“逼”出大部分散户投资者，让其自觉止损交出筹码，然后就在当天或短期内收出长下影线或十字星，次日再急拉或涨停，这样可让先前出局的投资者踏空，如果再追进也必将抬高成本价。

破位扫损法洗盘案例图解一

图68　鹏起科技（600614）2010年5月~2011年4月的日K线图

【图形解释】

图68重点所示的是鹏起科技（600614）2011年1月底的破坏多头排列走势。主力在前期经过长达半年横盘潜伏之后，股价正式步入上升趋势初期，日均线系统呈现多头排列信号时，主力先以放量长上影线冲高突破酝造出假上攻态势，实为主力试盘手法，通过试盘之后确定还不能立即拉升，所以洗盘行为就产生了。主力在试盘拉升，说明主力已经很急切、已做好拉升的准备，所以在图中标记处洗盘时也非常地急切，以一根光脚大阴线跌停，直接跌破多头排列的短期均线，这也足以让大量缺乏经验的投资者出局。第二天再低开高走迅速直线拉高抢筹，第三天再以十字星收盘迷惑被扫损出局的投资者继续观望，此后陆续收出超过10连中小阳线攀升。

【图解启示】

大部分新手投资者，只会看简单的日均线系统，由于图中的跌停板洗盘直接跌破前期近一个月的涨势，并失去多头趋势，所以此时必然会有不少人止损卖出或被“逼”出场。从分时图中可以看出，在跌停板上的成交量并未放大，仅是尾盘跌停，说明主力只是做出吓人的样子来扫除浮筹。部分技术派投资者也可能会认为，在前面的放量长上影试盘后再现跌停板，是该主力试盘失败而不能做多后市才如此急切出逃，但恰好相反，因为跌停板之后局势很快得以平息，紧接着长阳伴随趋势上移也正是再次跟进的机会。假设有投资者在前长上影早盘追进，当日被套5%加后面一个跌停10%，再加跌停后的低开，在短短6天里亏损近20%，所谓强行逼供地交出筹码给主力。若还有志气，从哪跌倒再从哪起来，随后的串阳修复时还可再买进。笔者在做《做精一张图（彩图版）》中也有讲过，凡是在上升通道中无论怎么急跌，只要没有放大阴线量，甚至阴线量迅速缩小的，都不用恐慌，这是洗盘现象。

破位扫损法洗盘案例图解二

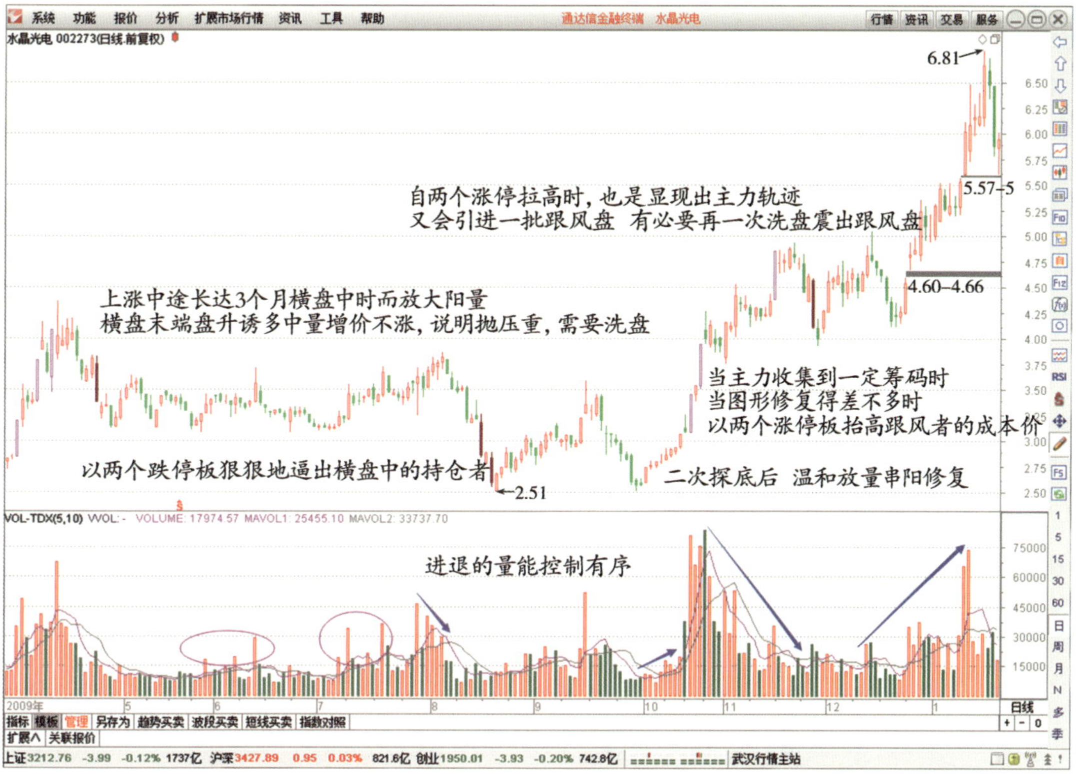

图69 水晶光电（002273）2009年4~12月的日K线图

【图形解释】

图69重点所示的是水晶光电（002273）4～7月的箱体破位走势。该图有点类似于图68，横盘箱体出现的位置都是在主力建仓之后，由于主力在建仓期拉锯的波动较大，所以在横盘中产生的波动也相对大一点，这也是主力的一种操作手法。正因前期建仓周期较长、涨幅较大、横盘期较长、波幅较大，所以在横盘末期破位下轨时以持续大阴线飞流直下，三连大阴线都几乎直击跌停，使盘面产生恐慌局面，在大洗礼中彻底扫除了大量的止损筹码。但在接下来近两个月时间内走出复合型的双重W型底，重返牛气冲天之势。

【图解启示】

这种类似于出货的扫损方式，使很多参与的投资者难免被止损出局。但对于高手来说，主力漫长时期建仓后再横盘的现象下生怕不跌，因为如果不跌直接上涨将会直接折损后市的上涨空间。横盘越长期间内的浮筹就越多，一旦选择直接上攻必会有不少短线投机性的筹码获利抛压。所以，在主力成本保护价之上洗盘越深，后市就涨得越高。可能正如图中洗盘时，难以判定是出货还是洗盘。下面我介绍两方面分析判断：一是先从前期走势分析出现所处的阶段位置主力持仓成本以及主力现处的状况和意图，就能知晓接下来主力会怎么做盘。投资者不妨换位思考就会对主力的意图更明确一点。二是在大洗礼之后的走势便是验证主力行为何意，如果在后期发现有主力在抢筹、控盘的情况下，说明主力仍然存在，那么在洗盘之后主力下一步势必是做大上涨空间。如果在前期有被扫损出局的投资者仍可在后市再捡回来，只要你还在继续跟踪该股就自会有机会赚钱的。由于该股属于中小板块，盘子较小，图形上产生大波动也是很合理的，但主力的手法和意图以及慢牛趋势仍没改变，投资者完全可以运用“中长线短做”的方式来获利。所以，有时不要抱怨主力洗盘太狠，但要明白洗洗更健康，因为主力洗得越干净越有利后期上涨，大机会也正是这样洗出来的。因此，大家要重点学习三大方面：一方面是识别底部和主力建仓轨迹，另一方面是认识各种不同的洗盘手法，最后是判断顶部的构成警示信号。这三方面缺一不可，学不好、学不精，就难以在市场中赚钱，甚至赔更多的钱。

破位扫损法洗盘案例图解三

图70 第一医药（600833）2010年3月~11月的日K线图

【图形解释】

图70重点所示的是第一医药（600833）5月后的N字形破位走势。前期经过一轮中级调整后出现低开高走的光脚假阳线，表示有主力在低位抢筹接盘。反弹后，再快速回落至前低点之上形成下跌中继的小反弹，最终再次急挫直接破前低，如图中长下影线最低价5.98元(吉利数字)，并且在破位后的次日以地量小阴线止跌企稳，由此展开一轮接近翻倍涨幅行情。

【图解启示】

1. 按照中级调整规律分析：真正见底前一般都会有一次假象反弹，随即主力再集中杀跌抄底。此位置的假象反弹目的是将前期下跌初期有卖出或空仓的投资者诱多买进，最后再次急挫寻真底，目的就是将市场投资者全线套牢，甚至使市场投资者丧失做多的信心和期望，同时在跌破前低点时大多投资者会被扫损出局，这样就没有多少人能跟主力抢筹了，主力便可在低位大量收集低廉筹码。

2．按照反弹规律性分析：反弹级别可大概以黄金分割位的0.382、0.5来判定，反转以0.618、0.809来判定，一般反弹为0.382的位置，在以上就具备反转势力。通常反弹至0.382左右时会有一次回踩确认的过程，确认是否洗盘到位，还是下跌中继。如果是洗盘到位，在回踩确认中会出现缩量现象并且低点会上抬，甚至轻微回踩后再以中大阳线重拾升势。往往在急跌后的反弹中会出现普涨现象以及众多涨停个股，但是普涨的现象一般不超过三天，所以在抢反弹时不宜追高，更不宜在反弹的第2～3天再去追进，最好是在反弹第一天追涨参与，这样短线才能顺利高抛。稳健型投资者可在反弹后回踩确认有效的情况下再参与较安全。

3．低位中的N字形规律性分析：这种低位中的N字形实为主力进行二次增仓的手法，不想将建仓成本抬太高，所以采用这种手法将建仓成本降低。个别股票往往在N字形有一浪小幅上涨实为主力在试仓，或者说主力先用一点筹码建仓，目的是为了在后面更方便地砸盘（砸出更低价再大量建仓）。在二次探底时，前低点往往是大众投资者的心理位置，一旦失守将引起市场散户投资者失去信心并止损出局或放弃该股。主力恰好利用这种散户心理故意破位扫损，一般在5天内会很快收复失地，N字形才有望成立，若太长时间未收复失地，说明主力并没有做多的意图。所以，大家平时遇到这种破位现象时，千万不要恐慌，不要轻易上当并在地板上交出筹码给主力，只要在破位后出现明显的缩量或收下影线等信号便可多忍耐一会。另外，如果在前面的反弹中出现过串阳、中大阳线、涨停板的强势特征，那么在N字形中接近前低点上下将会再次出现强势上涨的可能，并且还会以串阳、中大阳线、涨停板的强势特征上涨。切记，这种现象一般是出现在低位主力建仓区域中，而不是明显的高位或主升浪之后。

三、阴雨绵绵洗盘手法——磨

特征：阴跌不休

目的：磨人耐力

"阴雨绵绵洗盘手法"是指K线图形上出现阴阳交夹或小串阴方式回调来完成洗盘。特征是以小阴小阳为主，频繁出现星线，每天跌幅不会太大，但整体趋势呈重心下移状态，成交量将会由大到小，直至洗盘到位出现地量时企稳，一般历时都较长（一至两个月），整体跌幅却不会超过前涨幅的三分之二，甚至重要的趋势指标线不会出现死叉，就算是死叉但又很快金叉。很多股票投资老手都怕这种跌不休止的“阴跌”“盘跌”，实际上这往往就是在“磨”人耐力，当你对该股绝望时淡忘时，主力才重拾升势。

阴雨绵绵洗盘手法案例图解一

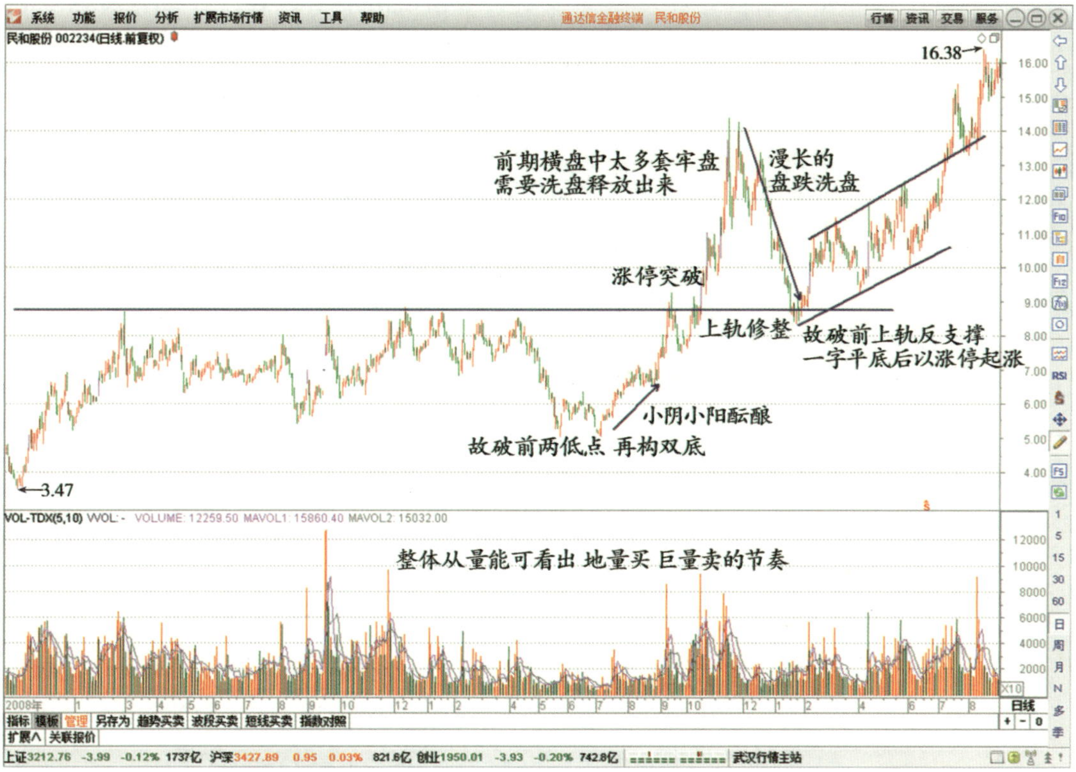

图71 民和股份（002234）2009年1月~2011年8月的日K线图

【图形解释】

图71重点所示的是民和股份（002234）2010年6月后的走势。先看前期一年半时间的大箱体走势，图正中的低点正是箱体末期。在构成双底后，主力持续建仓、股价稳步攀升，在突破箱体新高后轻微打压，股价很快又重拾升势，不断创新高。在股价接近300%涨幅时才出现一轮大洗盘，但洗盘最低目标位于前涨幅的三分之二以内，也就是在主力建仓成本之上止跌企稳，在洗盘过程中以阴多阳少的方式阴跌。在止跌企稳一周平台后以涨停板打开反转趋势，后市以震荡上移走出大牛股行情。

【图解启示】

该股为小盘股，主力在建仓时股价很容易被抬高，图中可见股价在建仓期的涨幅已接近翻倍，再进行短暂的打压后继续上涨近300%时才出现大级别调整。一般而言，当股价涨幅至100%、300%、500%左右时都会有修整的可能，涨幅越大修整的时间就越长，幅度也越深，通常在1～6个月甚至更长。如果时间越短、幅度就越浅，如图中一样能在主力最初建仓成本之上有企稳或以强势特征反转，可以初步判定为该股具备大牛股性质。对于这种阴跌洗盘手法，其目的是主力能在高位斩出部分获利筹，因盘子太小不能一时斩出太多，只好借缓慢阴跌来完成，但这从散户心理角度来讲却是折磨人的走势。图中在洗盘中虽然是阴多阳少，但是其中的阳线量还是比较突出，这也是对后市技术分析的一种预见性依据。类似这种图形手法的个股，投资者可在调整结束后以强势特征反转时积极跟进，第一止盈目标可设在前高点左右，至于上涨用时多长可结合当前的市场环境分析而定。

阴雨绵绵洗盘手法案例图解二

图72　丹化科技（600844）2008年11月~2010年3月的日K线图

【图形解释】

图72重点所示的是丹化科技（600844）2008年10月后的走势。在经过一轮漫长的熊市之后，该股以最低价5.16元(我要乐)的吉利数字见底。随之成交量逐渐放大步入缓慢攀升之势，如图71在建仓期涨幅接近翻倍时走出三个月的横盘走势，最高价以10元整数价为上轨，直至2009年7月3日以大阳线冲击涨停突破箱体，从此展开一大轮牛市行情，最高价27.01元。图中的横盘，以及震荡上移，每一次回调都是以持续串阴洗盘，虽然跌幅不深、时间不长，但次数频繁也耐人寻味。无论是短线还是中线投资者如有参与该股，都难以成功获取厚利，因为该图形的确是太折磨人了。不过，切换到月K线来看就简单明朗多了，共为“三浪+主升浪”上行，一浪和二浪后的修整浪都是三颗十星中继。所以，当日K线复杂时，不妨切换到周线或月线，甚至年K线上去观察与分析。

【图解启示】

不管走势有多复杂，洗盘手法多恶劣，只要在大趋势未改变的情况下，其操作机会还是比较多的。例如，图中在每一次洗盘调整中的趋势线(EXPMA趋势移动指标)都没有出现过死叉，而是以“蜻蜓点水”形态修复。疯牛股、瘟牛股各具特色，只有在操作上沿着大趋势并捂股不动摇才是最佳策略。

阴雨绵绵洗盘手法案例图解三

【图形解释】

图73重点所示的是酒鬼酒（000799）2011年6月后的走势。近年来，酒类消费题材成为市场的热点。类似这种类型的个股在技术图形上，一般是不断洗盘、不断抬高反复上涨的。由于长期攀升中，必然会有不少跟风盘，为了上行能持久、能更高，就必须反复洗盘。再者，当达到一定高度时，主力持仓也随着增加，越往后洗盘的幅度也会越小。

【图解启示】

常言道“一波三折”，其实也就是股市中的波浪理论，图中的每一浪上涨和回调洗盘都具有浪形特征，这也是比较成熟的技术特征，往往在大趋势中更能体现出来。如图中的两次漫长的洗盘过程中都是以下跌三浪完成，并不破上升趋势下轨线。同时，趋势线在死叉后又很快形成金叉(进入弱势后短期内又转为强势)，可称为是“梅开二度”的技术特征，这期间内的成交量明显是萎缩惜售的止跌企稳信号。

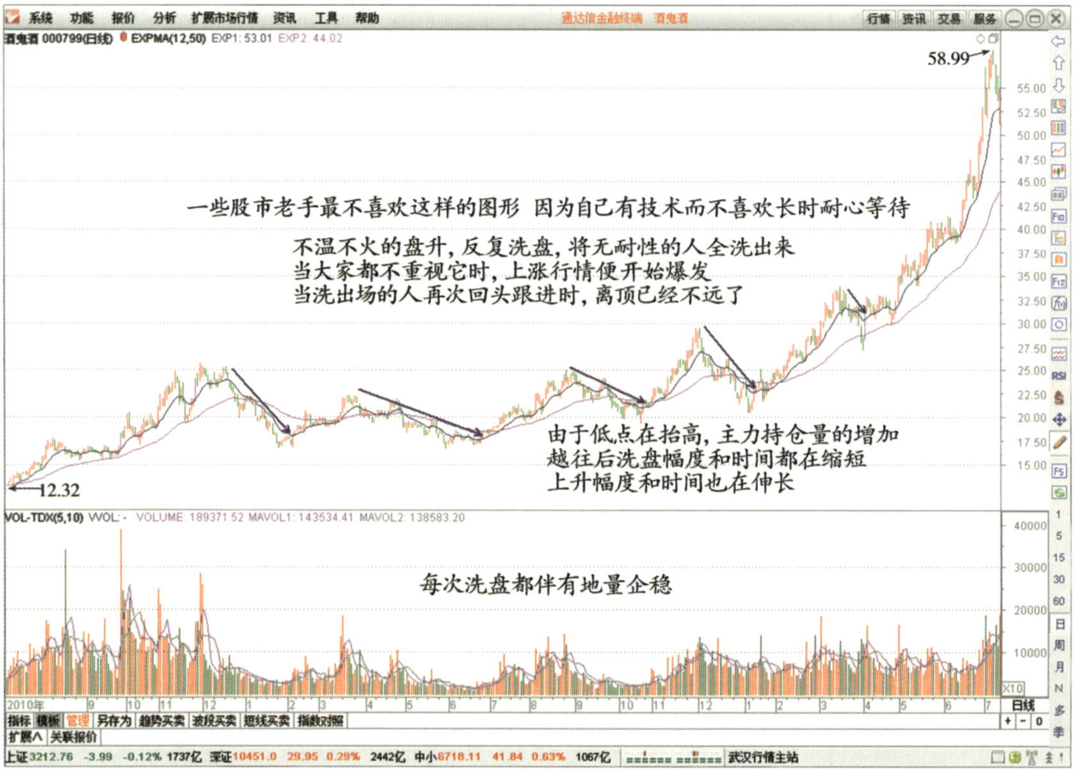

图73 酒鬼酒（000799）2010年9月~2011年6月的日K线图

EXPMA趋势线是12日线和50日线，在洗盘中出现死叉说明下跌周期和幅度相对较长较深，对于持股成本较高、没有耐心的投资者是很容易被洗出局的。被洗出来不要紧，说明还有风险控制的意识，但是一旦图形回归强势(趋势线短期内又金叉)时可再次跟进，力争挽回前期的损失。因此，我们不但在持股中需要耐心，而且在跟踪个股中也需要耐心等待，千万不要轻易被洗出以及轻易放弃牛股。

四、坑蒙拐骗洗盘手法——骗

特征：诱空骗线

目的：引你上当

“坑蒙拐骗洗盘抢筹手法”是指主力千方百计采取各种手段来达成洗盘目的。从计端上讲，一般会采取两种方式：一种是在技术面上做出不同的“骗线”诱空，使投资者在迷失方向时交出筹码。另一种是以媒体方式炮制利空或黑嘴制造传闻等手法，目的就是让经不起打击的人瞬间卖出股票。

坑蒙拐骗洗盘手法案例

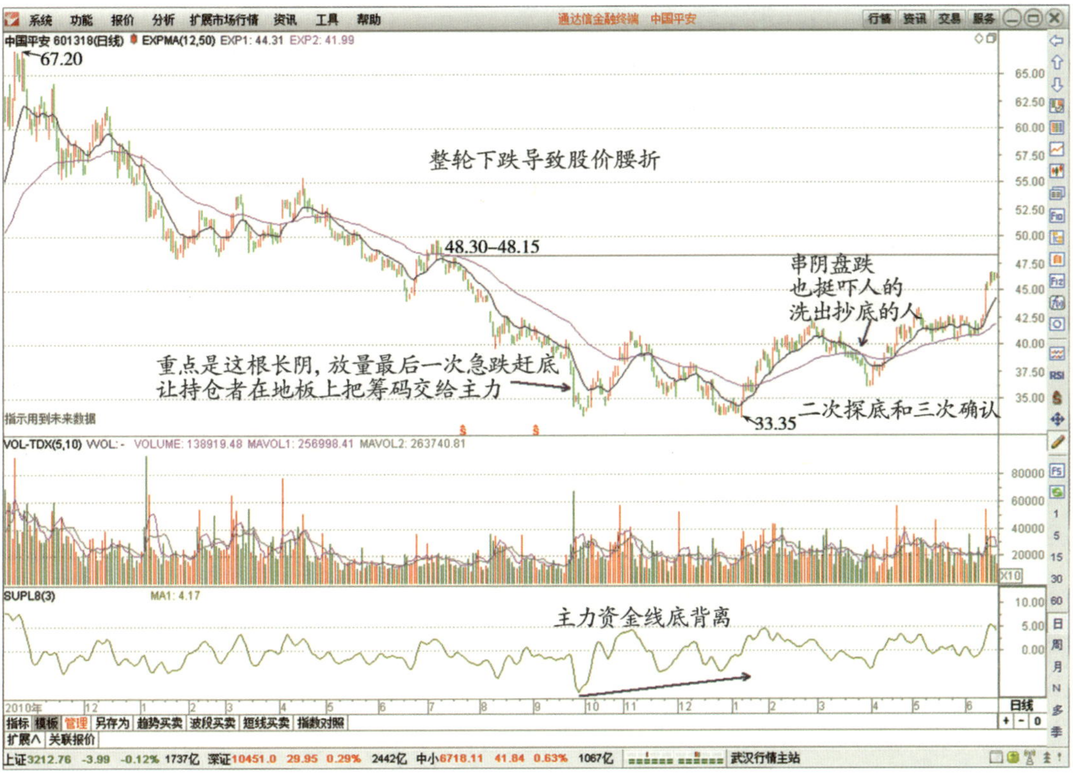

图74　中国平安（601318）2010年11月~2012年6月的日K线图

【图形解释】

图74重点所示的是中国平安（601318）2011年9月26日大阴线冲击跌停板，收盘报34.37元，跌9.58%。

对于中国平安的暴跌，市场有多种利空传闻集中爆发：

1. 比利时富通集团爆发财务危机使股价暴挫，导致手持富通股票的中国平安投资浮亏超过160亿；

2. 受绿城信托业务被查的影响，平安作为绿城主要信托融资伙伴，被大基金减持；

3. 汇丰可能正抛售所的持平安股权，中国平安可能再融资，保险公司面临差别化；

4. 中国平安200多亿参股的意大利国家银行面临破产。

突袭事件发生次日，中国平安澄清表示：目前公司主要大股东并没有抛售公司股票，既没有再融资计划，也没有投资任何欧洲债券。近期，平安旗下平安寿险发行的40亿次级债计划，规模较小，发行利率将在6%以下，属于现阶段完全正常的市场利率。中国平安同时强调，目前平安经营状况一切正常，业务增长良好，财务稳健，平安及控股子公司的偿付能力或资本充足率完全符合监管要求。另外，中国平安还表示目前没有应披露而未披露的信息。

案例启示

1. 前期股价下跌50%，结合公司当时的情形股价基本处于低估区域，为何遭遇狂抛？

2. 几个重大传闻利空怎么能同时爆发，谁是背后推手？目的是什么？

3. 单日突袭急跌后并没有出现持续性的重挫，说明这一切都是有意图的。

4. 技术上当日收出冲击跌停板的大阴线，随后一周内以缩量为主并企稳快速回升，因此在底位收出放量大阴骗线。

5. 无论是关联到大盘走势还是该个股走势，都可从随后的走势得知这纯属市场大机构的一种“坑蒙拐骗”，这是主力最后的狂洗抢筹手法，使散户投资者在地板上抛出套牢盘。

类似如此走势的还有西南药业（600666）在2011年3月21日的股价异动现象：在前一天是周五涨停板，周末公布年报时并澄清借壳重组传闻，周一开盘大幅低开，盘中数次触及跌停板，最终以跌幅9.70%报收。随后，第三个交易日再以涨停板突破，后期以震荡上行的方式上涨，涨幅超过30%。很多主力用旁门左道的手段，提前埋筹后，再制造某种重大利好消息吸引人气，后借公司澄清时顺手出货或洗盘，由于人气未散，主力再顺水推舟震荡上涨。再例如在2010年疯炒“锂”电池概念一样，很多主力以此为由制造出大量机会，比如说先潜伏建仓——再公布涉锂电池消息（吸引人气）——后消息称投资锂电池业务未成（洗盘骗筹）——最后过了两三个月再公布已正式投产（趁利好出逃）。

这种类似“轰炸式的洗盘手法”，当主力在需要洗盘时制造出的声势越大影响就越大，不管是在消息面还是在技术面上都惊恐万状，甚至构造出主力“出逃”技术“见顶”的疑象，对散户投资者进行一次“彻底洗劫”，迫使他们将筹码交给主力，这在行为上跟“抢”夺没什么区别。这也是主力能在最短的时间内收集到更多的筹码，在急忙中快速收集筹码或是该股即将会有重大事项发布或者临近停牌以及某个重要拐点需要出现的可能。

主力占有诸多优势，比如：资金实力、传媒散播渠道、信息具有权威影响力，甚至与上市公司同谋策划等，所以受伤的只有个体散户。例如，在2011年机构们反复以“国际板”推出和暂不会推出为说辞，引起市场和相关个股反复动荡。主力任何一种举动和异动，背后都具有一种强大的意图，事后不久便逐渐揭晓。

总之，上述案例解析中，如果仅是从技术上的骗线是比较容易识别以及回避的，如果是借消息骗筹对大众投资来说是防不胜防的，但最终还是体现在技术形态上，投资者在此过程中对消息不确实的、技术上可疑的、走势怪异的可尽量回避，不管真真假假，先及时退出观察，待明朗时再做决定。特别是对“商业股评”家的言论更要谨慎判定。

五、望而止步洗盘手法——哄

特征：星线不断

目的：举棋不定

“望而止步洗盘手法”是指不让场内的筹码大量流失，又不让场外的筹码买进，但又“哄”场外的投资者一直保持跟踪，如此一来主力在洗盘中不损人气的同时又进行充分的调整，这使主力在后期做主升浪时才有大量的人气跟风接盘，以便主力能顺利派发。主力要做到这一点，首先必须在技术图形上下功夫，例如频繁收出星线、上蹦下跳等特征让场外投资者不敢贸然买进，举棋不定。

望而止步洗盘手法案例图解

【图形解释】

图75重点所示的是上证指数（999999）2008年12月底右肩处。该图是标志性的历史大底1664点前后的走势全图，本案例重点讲述自见底回升后的洗盘手法。在“头肩底”的右肩区域一个月左右，是很容易引起市场投资者的心理障碍，在大趋势没有形成前不管是技术面、市场面还是基本面都较为复杂，能够掌控大趋势的也仅有市场主力军。在图中的右肩区域技术上可见，频繁十字星下移，是盘跌初期还是二次探底？胆小的投资者必然被洗出局外观望，同时使没有进场的投资者望而止步。紧接着以上蹦下跳的方式震仓折腾，这更使得投资者不敢贸然参与。后市再以缓慢的小阳线上移，但阳线逐根缩短减弱迫使较谨慎的投资者继续场外观望。直到变盘拐点出现后以持续放量中大阳线拉升，才走出明朗的趋势行情。

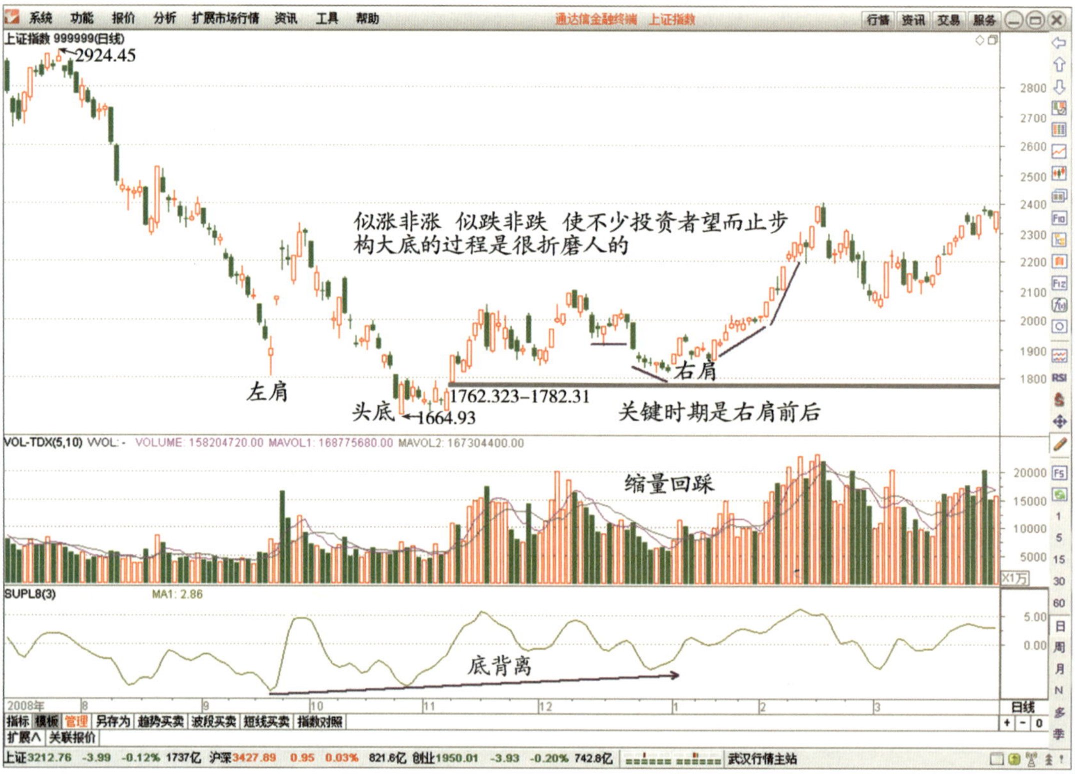

图75 上证指数2008年8月~2009年3月的日K线图

【图解启示】

以大盘图形为案例，实际在很多个股中也是类似的。这种周旋的技术特征一般出现在即将变盘转势之前，技术上一般为频繁出现十字星、上下影线，持续震荡、重心不稳固等情形，使场内外的投资者失去趋势上的判断。所谓，行情总在绝望中、犹豫不决中产生；行情总在欢快中、疯狂中结束。

主力目的主要有

1．慢慢消化市场做多跟风的激情。

2．以静制动测试市场各方的心理反应，如果此时仍有不少人看，那么就会再次出现洗盘的可能，如果市场普遍悲观，那么就会在犹豫中走出拉升趋势。

3．让场外的投资者不敢贸然入场，更不敢轻易抄底，减少能同主力抢筹的资金。

4．持股的投资者因担心风险发生会采取减持或清出仓位的办法，这样一来恰好将筹码交给了主力，正中主力的圈套。

5．其间，主力可利用充分的时间收集以及整固控盘筹码。

遇到类似情况，投资者在K线上难以判决趋向时，不妨多结合成交量的关系分析。例如，图中在右肩前后一个月的区域内，成交量是由大到小在放大，并且阳线量能带有攻击性。如果在洗盘后的低位整固区域内没有出现阳线“量价齐涨”的攻击性，就说明弱势力度仍较大。场外投资者可在出现攻击性的放量中大阳线即“起涨信号”时参与，或是在随后回踩确认支撑时大胆买进。场内的投资者可站在主力的思维角度看市场各方反映，并设好止损点位，如果市场观点偏空可持股待变盘，如果市场观点偏多则需注意主力二次洗盘；再如果成交量先放大已释放空头后再逐渐递减说明空头在减少，随之再出现地量（同比前一段时间的量都要少），可以初步判定会有止跌企稳的潜力，此时可静待变盘信号和拐点出现。当然，假设场内投资者的持仓成本较高，经不起震荡和时间上的消磨，也可以在成本之上的位置先出局观望，为主力腾出机会和空间以便后市健康上涨，散户投资者能在主力后面赚取波段中间部分利润也是非常可观的。

六、顺势借力洗盘手法——随

特征：同步大势

目的：借力不费力

“顺势借力洗盘手法”是指伴“随”大盘回调时顺势洗盘，同时不必采用一切手段而是“借力不费力”地完成，并且从技术上看有着“顺势而为”的表象，市场投资者对此不会产生任何怀疑，实际上当投资者对大盘心存担忧的情况下卖出手中的筹码时，正好是在给主力接筹的机会。随之大盘企稳，或者洗盘到主力的保护价位时，该个股必然会强于大势上涨。只有一些中小主力机构，因资金实力有限在大盘调整时不敢兴风作浪，能力争保持与大盘同步而不落后于大盘已是最大的努力。这些现象在平时行情中较为常见，笔者就不枚举图形案例说明了。

在大盘任何一次调整时，特别是接近底位区域时，我们在选股操作上可以分为三个步骤：先做强于大盘的个股，再做与大盘同步的个股，最后做落后于大盘补涨的个股。在顺势洗盘的个股中只要图形没有破坏，或者是前面随大盘而后面强于大盘说明此位置是主力的心理保护位，以及先强于大盘后随大盘并急跌的个股说明主力在趁机强势洗盘（但要很快在前面某一个支撑位迅速止跌）的情况下极有可能主力再杀回马枪。这些类型都值得我们重点关注以及择机参与的。

本章总结

1．当持有的个股在一定的涨幅后，或距离主力建仓成本较高的情况下，或是短期量能明显持续放大和持续递减的情况下，也包括30分钟图中出现过巨量的现象时有短期见顶特征。这说明即将面临洗盘，此时投资者要立即做好防范准备。

2．大家也可运用例如笔者软件上用到的“SUPL主力资金趋势指标线”在不同周期K线上来发现涨跌的先兆信号。比如说：K线在不断上移，但该主力资金线却在不断下移，说明后市随时面临下跌的要求。K线低点逐个降低或横盘以及在平台中，但该主力资金线在不断上移，说明后市有上涨的要求。这种预期涨跌先兆信号一般可以提前3天以上预知，因为主力一般是选择在下跌中建仓，上涨中出货。当然这往往在K线图上是难以察觉的，但通过主力资金线可以一目了然地查看到从前期到当期的一种轨迹和趋向。该指标和技巧同时也可运用到大盘以及个股分时图中。

3．在有主力控盘的个股形态中，下跌中不管是否跌破某个重要点位，只要能在破位后快速（3个交易日左右）收复或以中大阳线抢筹，说明多头趋势仍在。

4．主力在洗盘时往往是很恐怖的，采用的手法多种多样，虽然都是下跌洗盘但分不同的跌势和不同的意图以及针对不同的投资者。所以，散户投资者一定要紧跟节奏，顺势而为，以免风险扩大。在股市中凡是遇到突发恐慌的情况越要保持冷静，有时适当采取逆向思维也是有必要的。

5．如果是追高买进，持仓成本较高，又面临主力洗盘，建议在保本或小亏的情况下卖出，等待洗盘到位时再进也不迟，这样还多了一次低吸的机会。如果在洗盘下跌初期没有卖出，可坚决持股等待一个回合解套，但在这期间也许会错过其他个股的操作机会，并且如果在洗盘到位后回升的一浪中而又不能获利，是很不划算的。除非是之前布局的成本价位较低，或者是以分批建仓以及高抛低吸的方式降低了持仓成本，同时该股又具有中长期潜力，那么在主力洗盘中可以持股不动或减持部分，待洗完起涨时再大量增仓也是不错的策略。

6．在下跌洗盘中要注意“下跌中继”这样的反弹平台，一般该平台反弹力度较弱，时间不会持续太长（一周左右），上方缺口或均线受阻压力大，前面下跌初期空头量能没有释放完，平台中阴阳线的量比很关键，在这些情况下都要提防主力再次洗盘。不要盲目、冲动地抢反弹和抄底，最好是待主力洗完之后出现起涨信号反转时再大胆参与。

7．对于技术不精炼的投资者可以参照《做精一张图（彩图版）》一书中的“日均线买卖信号”来控制风险和把握机会。例如，当股价远离5日线时是顶背离信号可高抛或减持，当日收在5日线之下是风险警示信号可减持或锁利，当5日线下穿10日线时是短期卖出信号，当5日线下穿20日线时是中期卖出信号。严格做到这几点，不管主力是洗盘还是出货都能规避一切风险。即使股价很快又收复失地也没关系，因手中有现金就不怕没有机会，也不会踏空，起码你有控制风险的意识和习惯。该技巧相反的情况就是在调整洗盘之后的买入信号依据。

8．大盘经过洗盘后，很多个股也会随着出现洗盘的现象，此时的洗盘也是选股的大好时机。要寻找在洗盘后能做到更强势上涨的个股，就寻找那些在前期启动浪中出现过串阳或涨停板的股票，这些股票在洗盘之后重拾升势时还会有串阳或涨停板出现。在洗盘前有多强势，洗盘后也会持续这种强势走势，因为这是同一主力的操作手法。此时可以运用“串阳组合”“追踪涨停”的条件方式进行历史阶段选股，将前一个底位后曾出现过串阳和涨停过的股票筛选出来放进股票池，再精挑细选潜力最大的个股进行密切跟踪待买点信号出现时买进。

第四章 主力打压手法

在“打压”股价下跌时，是主力做出货的准备？还是主力做洗盘的开始？或者是技术性的修整？或仅是压低股价来稳固后市上涨？一般会在哪些情况下，哪些阶段位置中出现“打压”股价？“打压”同“洗盘”有什么样的区别？不同的“打压”手法有着什么样的意义等。这些笔者将在本章进行图例阐述。

导读
主力打压的目的

1．为防止涨势过急导致部分获利筹码出逃，导致盘面资金松动，不利于主力控盘，从而压低股价进行缓冲。

2．为防止建仓成本太高导致主力在后市控盘中失去优势，从而将股价不断压低收集低廉筹码。

3．为防止出现严重超买现象，导致技术失常，从而展开短暂压制股价进行修整，这有利于主力稳步攀升并做大上涨空间，这样主力可以减少控盘的中间环节。例如：主力从股价5元开始建仓，上涨到8元时技术出现顶背离超买现象，但主力的目标价是10元，刚好翻一倍，如果在8元时出现严重超买现象导致技术失常必会使大部分获利筹码流出，这时主力还没有达到预期目标价而又不能在此出货了结，如果在此先出货后洗盘再重新拉升，这样将放大主力原计划的时间跨度，并且还多了一个中间环节（洗盘），也会增加主力交易的手续费，所以主力可能会在快要出现大幅顶背离时采取“打压”手法来压制股价暂停上涨，待技术缓和后再拉升，这样可使该股能平稳上涨到主力的目标价。

4．为防止股价大幅波动导致主力在控盘中增加难度，股价在上涨中以缓和的方式攀升，甚至以进二退一、进三退一、急跌慢涨的图形特征上移。因为主力在没有必要的情况下是不会扩大盘面波动的，因此会适时采取“打压”的手法。

5．为防止在建仓中过于暴露行踪，往往主力在建仓时拉出两三根中大阳线后，技术上会出现3天左右停止上涨，在这修整的小平台间也会进行适当的打压，这期间有利于主力梳理资金管理和盘面观测。

第一节 牛回头打压式

出现位置：上升通道中

技术特征：缩量小跌幅

手法目的：疯牛喘气

“牛回头打压式”是指沿10日线、20日线为上涨运行轨道线的上升通道中，主力将股价打压至10日线、20日线获得支撑，随后再以中大阳线收复在5日线之上，或者仅打压至5日线处获回踩支撑，次日再继续上涨。这种打压股价的手法时间很短，一般不会超过三天。打压的深度是主力根据盘面状况而定的，也可从技术图形上预知，例如，前面是以中大阳线拉升，那么打压时也会以中大阴线完成；如果前面是以中小串阳线拉升，那么打压时就会以中小阴线完成，当然也不排除个别以大阴线急挫的可能。在打压时量能方面一般是以缩量为主，甚至地量。总之，这种“千金难买牛回头打压式”只是主力在快速拉升过程中的一段小插曲而已，投资者可在没有出现放量阴线之前的阶段修整中低吸参与。

牛回头打压式案例图解

【图形解释】

图76重点所示的是中航地产（000043）2012年1月后的走势。受国家政策调控近三年来，个别地产股深幅下跌至低估区域，一些优质的地产股在大盘探底后受到主力青睐。图中的个股在筑底后以持续两个涨停板展开主力的建仓做多计划，由于长期低迷的地产股一时之间难以聚集人气，主力在建仓之后不可能唱独角戏，只能走出强势的图形特征来吸引人气靠拢。所以，在主力建仓后以10日线为上行轨道线稳步攀升，这期间内的小阴线和回踩均线都是缩量压盘，目的是塑造更大的上涨空间，在每一次缩量回踩都是“千金难买牛回头”的低吸机会。

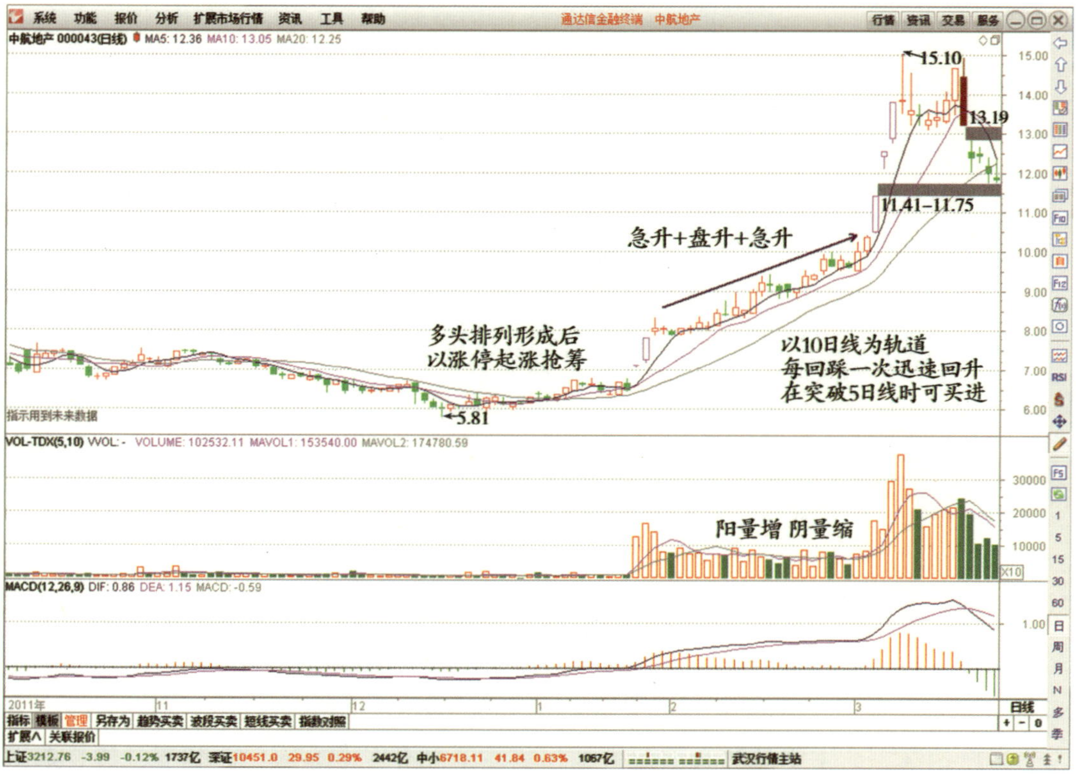

图76　中航地产（000043）2011年11月~2012年3月的日K线图

【图解启示】

主力在底部放量建仓后，以5日、10日、20日短期均线为运行轨道线是属于短中期单边上涨的强势特征，因此，在笔者的软件"短线买卖"分析界面中只保留了这三条日均线，其他的日均线不看也罢。因为，最强势的个股是沿着5日线（直线）上行，一般沿10日线、20日线上行的居多，其参与机会也多，根据前面的节奏规律是回踩10日还是20日线，回踩后再突破5日线时立即买入，当天就能见到收益，次日均会有顺势走高的可能，当远离5日线再卖出。其次，也可在盘升中逢缩量小阴低吸。若是以30日线、60日线上行的个股，由于波动幅度偏大，一般少操作为宜，除非有可操作性的大形态图形出现。

类似图形条件操作三技巧：

1．首先确定前面低位有主力进驻的轨迹，随后沿短期均线攀升势必是在酝酿大主升行情；

2．上涨途中出现缩量回踩时是难得的低吸信号；

3．特别是当股价回踩至上行轨道线后再突破5日线时均为更上一层楼的起涨买入信号。

第二节 强力打压式

出现位置：主力高度控盘时

技术特征：短暂急挫

手法目的：出其不意地回头一击

“强力打压式”是指在主力已控盘或高度控盘的阶段中，就在大家出其不意时突然急剧重挫压低股价（又称主力“砸盘”），甚至将股价打压至前大阳线的低点附近，或者前面某个支撑点，以及跌破前几天以上的走势，但主力很快又回头一击。通常情况下，主力能够有如此大动作的波动只有三个原因：一是低位建仓期运用强力打压赚取低价建仓机会；二是在上涨之后运用强力打压进行主升前的准备；三是在高位重挫巨量大阴线时出货或洗盘，随之调整的时间也会延长。这种正常的打压手法是快而狠，且耗时很短。有技术功底的投资者在根据前面的图形和主力的心理进行综合分析后，可在主力打压当天尾盘买进，这恰好钻主力空子抄主力底；如果没有技术功底和稳健型的投资者可在次日大阳线收复前阴形成“阳包阴”时再追涨参与。

强力打压式案例图解

【图形解释】

图77重点所示的是顺发恒业（000631）2012年1月后的走势。前期底部：在筑底过程中主力曾以试探性放量建仓作为强力打压所用，将股价打压至3.33元豹子号（财富密码）的变盘信号并收下影线。正式建仓期：经过一周时间反弹至前平台处，再一次实体阴线强力打压，以便收集更低价量更大的筹码，次日以地量止跌完成二次探底。上涨中继期：先以长上影线试盘拉高，可能因盘面各因素而不宜及时拉高，便采取短暂的压盘修整后再突破拉升。洗盘阶段：经过短期磨顶阶段后以两根放量

图77 顺发恒业（000631）2011年9月~2012年4月的日K线图

实体大阴线强力打压至前“上涨中继后起涨中阳低点”获支撑，很快在地量后收出涨停板收复失地，后市走出“梅开二度”的新一轮上涨行情。

【图解启示】

“量价形态”分析中这三者为各占30%的重点，另外10%就是分析主力的心理行为。前三者是分析的基础和依据，后者是同主力换位思考后得出最终判定。图中“量”的规律是：每一次打压后很快出现地量止跌企稳，同时这也是变盘信号的低吸机会。“价”的变化：见底时在盘中分时瞬间打压至最低价3.33元（上上上）这个吉利数字，随后股价立即展开反弹，这不是巧合而是主力特意发出的变盘信号。形态特征：图形整体为急跌慢涨的牛股特征，从筑底——建仓——拉升——洗盘——再次拉升整个图形过程都有着明朗的节奏。据此，笔者要重点提示两点：一是在筑底过程只要投资者细心一点都可发现有没有主力的建仓轨迹，可分为反复震荡筑底、小串阳筑底，来打压出更低廉而又有标志性的价格，例如，图77中在打压最低价的前夕曾出现放量小阳线，次日就开始打压，说明主力在下跌前的试探建仓是专用来砸盘的，所以在筑底过程中我们要结合前后两周左右的走势来分析，前面分析是否有主力放量阳线建仓，中间分析主力活动迹象和意图。后面的走势是进一步确认前面的预期判断。二是同一主力在操作过程中都会采用同一种操作手法，可从主力的初步建仓上涨途中观察出其操作手法及节奏，例如，图中的几次打压都是在实体阴线完成，不排除在后市见顶出货时再留下一个吉利数字作为最高价，以及在出货时还会以实体阴线完成，但与前期不同的是放巨量。

总之，一般在上升通道中突然以长阴、三连阴、跌停、先涨停再跌停等急刹车打压股价，形态上留下一个怎么打压就怎么收回的黄金坑，往往在洗盘或主升浪前会出现较多，平台或横盘后出现较少，唯一辨别特征是在打压时缩量为主。

第三节 分时打压式

出现位置：早尾盘30分钟
技术特征：直线跳水
手法目的：打压洗盘两兼并

“分时打压式”是指在分时图中分别出现在早盘或尾盘直线跳水下跌的现象。如果是早盘前30分钟出现先直上后直下回落打压，随后选择方向性发展，或者在直线打压下来的低位进行横向走势。如果是尾盘30分钟出现直线跳水打压股价，这种现象就会有很多种预测，唯有在次日才能进一步确认主力的手法意图。假设仅是打压手法，那么在次日早盘小幅低开后会再出现直线拉升抢筹并在红盘之上运行。量能方面，早盘出现打压最好是在分时图中的绿色量柱比拉升的红色量柱要短，简而言之就是盘中缩量打压可继续看涨；尾盘出现打压一般都会出现放量，关键是观察次日早盘的轨迹和趋向。同时，还需要结合股价所处阶段位置以及换位思考主力的意图。分时图买卖信号解析在《做精一张图（彩图版）》一书里面有详述，故这里只讲解常见的、比较有代表性的分时打压案例图解。

分时打压式案例图解

【图形解释】

图78重点所示的是兆驰股份（002429）2月底最后三天的走势。第一天是盘中走高，而尾盘60分钟内急挫近6%，当天收出长上影阳线。第二天如图中分时图，开盘后小幅走低再快速上拉，随后又立即压制上涨，随后震荡下移至下午开盘才略微反抽至均线附近，尾盘再次急挫报收–2.9%。第三天故地重游第一天的走势。第四天起才拉出阶段中的主升浪。

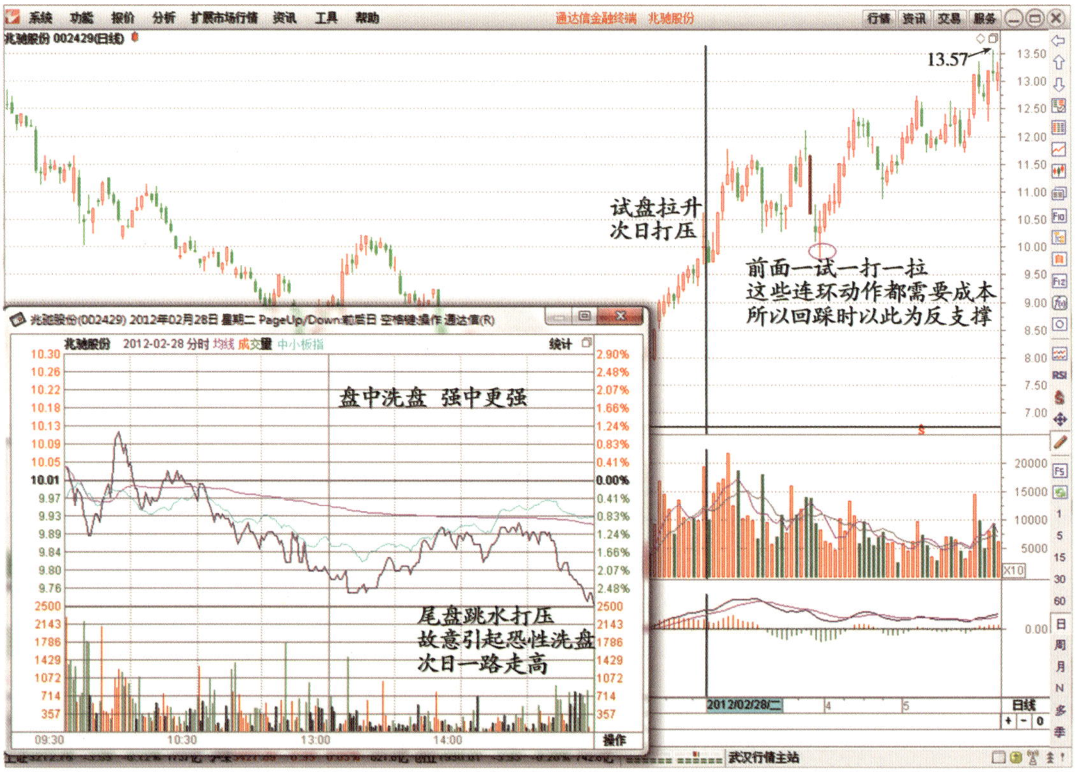

图78　兆驰股份（002429）2012年2~5月的日K线图

【图解启示】

分时图中的量峰只有第一天具有攻击性和持续性以及规律性特征，但当天尾盘主力放弃微稳走势而选择跳水下挫，因此可初步判定为主力在试盘拉升，预期分析是否成立需在随后一周内的走势得以确认，如前面“主力试盘手法”中所讲述一样。

分时图中早盘出现拉高后再快速回落的现象，如果仅回落至开盘价之上、前拉升的三分之二左右便展开了横盘走势，这样的回落一般为主力在早盘抢筹后进行一次盘中打压，在横盘中震荡收窄后或有可能再次拉升，同时在股价未处在较高位置时都值得我们密切跟踪。除此之外，早盘分时图中有快速回落的现象是难以做出是否属于打压的准确判断，但可根据实际走势以及其他类型的分时图形来分析判断。

分时图中在尾盘出现跳水现象极为普遍，原因有很多种。如果仅是打压，就应符合该图中的案例，先是从K线图形上看股价属上涨中继阶段，因为主力从建仓上涨以来还没有出现阶段性的主升浪；其次是这种尾盘打压不会持续太长时间，就会快速突破，这正是确认了预期中的打压手法成立。总之：主力在尾盘打压绝大多数情况的目的是为了给次日吸筹留下低价空间，因为大部分尾盘打压股价的股票次日往往都是顺势低开，然后主力在股价震荡中反复收集筹码，只要你多观察几只就完全明朗了。主力无论用什么手法，都会在分时图中做足功夫，并会留下不同的轨迹，往往会在分时图中砸出恐慌现象，或者是先拉高后慢慢回落折磨威逼来达成主力最终目的，因为尾盘打压是主力最节省筹码的机会，只需弹指功夫就可制造出恐慌盘并获得低价筹码，甚至如深市可在尾盘三分钟竞价中再现大量接盘，或者是在次日早盘竞价中大量买进。对策：对于持仓成本较低、持仓量不重，在K线未出现主升浪前或处建仓期、基本面有潜在利好等情况下不妨持股观察，次日便会进一步明朗化，有时可能因次日有利好公布主力却在前一日尾盘刻意打压。

第四节 顺势打压式

出现位置：随时出现
技术特征：同步大盘
手法目的：趁火打劫

“顺势打压式”是指随大盘趋势波动使股价走低的现象。在分析方面我们首先要确认该股整体走势是否伴随大势？还是仅当天或短期是伴随大势？如果是整体走势都是伴随大盘波动，那么在个股技术分析中就意义不大了；如果是短暂伴随大盘而股价走低，那么就可初步确定这是主力在休仓阶段，不需主力出招便顺势压低股价后再出手接筹；或者是中小主力经不起风险抵抗而随大盘下跌进行高抛后再低吸；再或者是该主力还没有达到高度控盘的情况下，只好顺势波动了。这种压低股价的方式，我们只需明确一个要点：就是在大盘止跌后是否会强于大盘回升？也包括在降低股价时是否有主力接盘的现象？如果会有那这就正是我们需要操作的目标。但是也要注意一个要点：如果是股价上涨至相对较高的位置时，在股价下跌中如有出现接盘现象要提防是否有庄托或挂假单接盘。

至于如何看一只股票是否有主力在接盘？可以通过不同分析软件的分时图的区间龙虎统计表、交易大单实时跟踪、净买入净卖出数据、筹码分布图、主力资金指标线等，再加上个人经验判断。

顺势打压式案例图解

【图形解释】

图79重点所示的是中茵股份（600745）3月14日后的走势。撑死胆大饿死胆小的，“强者恒强规律”在股市中颇具代表性，无论是补涨还是逆市抗跌中的强势股总是别具一格。该案例图解主要讲解主力自救补涨条件，图中自前期见底后成交量

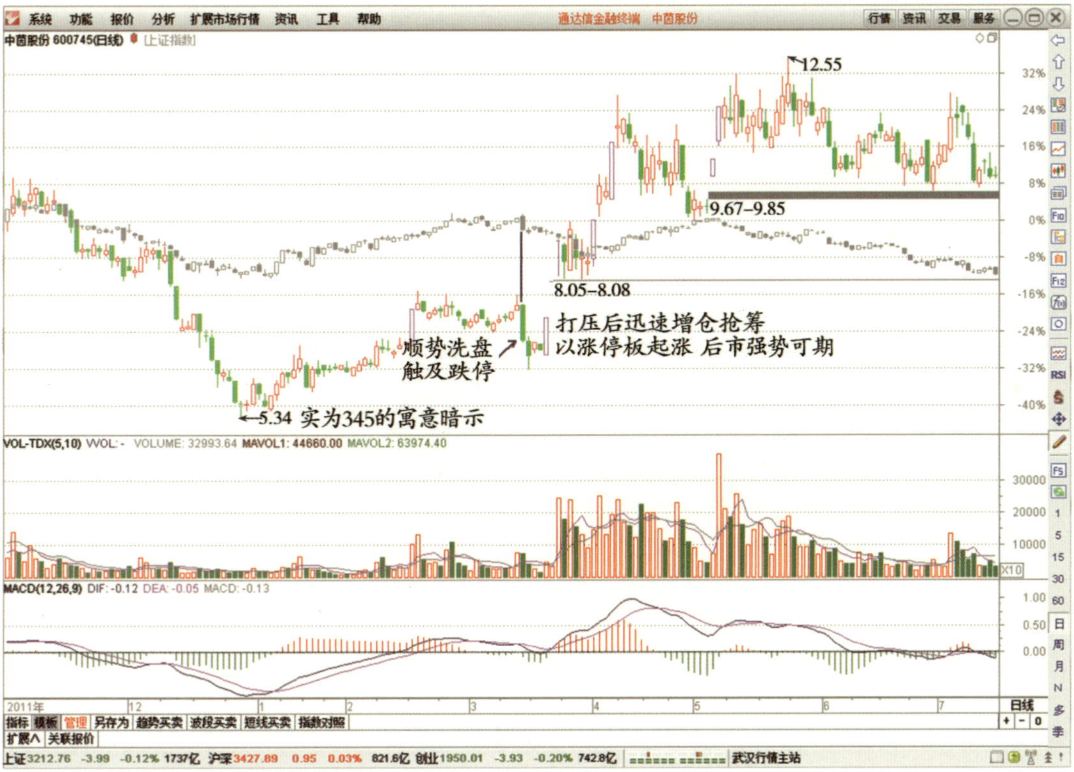

图79 中茵股份（600745）2012年1~6月的日K线图

曾有两次堆量出现，其时间均是横盘。在2012年3月14日大盘在阶段高位放量大跌，该股当日几乎顺势跌停收−9.64%，次日惯性下挫回吐前两个月的涨幅利润，但很快成交量明显减少直至地量出现，随之持续的三天涨停板走出了“三外有三”的上涨行情。

【图解启示】

主力自救的一般特征为：前期是随着大盘见底回升中顺势建仓某只个股，但中途主力可能因为某种因素而没有快速脱离成本区域并且没有大幅获利，在大盘反弹至阶段高位洗盘或转势调整的情况下，其主力不愿就此斩仓出逃，或者对大盘后市预期看涨，就趁机让该股顺势下跌并收集筹码，甚至跌到主力成本价左右时采取主动护盘。“潮退贝露股海拾贝正恰时”，在弱势初期往往是最具考验主力的时候，例如图中的个股在顺势借力打压后，迅速在下方低价大量接盘，直接持续封涨停板反攻，最终达成主力的预期盈利上涨。

类似该图个股的还有斯米克（002162）在3月14日后持续一字板涨停等。除此之外，还有很多类似的主力在2011年第四季度建仓被套的个股，在大盘见底之前以及大盘见底之后却展开了报复性的反攻自救上涨行情，例如游资在2011年10月后进驻的庞大集团（601258），同期的散户牛人刘芳被套的巨轮股份（002031）等在大盘见底后明显强于大盘上涨。笔者经常运用“做精一只股搜索庄——分析庄——跟定庄”软件来搜索历史操作成功率较高的庄家加入股东池，再分析他（她）们在每一季度的持股变化，然后在技术形态上寻找可操作性的跟庄机会，特别是在猴市行情较长的宽幅震荡中，庄家在进场后出现被套是常见现象，关键是你最看好的目标庄家们现持有哪只个股，是否具有操作机会。大家不妨在平时多收集一些前十大股东列表中具有实力和影响力的庄家们作为股东池，在庄家们经过反复调研后才决定建仓的个股，我们只需做好跟庄的节奏即可，当在大盘下跌难避免的情况下该庄家被套时，正是投资者一生中难寻的几次大机会，一旦大盘趋势转强，该庄家必会主动增仓和自救，我们在跟好庄的同时还存有赚取翻番利润的潜力。

本章总结

主力运用“打压”手法是不定时地出现，主要特征是“快速”，快速打压和快速企稳回升。如果有主力运行和强势上涨中的个股出现，任何一种打压手法都值得引起我们的注意，只需多观察一周以内的时间便可揭晓主力意图。“洗盘”同“打压”的区别不同的是：“洗盘”是有阶段性的区域限定（主力建仓拉高之后出现）；“洗盘”的时间有长有短（一般都在一周以上）；“洗盘”的技术形态是阴阳线交夹方式阴跌。两者的共性特征是主力完成“打压”和“洗盘”手法之后的动作就是抢筹增仓收复为涨势。技术派投资者应该能判断出主力在完成手法后转势上涨的最佳时间窗口，例如主力在“打压”后一周后仍不见主力有抢筹拉升的迹象，说明该技术判断的预期走势落空，甚至图形已被破坏，主力有放弃的可能以及还没调整到位等情况。笔者在此建议一些技术派的投资者一定要按照某种图形标准条件来严格执行操作，只要投资者能看懂技术，那么图形就可代表一切，也包括主力心理行为等，因为只要严格按照技术原则操作，股市中一点风险也没有，哪怕是系统性风险发生同样能在技术上表露出来。

第五章 主力震仓手法

“震仓”是股票技术图形上变盘信号的前缀，因为在经过频繁波动之后将面临重新选择方向性的突破。许多投资者却把主力的震仓当作出货、出货时当作震仓，结果卖出的股票一路狂升，紧捂住的股票却一跌再跌深度被套。不但在经济上造成损失，还对投资心态产生了较大的影响。本章笔者以图文分类解释主力震仓中的手法和意图。

导读
主力震仓的目的和特征

“震仓”也可称为是主力给散户投资者布置的“迷魂阵”。只有少数个股是主力之间的“换庄”和“换仓”的对倒行为留下的技术轨迹。

“震仓”与“打压”有所不同的是：震仓是频繁多次波动，振幅在一定范围内形成小箱体式。打压仅此一回波动，但打压的幅度各有深浅。意义上，震仓是让投资者迷失方向，打压是直截了当地清洗浮筹并将股价压低重获低价筹。

主力的震仓手法就是与散户斗智斗勇。无论是低位还是上涨中途震仓，主要目的有：一是让散户不敢轻易跟随，即使有跟风在经过反复的震荡后不是被震出也会提高成本价。二是不让其他主力抢占筹码，所以在每一次打压后会迅速收回。唯有高位震仓的目的看似为了做出假象修整，实为掩护出货。

一、主力震仓的前提

1. 震仓过程中不但需要大量的精力和技术，还需要大量的交易成本，所以在没有必要的情况下，主力不会轻易做震仓。

2. 如果主力做的是短线股，一般是不会使用震仓手法的，只有在中长线的基础上才有时间和空间以及必要做震仓。

3. 一般新进驻的主力往往会采用震仓的手法，这样可以震出以前的老庄、震出持股已久的散户投资者，总之震出持股信心不强的人，在必要时主力可能会编制一点利空消息配合震仓手法完成。

4. 当大盘趋势处弱市时，个别主力被套，受大盘趋势阻挠不能收集大量人气将股价拉高，此时主力会选择区间性的操作，在一个箱体中来回操作，每当打压至前低点时就会止跌回升，如此让散户认识到这种节奏规律性时会积极跟风，当散户人气逐步聚拢时主力就开始慢慢派发，最终使股价一泻千里。

5. 一些冷门股主力也有可能采用震仓手法获利，在低位长期箱体窄幅震荡，让场外投资者感觉该股有潜在题材即将爆发，并将该股加为自选股，一旦有突破便立即参与。主力恰好利用散户这种心理，往往在震荡末期突然放量大阳突破，让散户跟在高位，由于量能消耗又快又多导致难以持续上涨，一般涨幅达20%左右就会扭头向下，此时套在高位的必然是跟踪已久及参与的散户。

以上5点都是主力有必要做震仓的前提条件。

二、主力做震仓的技术

1. 形态：图形上在一个区间内来回震荡。振幅一般在10%左右，很少有超过20%；震荡的频率一般为3～5次，也就是在区间内出现三次上轨顶位和三次下轨低位；周期有短有长，一般为一个月左右才能完成震仓动作；震仓中每到前高上轨时就会大阴线打压至前低下轨处，后再中大阳线快速回升；直到振幅收窄，低点逐个抬高或高点逐个下移之后将产生变盘选择方向。

2. 量能：在震仓初期打压的阴线量能释放较大，但阳线的量能也弹性十足；到震仓中期后阴线量能可能会递减，但阳线量能仍然饱和；除非是阶段高位中的出货式震仓，否则这期间的阴线量能明显放大，阳线量能极为萎缩。

3. 价格：前天涨停、昨天冲高放量回落、今天跌停、明天下影线企稳、后天涨停回升，这样一套激进式的震仓手法，可以进行一次大批量的洗盘，后面再将股价缓慢压低进行修整，以防前面被洗出来的投资者再次跟进。正当大家不敢参与时，甚至还没有搞明白主力意图时，就以跳空涨停打开主升浪。当然还有一些节奏比较温和缓慢一点的震仓手法。

4. 分时：在短期或当天分时图中出现震仓较为常见，特别是在早盘竞价之后，振幅由大到小走出收敛三角形，或者以窄幅箱体式的频繁波动。分时图中震仓持续时间不会太长，一般在1个小时左右必会选择出方向性突破。出现在中盘比较少见，但在尾盘也时有发现震仓走势。

5. 重心：重心移向可作为初步判别是震仓出货，还是震仓洗盘，或者是震仓吸筹的显著标志，同时再结合期间的量能配合关系。

第一节 分时图中震仓

主力为了缩量调控时间，便选择在分时图中进行震仓。一般在分时图中出现全天都以宽幅震荡，上下波动范围可达3%～5%，在日K线走势表现为行情中继的十字星。在任何阶段位置均有可能出现，凡是收十字星都具有两种可能，不上就下，也是变盘前的争夺战。普通十字星分时震仓在此不必解析，笔者只解析具有重要意义的分时图震仓。更多有关分时买卖技术图形讲解可阅览《做精一张图（彩图版）》炒股实战书籍。

分时图中震仓做多信号案例图解

图80 上证指数2010年7月21日的分时图

【图形解释】

图80所示的是上证指数（999999）自3478点下跌至2319点后的启动反转行情初期。由于该区域还没有完全摆脱底部，在走出通畅的上升趋势之前，市场投资人气还不能迅速聚集。因此，在筑底回升过程中必然会有反复震荡现象，特别是在上涨中继的十字星分时图更加明显，上下拉锯非常剧烈。但从单日或阶段中的整体图形观察，重心趋势仍然是偏向多头，分时中的红柱成交量也非常突出。在此以大盘图形为案例，其他个股图形也略同。

【图解启示】

分时图在底部建仓期中出现震仓，一般是处在较强势的反弹行情中，如果在整个阶段上涨中每一次出现十字星的分时图都如此，可以明确反转行情正在形成中。特别是在出现1～2根中大阳线后的次日，在前一日收盘价左右进行分时震仓的“缩量”十字星，这属于“强势中的盘中洗盘，随后会更强”，类似空中加油的意义，此时应主动买进。

只要仔细观察就会发现，建仓区做多，表现在分时震仓中的均价线一般是倾向上移的，且收盘前均为向上收，且分时波动中的低点略有抬高。但是也有个别情况下主力为了制造迷途气氛，分时震仓走势非常复杂。有时当上涨至阻力位时或恰遇周五担心周末消息影响的情况下，当日分时图也会展开多空争夺和望而止步的震荡盘面。

对于短线投资者的新手来说，是难以忍受分时图中的宽幅或频繁波动的，特别是那些追高买进或早盘高点买进的投资者显然很被动、迷茫。此时，投资者更要保持头脑的清醒，别乱了自己的阵脚，在早盘上下拉锯时只要均价线没有紧跟伴随，就可以初步确定当天为震荡行情，便不宜追涨杀跌，静待观察。待振幅收窄或方向性突破时再决定是否参与操作，或到尾盘观察如何收尾以及次日早盘的重心移向再做决定。

值得补充的是：十字星K线就好比十字路口，当失去方向感时会左绕右绕，例如图80的分时类似；而主力恰好借此大众心理，故作模糊视线，震乱顺序，达到出货或洗盘的效果（缩量为洗盘、放量为出货来识别），其次收尾位置也极其重要，例如收在均线和中轴线以及日内前高之上，会更有利次日上涨，相反次日就要当心了。

分时图中震仓做空信号案例图解一

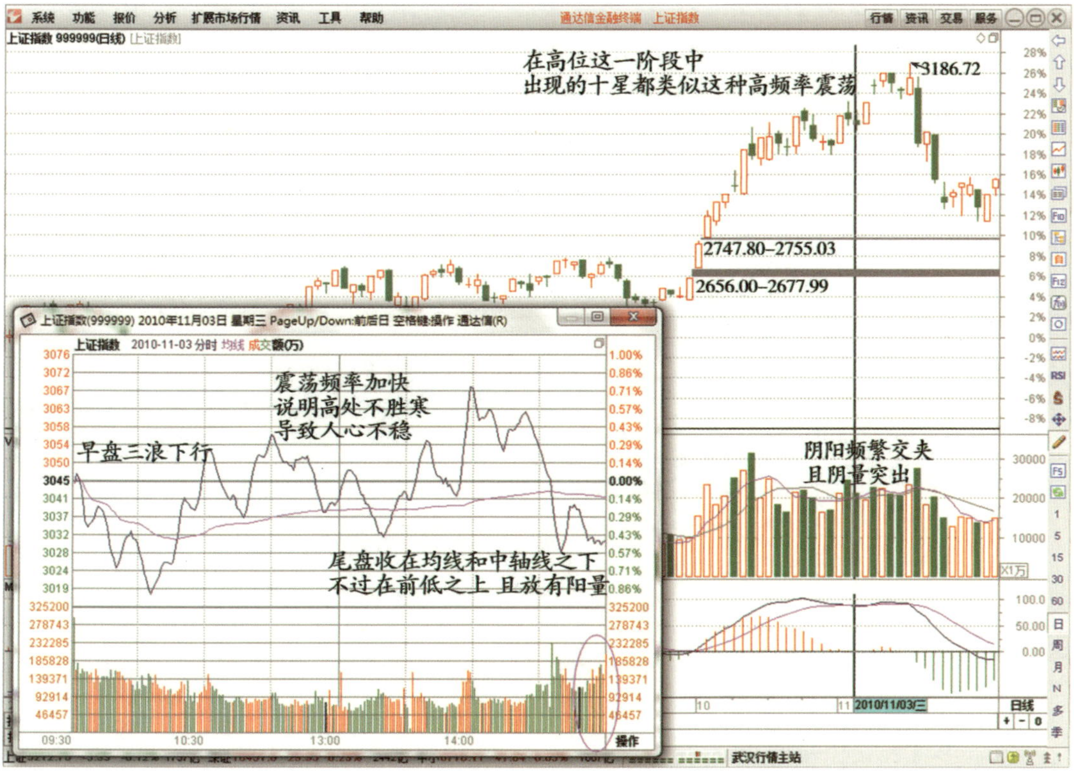

图81　上证指数2010年11月3日的分时图

【图形解释】

图81所示的是上证指数（999999）自2319点反转上涨至3186点之前的高位阶段磨顶行情。“阶段位置”处在一轮强势上涨后的高位；“形态”为阴阳线频繁交夹，处在整理期；“成交量”方面，阴线量明显突出，包括阴线十字星也是放大成交量；“分时图”中波动频率密集、波动幅度较大、尾盘大幅收低；“日K线”中频繁出现震仓的十字星，综合判断为磨面阶段震仓出货。

【图解启示】

单根K线、单一的分析、单一的判断是难以准确断定接下来的行情走势的，必须要采取综合观察分析的方法，如阶段位置、量价形态、分时波动中的细节、当前的市场环境和市场心理因素分析等。其中最为直观最为重要的是成交量，在阶段高位中任何一次回踩或十字星都不能放大成交量，否则就是调整的预期信号，若是成交量放得越大，调整的预期就越强烈，调整的幅度也就越大。此时，就应立即采取安全措施逐步高抛和减轻仓位控制风险，不能恋战或待放量大阴线变盘时再做决定，到那时就为时已晚。

分时图中震仓做空信号案例图解二

图82　天虹商场（002419）2011年8月12日的分时图

【图形解释】

图82所示的是天虹商场（002419）的分时图，整体形态自前低点以来处在第三浪上涨后的高位，由于第三浪持续放量拉出大阳线属于主升浪。图中标记的分时图中当日量增价不涨，并且盘中走出三次不同位置、不同方式的震仓，全天都处于中小板指数线之下（弱于大势）。特别是午盘震荡上移中受均线阻挡且成交量没有放大，加之尾盘30分钟直线下挫，此时主力震仓出货意图十分明朗。

【图解启示】

凡是有主力控盘的个股中，无论是建仓、洗盘、出货主力都会在分时图上做足功夫，因为分时图可以直接影响到散户投资者的心跳频率，同时也会留下主力每分每秒的运行轨迹。图中分时走势早盘小幅高开后震荡下移，均价线紧跟而下，即时股价线收出三重底做出假底之势，再直线上拉可使短线投资者及时跟风参与，因为前几天是强势上涨人气自然浓厚。在拉升至早盘高点左右时再次密集震仓，可使在关注或已跟进的散户投资者产生错觉，误以为此刻是蓄势状态。就在临近中午收盘前30分钟直奔向下，下午开盘后顺势下挫并破早盘的低点。由于太过于明显不利主力短期全身撤退，所以在下午走出假象修复上移趋势，但上涨中的成交量欠缺且股价受均价线阻挡，这种弱势反抽是难以持续的。在尾盘30分钟又一次跳水，就从当天的成交量和分时走势可以看出，主力已在高位撤离大部分筹码，后市短期之内无论怎么整理都为弱势，如果整理中盘跌重心下移，那么中长期的顶部特征成立。

所以，笔者建议大家在持股过程中遇到阶段高位时，多观察近期分时图中的细节走势，以及综合判断出是否有主力出货的轨迹，如有存嫌疑应立即把握机会高抛闪人。

第二节 建仓阶段震仓

主力建仓手法各有不同，主要是根据不同个股性质和盘面现状，以及当前的市场环境和不同的主力资金来源来确定使用哪种手法，不同操作风格的主力会选择不同的建仓手法。震仓式手法建仓主要目的是震出前期持股的筹码同时不让场外筹码追进。在技术特征上且有规律可循，主力控盘有序，否则达不到建仓目的。如果主力仅是短线操作某一只股是不会以震仓手法建仓的，往往采用震仓手法建仓的个股都是以中长线为主，一旦在低位阶段震仓中完成建仓，后市波段上涨行情一般都不会低于20%，除非受大盘趋势压制导致建仓失败或折损后市上涨空间。

低位阶段震仓吸筹成功案例图解

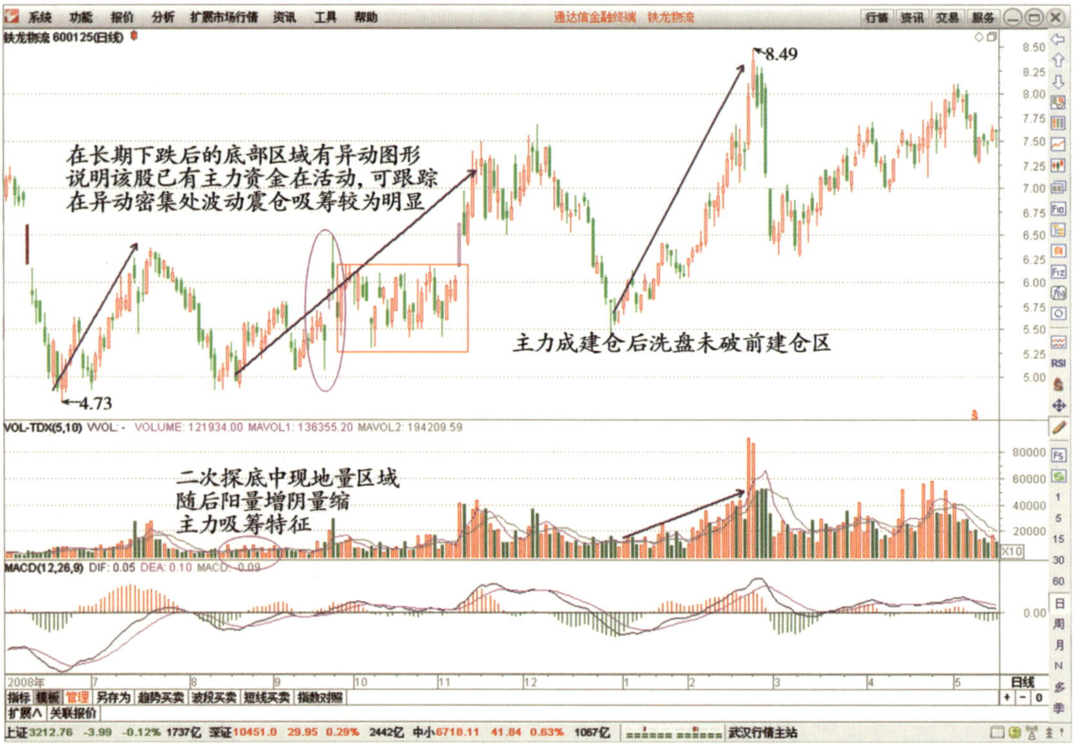

图83　铁龙物流（600125）2008年7月~2009年4月的日K线图

【图形解释】

图83重点所示的是铁龙物流（600125）2008年10月前后的震仓走势。在一轮熊市中从10.55元下跌到4.73元的低估区域反转向上。在探底后三个月中均为筑底趋势，在此期间如图中标记处产生密集震仓，在震仓区的初期主力曾有扩大振幅的异动。在震仓之后突破前期新高，在主力顺利建仓后洗盘下来的低位未破震仓吸筹区的成本保护位，随之又有一轮新的上涨行情展开，至2011年2月21日最高价18.8元。

【图解启示】

图83四大信号可以明确为：一是在长期下跌价值被低估的底部区域筑底过程中低点逐个抬高，说明已有主力资金在逐步吸筹。二是在底部区域内出现量价形态的异动，必是主力所为，说明主力正在加快下一步的操作计划。三是随后以横盘的方式在股价异动的区域内进行频繁震仓，说明主力已开始大量收集筹码。四是在建仓后的洗盘低位未破前震仓吸筹区有成本保护价，说明大牛股的初期特性已显现出来。第一买入信号在震仓区后突破方向时，第二最佳买入信号在洗盘回踩确认主力筹码区的支撑时。

长期下跌后几乎是无庄控盘，在底部有异动或震仓现象，说明现有新进驻的主力，有主力异动、有主力活动迹象的都值得我们去跟踪观察，当逐步看出主力的意图时、当最佳买入信号出现时，就是我们的财富机遇，股市中的大机会就是这样去守候等待出来的，如果常用短线思路操作频繁换股往往会错过很多大牛股的大机会。

在底部区域主力们都忙着研究上市公司，咱们就可忙着挖掘有主力异动的个股收藏，在锁定庄股后只需研究技术中的每一步节奏规律，等待机会来临。一般而言，在底部区域反复震仓可让主力收集更多的筹码，后市可发展的空间也就越大，产生大牛股也理所当然，这关键看你有没有牛性的思维判断能力。

类似该图形案例个股还有中体产业（600158）在2011年8月至10月初的走势、太原重工（600169）在2012年初的震仓吸筹区以及后期洗盘的低位都较相似。

低位阶段震仓吸筹失败案例图解

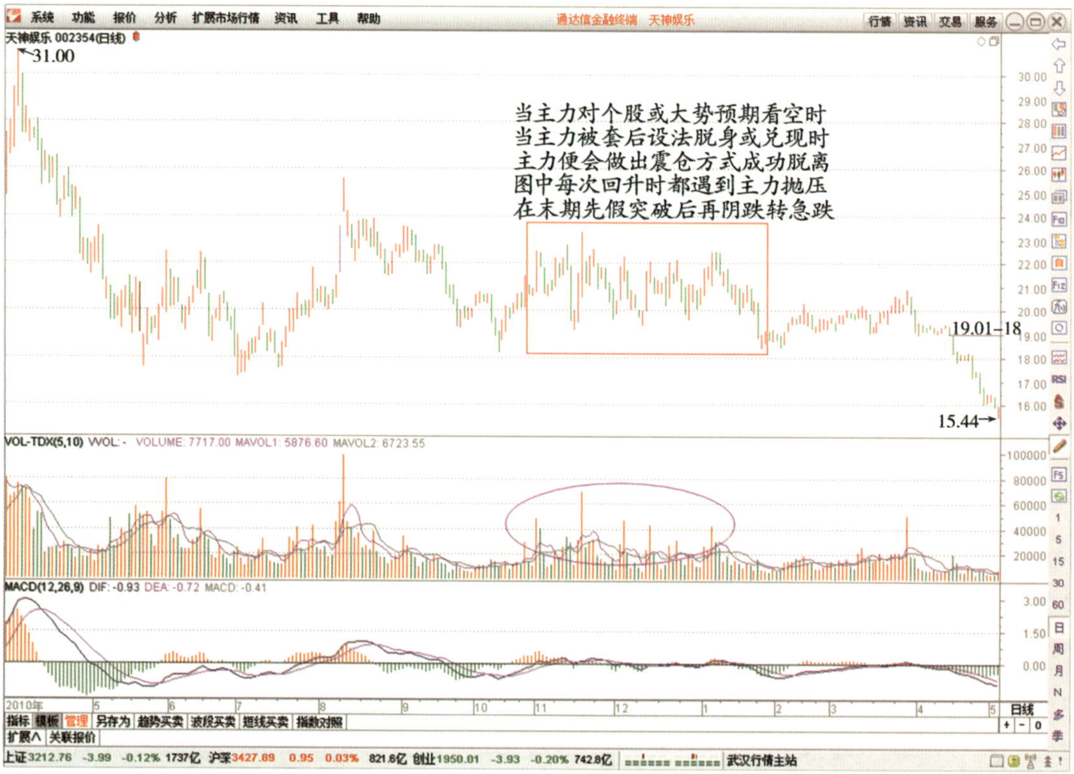

图84　天神娱乐（002354）2010年5月~2011年4月的日K线图

【图形解释】

图84重点所示的是天神娱乐（002354）2010年11～12月期间内的震仓走势。在当年2月上市后最高价31元后一直狂跌至20元左右进行区间震荡。经过长达半年的低位箱体震荡到图中标记区明显振幅收窄，在末期先假突破而后再阴跌转为大阴线急跌，这期间的阳线成交量明显放大，但最终未能走出上涨行情，直至2012年12月4日最低价7.94元后才止跌上涨走出像样的行情。

【图解启示】

1．次新股易突变：在刚上市时主力为了套现获厚利，故拉出历史性的最高价，之后在股价回归价值中一泻千里。特别是利用各种手段精美包装后上市的次新股，在经过一些时间基本面露出原形时，股价将一蹶不振地趴下。

2．次新股易引人注目：新股上市后如回调整理充分时必会受到主力关注，同时散户投资者也会想到如有股价异动说明有新主力进场，因为之前没有老庄易于掌控操作。正因如此往往一些中小主力就借此技巧在次新股上面通过震荡的方式诱骗散户而套利。

3．主力自救：假设在市场环境不良好的情况下，当主力被套，但又难以收集人气并做大上涨趋势时，主力会采取低位区间反复操作来降低持股成本，做出各种诱多的假象，实诱让散户投资者接盘，时隔不久必将真相大白。

4．预期落空：例如，基本面重组失败等重大预期利好落空，使前期震荡中潜伏的主力显得被动，但主力可能会采取以放量假突破短期拉高的方式，骗进散户跟风时主力便借机抛盘。凡是在长期横盘箱体或震荡之后出现变盘先向上突破的，都要提防主力有假突破真下跌的可能，最好是在突破之后再回踩确认支撑有效时再买进。若是先向下假跌破下轨后再现放量中大阳线起涨，则极有可能是主力在挖黄金坑。

5．关键变盘：无论是在哪个阶段中震仓，在观察震仓中的量价关系时还需注重末期的变盘方向以及主力最终的意图，看明白这些之后方可做出是否大量做多的决定。

6．应变及时：当事况突变、技术趋势破坏时，一定要及时撤离。因为在长时间震仓之后一旦转势下跌，在短期内是难以完成修复的，所以整理的时长难以确定。

第三节 洗盘阶段震仓

主力在低位成功建仓之后为了做大后市上涨盈利空间，采取洗盘的举动是在所难免的。震仓洗盘与普遍常见的洗盘略为不同，常见的洗盘是单边下跌，而震仓洗盘却是以急跌急涨几个回合来完成。有时也会运用消息手段配合完成，甚至以倒仓、对敲等手法放量震仓。从技术表象上看确实吓人，并具有出货的疑象，但只要等待几日即会发现仅在一定的区间内波动。一般而言，当出现带有下影线或十字星的地量变盘信号时，或者就是震仓洗盘的末期，一旦次日放量阳线突破便会展开新一轮上涨。

洗盘阶段震仓案例图解

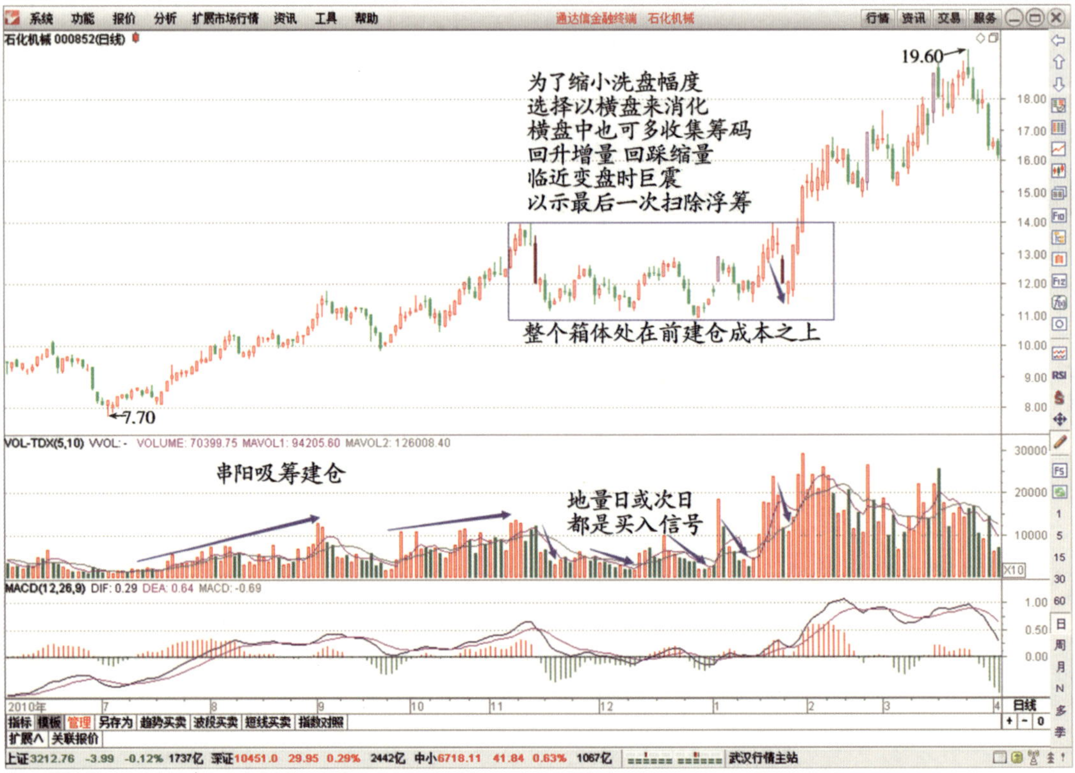

图85　石化机械（000852）2010年7月~2011年3月的日K线图

【图形解释】

图85重点所示的是石化机械（000852）2010年11月后的走势。从前低点7.7元缓慢上涨四个多月到14元（接近翻倍位置），展开图中标记的两个月横盘震仓式洗盘。横盘震仓中以箱体上下轨为边沿，持续上下波动超过三次后成交量才明显放大，整体成交量运行非常有规律可寻，如回踩缩量回升放量。在末期变盘突破时再一次以缩量跌停板强烈震仓，但随后很快以温和放量涨停板收复失地，并迅速持续大阳线突破进入新一轮强势上涨趋势。

【图解启示】

为什么能确定该震仓方式属于洗盘？前一轮上涨至前高点处受阻回调是技术上的必要性，是洗盘还是出货我们可以从调整节奏中察觉。在认识到所处阶段位置后，基本可以判断该位置符合洗盘的条件，最重要的是成交量的节奏控制，将直观地体现出主力资金动向。例如，图中标记的调整初期并没有出现巨量，所放出的成交量均同前些日很接近，并且在短期一周左右迅速明显缩量止跌。当局势得到稳定后注意观察会发现洗盘中期出现地量，如图中在后三次触及下轨时都以地量止跌修稳并回升，并且仅在10%左右的区间内震仓。在洗盘末期出现了一连串阳线且成交量显然温和放大，说明主力在加快收集筹码蓄势待发，此时一旦出现缩量回踩现象将是最佳的低吸买入机会，若错过此点位，则只能在突破时追涨买入，如果突破后上涨超过10%以上的涨幅再追进就属于追高阶段的风险。

类似在上涨途中震仓洗盘的时期有长有短，短则两周左右，长则一个月以上，但震仓洗盘很少有超过三个月的。时期越短后市上涨就越强越急，时期越长后市上涨就越慢、越长。

第四节
主升阶段震仓

当消息和技术阶段位置都符合做主升浪时，主力在拉升之前为了减轻前期的跟风盘，防止在拉主升浪时会有大量的散户获利盘兑现，因此在出现主升浪之前往往会有主力震仓的行为。这也是研究以及抢掠主升浪的技巧之一，出现这种手法后的主升浪也是最强悍的。

主升浪之前震仓案例图解一

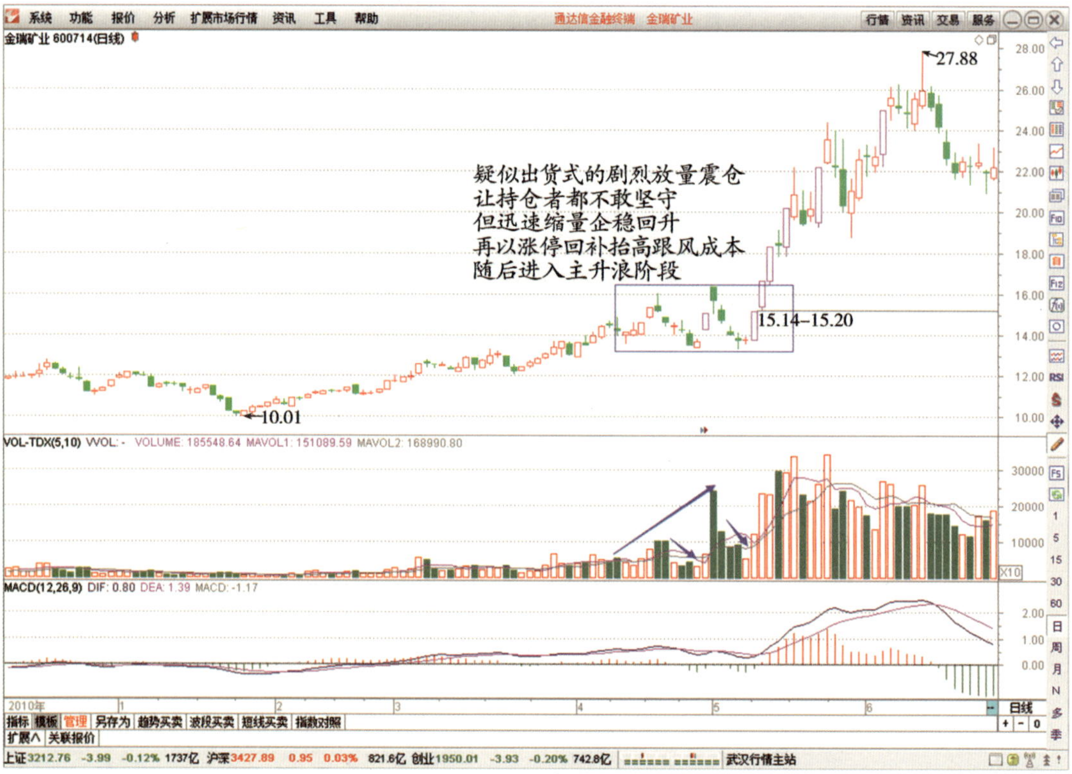

图86　金瑞矿业（600714）2011年1~6月的日K线图

【图形解释】

图86重点所示的是金瑞矿业（600714）4月底至5月初的短期震仓走势。基本面上在近年来凡是涉及矿产的个股走势是不会弱于大势，但在技术图形上各有风格。例如，图中标记中的短期放巨量强烈震仓，类似于出货疑象。强烈震仓说明主力有异动，其意图在随后一周内便会揭晓。如图标记中打压下来之后立即以地量十星在前低点处企稳，次日就以放量涨停板收复，震仓越急切，说明主力越激进，后期上涨也就越强悍，一轮漂亮的主升浪行情就此展开。

【图解启示】

如何确定存有主升浪的潜力？

1．阶段位置：在一轮上涨行情中涨幅超30%以上。

2．量价关系：上涨中没有出现过持续放量的中大阳线快速拉升现象。

3．主力异动：在展开主升浪之前，主力一般会彻底清理一次浮筹，人气越高的个股震仓就越剧烈，只有温和慢性个股才会直攻主升浪。

4．密切跟踪：没有三年不漏雨的茅屋，主力任何手法意图在随后3～5天内必有答案揭晓。

5．关键时期：在主力以任何手法进行波动后抢筹起涨最为关键，无论怎么打压、震荡出的低点之后主力必须要出现抢筹现象，才能充分说明主力有做多的意图，这也正是我们要介入的最佳时期。

主升浪之前震仓案例图解二

【图形解释】

图87重点所示的是悦心健康（002162）2009年8～10月和2010年1月后的走势。前一次短期震仓波动幅度在10%左右，同时在形成W形底后振幅明显收窄且低点抬高，随后拉出强悍的主升浪行情。后一次长期震仓波动在20%左右，振幅是由小变大，低点以前一次箱体下轨为支撑，后期走出温和的一轮翻番行情。两次震仓手法都是主力为了酝酿新的一轮上涨行情。

【图解启示】

图中可见，在第一次震仓之前的K线图是蓄势已久，因此在急剧的短期震仓之后爆发主升浪，震仓中以急跌后小串阳慢涨的牛性特征，在末期最后一次低点时曾出现过持续几天地量。第二次震仓是接前一轮主升浪后的大型修整消化期的震仓，修

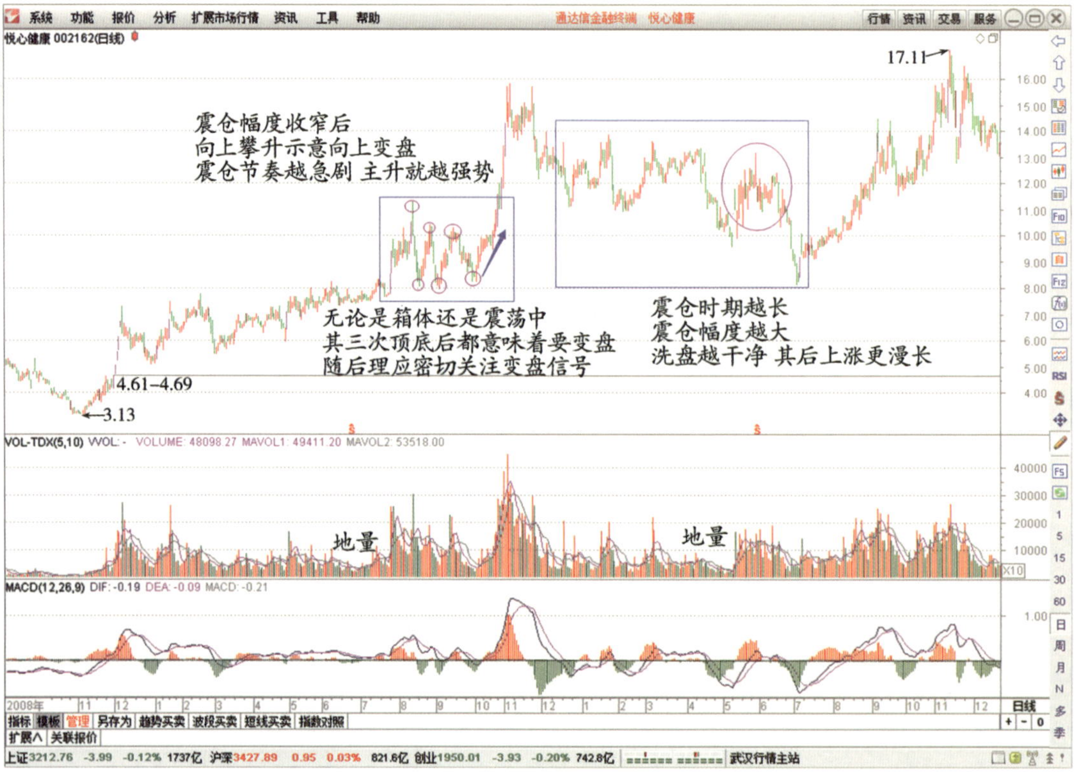

图87　悦心健康（002162）2008年11月~2010年11月的日K线图

整时间越长，浮筹消化就越干净，因此在后市上涨中才能更稳健，特别是对于基本面有支撑的个股一旦长期资金进入后，股价不到高估时主力是不会轻易抛弃的。两次震仓之后回升时共性是温和放量的小串阳攀升，随后量价逐步放大抬高。

主升浪的高度如何预测

1. 万丈高楼平地起：地基越扎实建的楼层就越高，蓄势越充分主升就越高。

2. 起涨架势不可挡：起涨点也就爆发点，起步弹力越强主升就越高，迈出第一步很关键。

3. 成交量控制适当：温和放大或先大后小再放大，主升浪才能延续更长。

4. 消息刺激影响力：相关利好消息引发热点可持续性有多长，主升浪就有多高。

5. 仓位比例及目标：如果主力是重仓并高度控盘时，必须要拉长主升浪才有利主力在后市有足够的空间撤退；如果股价前涨幅是70%，那么主力的目标应该在100%，因此后面主升浪空间应有30%左右。

6．横有多长竖有多高：只要是在阶段高位横盘中有吸筹蓄势现象的，一旦爆发主升浪的高度也就是前横盘的长度。

您不妨上百度搜索并研究一下火山爆发的原因，火山爆发是怎样造成的。将此科学应用到股票主升浪原理当中，或许会有很大的发现。

第五节 出货阶段震仓

当主力已经获利丰厚，并在高位阶段高度控盘中时，主力想怎么玩就怎么玩，此时追高跟进的散户投资者会显得很被动。特别是前期涨幅较大，主力仓位较重，一时半会不能完全出货，必然会以震仓手法磨顶。同时，还可以误导散户投资者认为这是正常的技术修整，因为个别散户投资者是不见大阴线不觉醒的。是震仓吸筹还是震仓出货？可从重心趋向、量价关系、规律节奏等来判断。

震仓出货案例图解一

图88 科力远（600478）2011年1~6月的日K线图

【图形解释】

图88重点所示的是科力远（600478）3～6月的震仓出货走势。2010年7月2日的最低价是10.30元，至图中最高价28.30元为该主力从进场到出货的一整波上涨行情，上涨幅度接近两倍，同时也是以两波段完成，图中截取为洗盘后的第二波段上涨。在图中的最高价之后持续3个月时间高位震荡，震荡趋势中下轨为平行直线，上轨逐个降低，形成“下降三角形”的技术特征，在震荡中的阴线不断在释放成交量，所以整体分析判断为高位震仓出货的现象。直到振幅收窄的三角形末期以放量大阴正式转势向下。

【图解启示】

强者恒强，当主力达到一定的控盘力度时、当个股上涨通道打开时、当热点题材火热时，犹如牛市不言顶。涨一倍很正常，涨两倍也合理，涨三倍也有可能，涨五倍并不是没有过。那么，如何辨别预期和潜力呢？上涨通道中一直保持多头趋势，可沿着短期日均线原则捂股，当上涨到一定程度或上涨到一倍时，怎么判断后期还有没有上涨的动力？那就从调整中的主力手法来判定。整理中是洗盘？还是出货？从整理中的细节观察主力动向及意图。例如，图中前面窄幅横盘波动，横盘周期刚好一个月，整体为缩量，横盘末期先挖坑后上涨，坑底最低价15.15元为吉利数字（要捂要捂）的低位变盘信号，随之主力放量阳线抢筹，因此这一段属于主力洗盘现象，后期必然会有主升浪或新一轮上涨趋势形成。但在图中的最高价28.30元同比前一个低点15.15元也刚好接近翻一倍，说明周期已到，如前一轮上涨也是从10.30～20.99元刚好翻一倍就开始调整洗盘。28.30元之后调整中同前一次20.99元后在技术上大有区别，此时可能会想在这一次整理之后还会不会有第三倍上涨。破灭这种幻想的就是这一次整理中震荡幅度在扩大、高点重心下移、整理时间较长，纯属于主力在高位震仓出货行为。如果该主力还没有全部出完货，也许在短期超跌后会出现以强反弹方式再次套散户接盘的可能。

震仓出货案例图解二

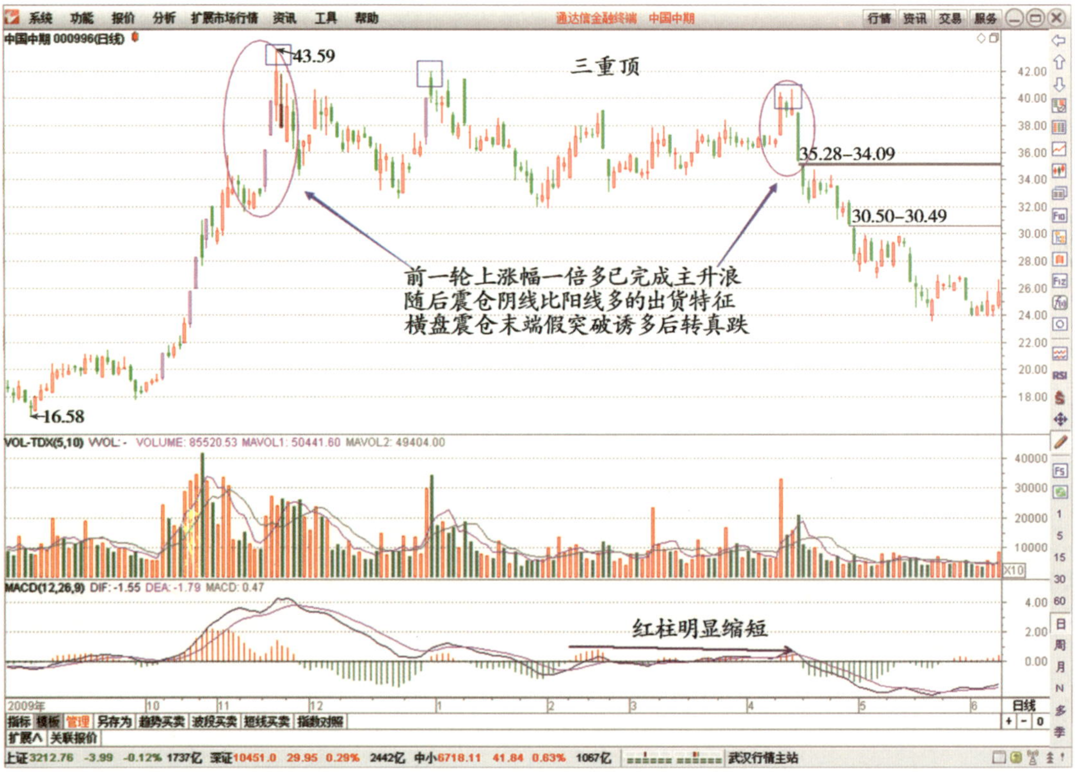

图89　中国中期（000996）2009年10月~2011年5月的日K线图

【图形解释】

图89重点所示的是中国中期（000996）2009年11月～2010年4月的走势图。图中最高价一轮强势上涨属于典型的主升浪，众所周知在个股高位出现主升浪之后要么洗盘、要么就是主力出货，总之在此之后都不宜稳妥操作，只有观察如何修整？如图中的阴线居多且成交量伴随放大，特别是在震荡中第二次探顶时放出巨量阴线，震荡末期再放巨量假突破。

【图解启示】

高位出货以震仓手法完成具有两种原因和特征：

1. 受短期热点利好刺激，上涨较急，主力必须速战速决，所以在阶段高位采取剧烈震仓，节奏较快、幅度较大、时间很短。因为炒热点个股都是短线激进型投资者，在操作风格上喜欢追涨杀跌，主力运用这种震仓手法正好让这部分投资者接盘。

2．由于基本面优质，预期成长性良好，使股价在前期涨幅较大、上涨时间较长、主力控盘资金较高的情况下不能在短期全身撤退，主力必须要隐蔽式暗度陈仓。所以，在高位震仓会采取幅度会由大到小、时间较长的方式磨顶。如果该股人气仍然比较旺盛，或者主力想快速撤离，就有可能在震荡收窄时以放量阳线突破的假象重拾升势，骗取场外投资者跟风进场接盘；突破后的阴阳线成交量就是唯一能验证的信号，如图，在假突破时放巨量阳线，随后的阴星线成交量也明显在释放，同时换手率也会比前面要高。

除上述之外类似案例如兰州民百（600738）在2010年5月～2011年10月漫长时期震仓磨顶出货、和顺电气（300141）在2011年8月短期剧烈震仓出货。

本章总结

兵无常势，水无常形，庄家震仓手法层出不穷，可能发生在K线上，也有可能发生在分时图中，还有可能发生在不同阶段位置中。

没有一定技术功底的投资者，或者看不透的投资者，为确保安全，最好是先场外观望。无论如何震仓，其主力意图迟早会表露出来，只需耐心观察一些时间，就能保证资金安全。

在分析判断中首先确定现处阶段位置是属于主力控盘初期或是中期还是接近末期？再观察震仓中的阴阳K线和成交量变化从中得知主力意图，最后在震仓末期重新选择方向时是带攻击性还是带危险性？并且在重选方向后的量价关系是否具有持续发展的预期？

震仓手法从技术表象上看是最繁杂的，只有主力自己才知道自己这样做的意图为何，所以读者在学习研究中一定要多结合不同案例，多反复模拟研究后再投入到实战中。

第六章 主力挖坑手法

证券市场普遍投资者都对主力“挖坑”手法有浓厚的兴趣，假设自己持有的个股正在下跌，投资者可能会想这是主力在挖坑吗？再假设自己在跟踪的个股突然某一天下跌，也许会想这是否在挖坑？是否介入机会临近？但在实战操作中有不少投资者将筹码丢在坑底，也有把出货当作是挖坑而一直埋没在无敌坑里面。那么如何辨别下跌中是否有挖坑的潜力？在什么阶段位置出现最可靠？主力从挖坑到填坑手法中有哪些特征？请详细阅览本章图解。

导读
主力挖坑的目的和特征

主力挖坑的目的

主力“挖坑”手法是很突然的，也是很惊人的，其意图不一定能被明朗看出的，但我们事先要明白主力挖坑目的：

1. 破坏技术：往往主力在进行挖坑时不会以技术支撑为准则的，任何支撑点位都有可能会被击破，目的就是要制造出恐慌的盘面，越恐慌越是主力想要的结果。

2. 逼迫割肉：新手怕急跌，散户的资金仓位和心理更经不起宽幅波动，散户往往会在惊慌失措时被迫割肉，在坑底交出筹码给主力。

3. 惊弓之鸟：真正的洗盘挖坑实为主力惊弓之鸟之行为，做出恶样吓唬散户，但也不能影响到主力的心理保护价，所以很快就会被填坑。

4. 换取空间：如果某一只个股价格偏高，或前期高点阻力较重，此时主力就会进行挖坑打压出低股价，同时换来后市更大的上涨空间。

主力挖坑的特征

是洗盘坑还是出货坑？是银坑还是黄金坑？可从不同的技术图形特征中辨别：

1. 洗盘挖坑：阶段位置具有主力洗盘的需求，在上升通道中或横盘末期突然几天急挫至下轨线上下，成交量未见巨增，探底时以缩量下影线或十字星企稳，次日后再以放量串阳线或大阳线起涨收复。但在前高点坑沿处会有暂且缩量停顿，很快又步入新一轮上涨。

2. 主升挖坑：阶段位置具备主力做主升浪的条件，在主升浪上涨之前为了减轻主力在出货时的散户抛压，往往在拉主升之前会进行一次持续放量阴线急挫，甚至出现跌停板，时间很短，一般在三天左右。但下跌中的成交量不会持续放大，通常为下跌的第一天成交量剧增，次日后立即缩小。在收复时均会以大阳线、跳空涨停板，封涨停板较早，甚至一字涨停启动主升浪。总之，在符合主升浪条件时出现过挖坑并以涨停板起涨的主升浪是很强悍的，一般上涨幅度会超过30%以上。

3．挖白银坑：在上行趋势中个股顺应大盘而回调，但提前于大盘企稳回升，重返上行趋势轨道线之上，各大技术指示没有被完全破坏，简单地说，即是“小坑小涨”。

4．挖黄金坑：一方面冷门股长期躺在地板上，当主力计划操控时会先打压后建仓做多，有时还会利用利空消化配合压低股价建仓，在建仓拉高之后再以利好消息掩护出货；这类型的个股在填坑时主力会以持续3个左右的涨停板起涨，将建仓筹码埋伏在深坑里，主力控盘量越大，该股牛性也就越强。另一方面是在主力心理保护价或成本价之上横盘蓄势已久，一直在谋略如何做大上涨空间并能顺利脱身，这种类型在填坑时一般会串阳稳步上涨，因为只有通过缓慢节奏上涨才能有更大的发展空间，但成交量会逐步温和放大，直到巨量出现后见顶。总之，大坑大涨、涨停起步均属于黄金坑。

5．坑底构造：挖坑时是单边急挫这是不言而喻，但是否具有填坑的潜力？那要看是如何构造坑底。一般常见有两种：一种是V型底，以长下影线止跌企稳，次日大阳线收复下影前一天的大阴线，这种属于激进型的主力在坑底抢筹手法。另一种是短期平台底，在急挫后成交量逐渐缩量直至地量企稳，主力通过平台方式统筹资金，收集筹码蓄势待发，平台中的K线是阳肥阴瘦，时间周期在一周左右，不宜太长（如果太长时间，说明主力填坑做多的预期减弱）。

6．出货挖坑：主力在出货时挖坑不是埋自己的筹码，而是埋散户的筹码。通常在高位阶段时，先放量阴线下跌，甚至跳空缺口下跌后平台企稳，但平台中阳线较弱、平台时间较短，随后以狮子大开口的假象放巨量突破拉高，或是涨停板频繁打开，因为在此可以让更多散户跟风接盘，在起涨之后上涨趋势难以持续，形成高位平台整理掩护主力出货。个股案例如南宁百货（600712）在2011年8月的走势。

以下笔者只讲述在平常操作性较强的“挖坑”案例图解。

第一节 主跌浪挖坑

在一轮中级调整行情中一般可略分为：A浪急跌大机构出货，B浪反弹中小机构出货，C浪阴跌散户出货。在C浪之后会有技术修整的企稳或反弹，可促使在A浪和B浪卖出的投资者在此抄底。但好景不长，主力不可能与散户一并抄底的，所以还有最后一浪下跌，也可称为“主跌浪”（与上涨中的主升浪概念一样）。

手法目的：

主力可以将前面企稳中抄底的散户全部给套住，导致第四浪主跌中忍痛割肉且大部分投资者再也不敢抄底。此时的“挖坑”就是主力在下跌中建仓埋筹在坑底。简言之，在下跌至底部时往往还会有最后一跌。

主跌浪挖坑案例图解

【图形解释】

图90所示的是从2008年10月28日最低价1.99元至图中最高价9.29元，涨幅近5倍，一轮大级别的调整理所当然，虽然股价接近腰折，修整时间较长，但主力仍然按照中级调整手法进行操控，而不是弃之不理，说明主力还看好其后期的潜力。另外，如MACD在0轴之下形成二次金叉后，一般为中级调整结束的前瞻信号。

【图解启示】

按照“波浪理论”中的解释是上涨三浪，中途回调两浪，共五浪完成，相反，在见顶时以A浪转势下跌，B浪反弹，C浪延续下跌。其实，在成熟市场中具有规律性的下跌也为五浪，其中三浪下跌和两浪反弹完成。也就是在ABC浪加上两浪如筑假底诱多和最后一跌的主跌浪完成。随之也有可能迎来新的一轮波浪上涨，如上证指数在2010年11月11日3186点后出现三浪下跌两浪反弹历时53个交易日在下跌最低点位是2011年1月25日2661点，至2011年4月18日最高点位3067点，同样是以三浪上

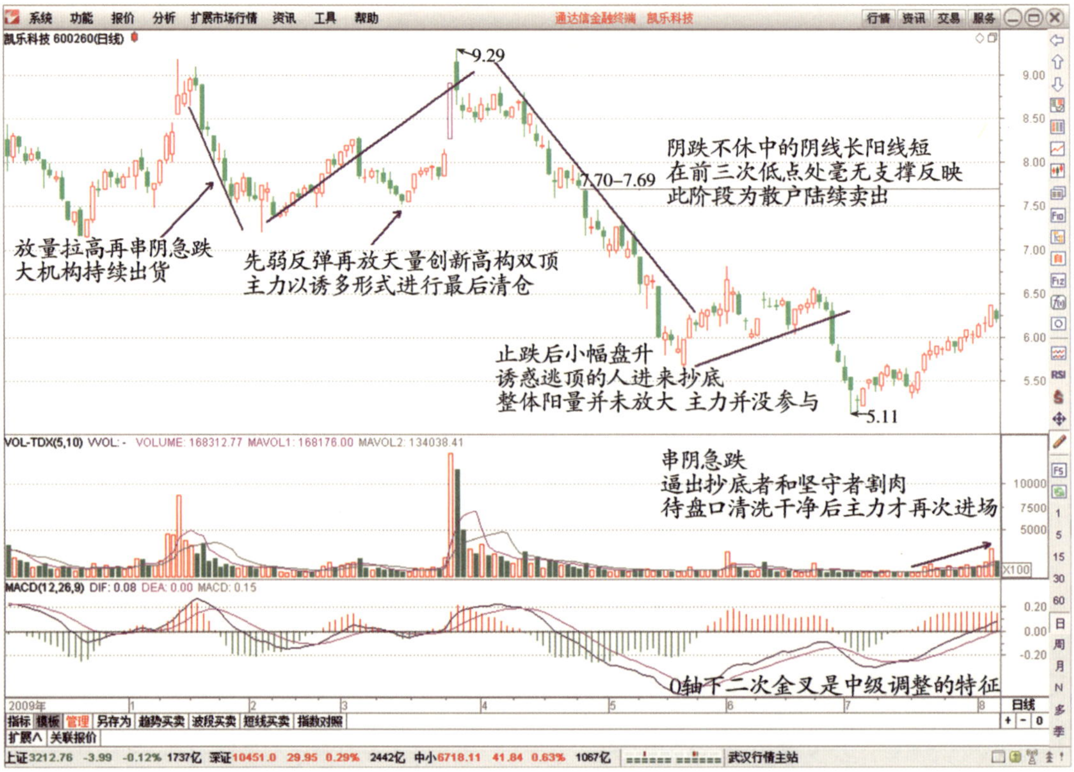

图90　凯乐科技（600260）2010年1~7月的日K线图

涨二浪回调并历时53个交易日，这就是A股近年来逐步成熟的技术波浪规律特征。

无论是上涨还是下跌中出现规律性的波浪形态，都可以充分说明市场健康，技术成熟，主力手法按规行事，同时也能体现出主力控盘稳定，有章有序，散户投资者有规可循，操作上也易于把控。实战操作中要特别注意第四浪，上涨中第四浪很有可能会诱空疑似出货，例如以震仓洗盘或横盘修整而蓄势主升浪；下跌中第四浪也很有可能会诱多疑似筑底，诱惑前期空仓者主动抄底，试想一下散户抄在主力的前面，其结果是何等惨淡，主力要抄底就必须使市场上大部分散户投资者被套或打击其信心至绝望，在最后一跌的挖坑主跌浪期间散户投资者却有心无力，此时正是主力抄底扫便宜货的好时机。

第二节 上涨洗盘挖坑

在上涨通道中，无论是受大盘或消息影响，或是没有任何市场影响的情况下，突然急转直下跌至下轨线左右，甚至用1～2个跌停板完成，但下跌时间一般不会超过一周就企稳且快速回升，再次重返5日线之上运行。

手法目的

1. 让市场猜疑重重：突然袭击让场内外的投资者措手不及，在这急挫现象产生出种种猜疑，会不会是某方面出利空了？还是主力在出货？还是主力在挖坑洗盘？在猜测和担心时便按捺不住地抛出股票，最终达成主力洗盘的目的。

2. 缩短洗盘时间：洗盘时间或长或短，短则一天长则一个月以上，不同的主力、不同的股性、不同的预期目标洗盘时间长短也就不同。一般而言，洗盘时间太短，可能达不到效果，洗盘时间太长，主力会担心未来的市场环境变化，所以一般洗盘时间为一周至一个月左右较为常见。那么，在一周左右便完成挖坑洗盘说明主力很激进，个股股性表现为强劲，缩短洗盘时间的目的是想早日达到预期价位。

上涨洗盘挖坑案例图解

【图形解释】

图91重点所示的是远大控股（000626）2～7月的走势。从图中的最低价7.14元一路稳步攀升，主力在小阴小阳中逐渐吸筹，在建仓完成后洗盘收尾时大阴线挖坑急挫，多头图形即将破坏时却受到前建仓成本区的支撑，探底当日以光脚地量小阳线企稳，次日以温和放量的跳空大阳线起涨。第二次挖坑洗盘时间上明显较短，振幅也明显急剧，支撑点位强力保护，说明主力迫不及待地缩短洗盘时间，并加快上涨速度，以尽早完成预期目标。最高价15.4元，其间涨幅正好翻倍，符合一般主力的基本目标，所以一轮上涨中当股价翻倍左右时一定要当心，既是主力继续做多，在此

图91　远大控股（000626）2010年1~8月的日K线图

区域也难免会有一次漫长的洗盘现象。

【图解启示】

1. 图91在上升趋势中出现两次挖坑式洗盘，符合标准的波浪特征。但这仅是个特例，还有很多没有明朗的波浪图形，只是在上升趋势中出现深浅不一的大小坑，在分析判断中多观察重要的技术支撑位及心理保护位是否能守住，破坏一点不要紧，但必须要尽快收复，例如，图中的EXPMA趋势线并没有死叉反而形成“蜻蜓点水”重拾升势。

2. 图91在建仓末期以两个涨停板放量上攻，目的是能进入涨幅榜引人注目，为自己做一张漂亮的广告图形，在提高人气时才便于主力后期的操控。试想一下，主力花两个月时间进行耐心地吸筹建仓，想这两个涨停板就完成主升并顺利出货是不可能的，所以类似现象可密切跟踪主力在洗盘中的低吸机会。

第三节 横盘末期挖坑

横盘时间很长，主力在准备做多时一般都会采取先挖坑，下跌后填坑上涨的手法，所以往往在横盘之后出现下跌并破箱体下轨，都值得跟踪观察，若在箱体下轨处出现地量企稳现象，则后期该股的潜力最大。如果是在横盘之后先放量突破则要提防是否是假突破。

手法目的

1. 清洗长期横盘中持股的老庄和老散户，在清除这些一直坚守的筹码后，对主力在后市上涨中发展更顺利。

2. 将短线投资者扫损出局，一般技术派投资者在买进横盘中的个股时，都会将止损位设在箱体下轨处，一旦破位就会止损出局。往往主力就借此思维而故意击破下轨，将这部分投资者扫损出局。主力在填坑时通常会以中大阳线拉高股价，目的是让被清洗出来的投资者在重新买回时抬高成本价。

横盘末期挖坑案例图解

【图形解释】

图92重点所示的是金新好（000007）2011年6～12月的走势。该股横盘时间长达半年之久，加上市场对该股基本面存有预期利好，在横盘中难免会招引一些投机性的浮筹，当时机成熟时主力决定做多拉升之前必然会先清理出这些不稳定性的浮筹。横盘时间越长，关注的人就越多，跟进的浮筹也随之增多，在挖坑打压时会更急更深。

【图解启示】

把该股日K线图形缩小来看，是一只慢牛股，公司曾有更名，从前期慢牛特征可以预知基本面一定有埋伏重大利好。并且能在高位阶段长期横盘，说明主力还没有

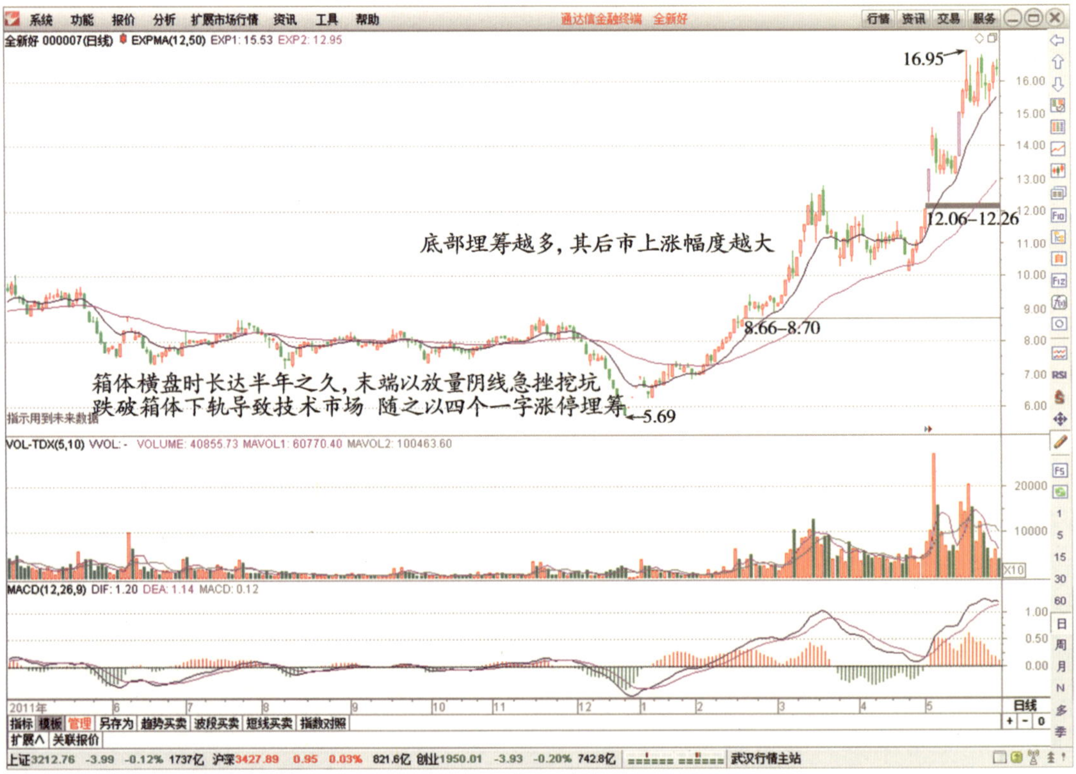

图92 全新好（000007）2011年5月~2012年5月的日K线图

完全出货，也不想尽早出货，而是在等待机会成熟，所以才有图中的经典案例。

本章总结

1．挖坑不要紧，只要能填坑。无论主力在任何位置并任意挖坑，只要能快速埋筹填坑，都值得我们进一步跟踪等待机会。填坑埋筹越多，涨幅越强势，例如持续几连涨停埋筹在黄金坑底，这对于后市上涨幅度会非常有利。

2．大坑小坑遍地具有，是陷阱还是黄金坑？在下跌初期如何确定是主力在挖坑埋筹还是挖坑设陷阱？可从三方面做大概的判断：一是认清现阶段位置以及主力成本保护区，认清阶段位置时与主力换位思考得知主力的需求和意图；认清主力建仓成本保护区域时，不管主力用什么手法，只要在保护区域之上都不要紧，反而我们可以趁机低吸介入。二是大趋势要界定清楚，在上升通道怎么挖坑打压就当是一部小插曲，不必惊慌失措；如果是在下降趋势中急挫打压极有可能是再下一层，进入新的一轮下跌，若盲目杀跌抄底则风险较大。三是远离主力成本之上的高位区域内挖坑后再假象放量填坑极有可能是陷阱，故弄玄虚摆出诱人的图形引散户接盘。

3．谋略已久，舍子套狼。举例说，当主力挖掘出某一只股具有潜在利好，但是当前的股价偏高不宜就此建仓，此时主力便会采取舍子套狼的手法，先建仓小部分，用来砸盘所用，硬把股价砸出大坑再进行大量建仓，这样主力在后期的控盘中可减轻高价格的压力。技术特征是：在短期内成交量突然放大，股价随之拉高，类似主力建仓行为，但未能持续；反而在随后产生跳水式地下跌，此时只要所处阶段位置不高，前期半年以上没有出现过大幅炒作，说明现在符合新主力的目标，便值得我们进一步观察；观察在填坑中是如何埋筹的，来判断该股后期的爆发性有多高。

4．主力挖坑很残酷，买在坑后更安全。能买在坑底的人很少，主力也不会让你轻易的买在坑底，如果坑很明显，坑底构造时间充分，大家都能轻易抄在坑底，那这不是黄金坑而是主力设下的陷阱。主力真正要为自己挖坑埋筹的一般是不会给市场太多机会的，所以散户投资者在挖坑时买进很危险，坑底时很少有机会并且也担心是否为下跌中继，能买在坑底还担心主力会再次扫地出门。因此，非精练技术派买在坑后起涨时是最为安全的，如果连续涨停没有机会买进，可在填坑后的第一次回踩时低吸。

5．借用MACD指标8日金叉，设定条件选股。例如，笔者的强势股形态选股软件里面就设有“挖坑洗盘”条件选股，设的MACD条件略微放大为死叉后10天内又出现金叉，此时在K线图形上便会出现类似挖坑，可从中筛选出最具潜力的个股进行跟踪。如果主图中的EXPMA趋势线没有死叉反而形成“蜻蜓点水”，或者是死叉后但在短期又快速金叉仍然符合强势特征。

第七章 主力变盘手法

很多人对股市中的“变盘”二字都特别敏感，特别重视，也特别担忧。政策变脸信号和行业周期信号以及宏观调控周期这些可以从权威人士或媒体言语中获知，但技术上“变盘信号”是属于主力手法所为，也是我们最常见的，每当出现一次“变盘信号”后不是大赚就是大赔，那么要如何减少大赔的风险而捕捉大赚的机会呢？投资者往往可以利用技术上的“变盘信号”抓住强势股，此时也正是买入信号，请认真阅览以下分类案例讲解吧。

导读

主力做变盘的目的

技术图形上的“变盘信号”体现了主力心理以及行为上的一种趋势转变计划，先“谋”后“动”，一般只有在特殊情况下受市场突发消息影响才被动变盘。例如，主力在前一阶段执行的计划已完，接下来将转为下一计划的执行，或者受市场突变指引下，中间就产生了变盘信号。

第一节 认识变盘区域

既然“变盘信号”尤其重要，我们在技术分析中确立是否将产生变盘的可能之前，就首先要确认是否处在变盘区域，如果是处在变盘区域且出现了变盘信号，那么这种变盘信号成立的可能性就较大，同时也可从变盘区域里面初步分析预期变盘的方向。

1. 观望区域：是指行情走出停顿现象，在任何阶段位置都有可能出现。主力观望政策向导、静待公司消息发布、观察散户态度，而散户也在观望市场变化、观察主力动向、静待事态进一步明朗化。因此，出现了盘面僵持的状态。此时，技术面上交投冷清，股价随市波动，早盘竞价交易几乎为零。此后，一旦有风吹草动，便将走出方向性突破。

2. 蓄势区域：是指主力经过一段时间的蓄势整理现象，这可分为蓄势上涨和蓄势下跌。前者是在涨幅不高的位置出现，并且在蓄势中有吸筹现象；后者是在涨幅已高的位置出现，并且在蓄势中有抛压的现象。为了不引起市场投资者的注意，而采用精心潜伏或暗度陈仓的手法，当时机成熟时主力的意图必将浮出水面。

3. 争夺区域：是指主力与主力之间或主力与散户之间的一种多空争夺之后，产生的变盘信号，并由胜方选择方向。技术图形上会出现星线，如十字星和上下影线，但持续时间不会太长，在此期间的成交比较密集，上下拉锯频繁，成交量和换手较大。

4. 中继区域：是指在上涨趋势和下跌趋势经过一段时间的调整后暂时性止涨或止跌的缩量阶段，在急拉和急跌之后可让技术面得到修正的表象，但随后又会继续顺原方向延续。此时主力还可缓和散户的情绪，让散户处在静观状态，随后再使散户措手不及。

5. 顶底区域：是指主力在低位建仓区域和高位出货区域而反映出来的变盘信号。前者是地量星线止跌企稳即将回升，后者是放量星线冲高回落即将转势，两者区别就在于低高两位置和成交量的变化。

以下为图形组合样例，列出即将多空变盘的区域位置，仅供参考学习。至于有关见顶出货的技术特征变盘信号图解请见后面第十章“主力出货手法”。

多头变盘转势信号图

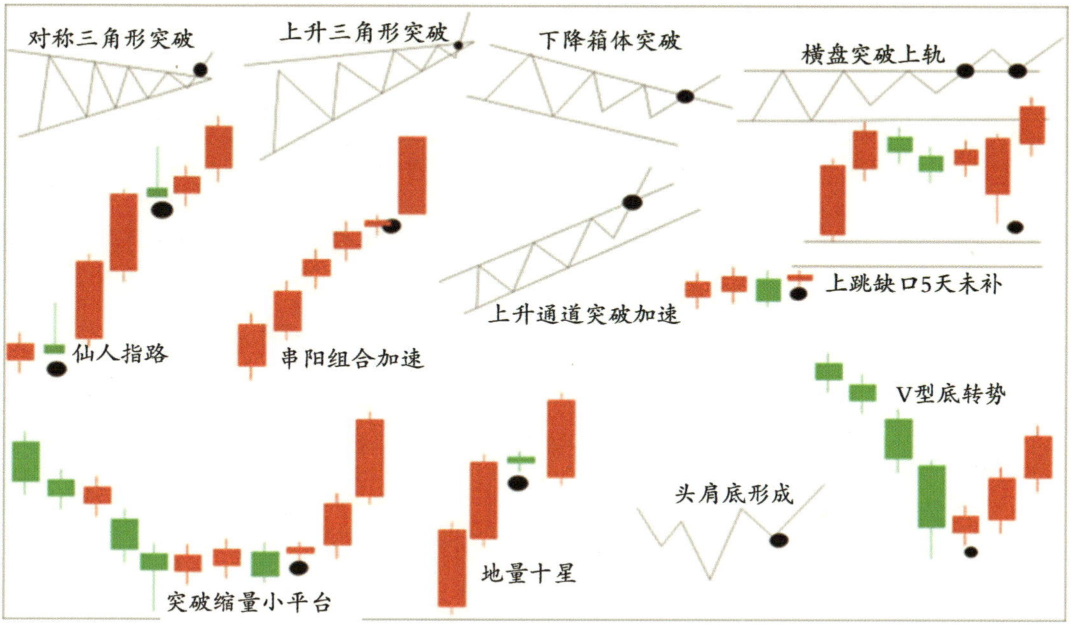

图93 常见的K线图形向上变盘点

【图解启示】

图93中的黑点标记处为即将变盘区域。能否确定为多头预期信号要从变盘区域之前的组合图形分析中才能得知。在出现此变盘信号时可以少量试探性买进，待次日早盘前60分钟温和放量阳线突破时可增仓参与，这也是最安全的起涨买入信号。如果将这些案例图样牢记在心，往往会抓获大牛股以及短线强势股，从而赚取丰厚的盈利。

空头变盘转势信号图

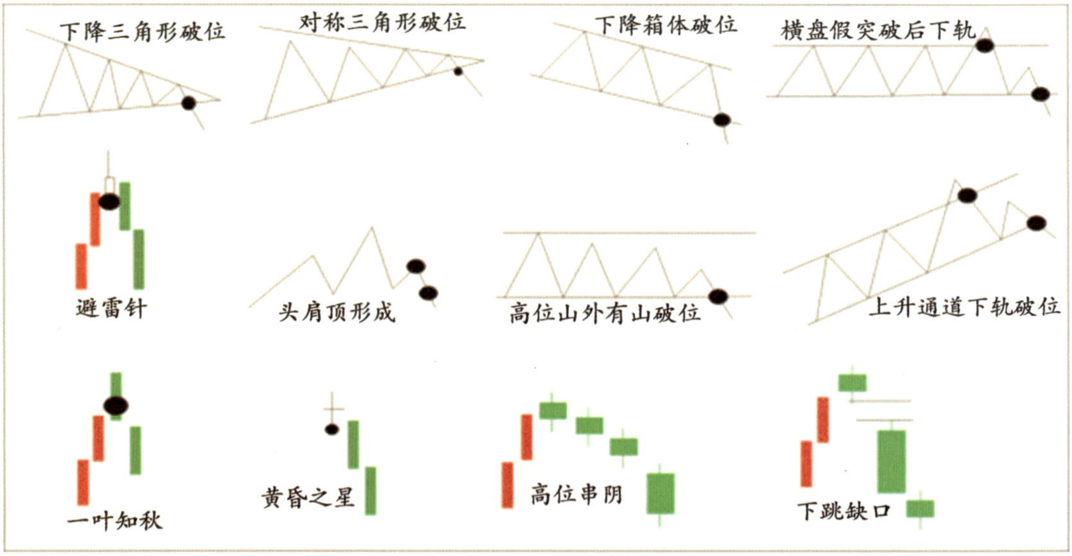

图94　常见的K线图形向下变盘点

【图解启示】

图94中的黑点标记处为即将变盘区域。能否确定为空头预期信号要从变盘区域之前的组合图形分析中才能得知。对于稳健型投资者、技术高手派先知者来讲，可以在这些危险组合图形还没有完全形成时，就应有一种预想假设并采取相应的措施和做好心理准备。如果是后知者，当图中的标记点变盘信号出现时就应立即做出风险控制的行动，无论仓位轻重、盈利或亏损，此时都要果断进行风险控制，因为买入信号可能会有数次，但卖出信号往往就只有一两次，一旦错过将追悔莫及。即使是在图形破坏后短期又快速修复并且回升的安全位置再买回，都比不控制风险任由其随趋势震荡要强得多。如此在操作原则中起码有一种风险控制的意识，在往后才不会引起较大的损失。

第二节
上下影变盘法

上影线和下影线对大多数的投资者来说并不陌生，并且我也在前面“主力试盘手法”中已描述，那么将上影线和下影线结成组合即为“上下影线”，这种变盘信号预期就更加强烈。

“上下影线”又称搓揉线，是指前一根是上影线（倒T字线）后一根是下影线（T字线）的K线组合图形，必须是先上影后下影。通常而言，这是主力在经过上下试盘之后而选择的方向性突破，往往是调整结束、探底回升、蓄势完毕后的变盘信号，此为多头的信号。只有少许情况下会由做多计划转为做空计划，原因或许是主力经过上下试盘后不能即时做多而失败，或因受当前大势所困而影响了主力的做多计划。

上下影线组合从性质上分析判断如下

1. 冲高回落的上影线可理解为主力在试探性拉升，看跟风筹多不多，其次是试探上方的阻力抛压大不大，或者直接诱多。这是上下影线组合的上影单根K线的分析意义。

2. 走低回升的下影线可理解为主力在试探是否有浮筹流出，其次是试探下方的支撑力度，或者直接诱空和试探下方有没有抢筹现象出现。这是上下影线组合的下影单根K线的分析意义。

3. 将这两根上下影线组合在一起，可充分说明有主力在控盘，即将产生变盘的意图。

4. 如果是在低位阶段出现很有可能会变盘向上，如果是在洗盘调整后出现说明变盘拉升在即，如果是在高位出现有可能会是出货或随之假拉升的诱多后再出货。

5. 无论在什么位置出现，看涨潜力最大的是上影线冲高后缩量回落，下影线下跌后放量回升。常见的是上影放量但不是巨量，下影同比稍微缩量，且有两根线都是地量，这种情况下预期看涨的可能性要高一些。

6．无论在什么位置出现，预期看跌的是上影线放巨量，下影线明显缩量，甚至下影线当天低开缺口未补，以及两根线上下拉据较大。从影线长短上来讲并不重要，有长有短。关键是这两根线的上下影线长度很接近，甚至留下的实体线也很似，这样可以体现出主力控盘有序。如果两根线的影线长度很短，这在分析意义上就不太大，一般两根线的影线要长于实体的两倍以上。

7．从上下影的阴阳线上来讲要求并不高，最好上影是阴线，下影是阳线则看涨潜力要大一些，当然有时可能会是假阴阳线、星线，可结合其他条件进行综合分析。

8．如果是在低位阶段上涨10%左右时出现上下影线，说明主力刚建仓进场，就出现上下试盘的手法，那么接下来必会有所作为，并值得加强跟踪。

9．在上下影变盘信号出现后，随后三日走势极为关键，是判断方向是否会顺延的时间。如果次日收放量阳线则为看多信号；如果次日收阴线或星线但是明显缩量就继续等待方向明朗，有时会暂且停顿1～3天再突破；如果是次日收放量阴线则为做空信号，但是只要不是放巨量也有可能随之立即缩小成交量并且在1～3天后重拾升势，图形中便出现一个小坑。

10．对技术分析功底较深的投资者可以在尾盘前10分钟进行选股，往往可以运用这种变盘信号抓获强股，但有时因大盘也走出上下影线，同时出现类似图形的个股较多，所以在判断上还需要进行综合分析。

探底回升前的上下影变盘信号案例图解

【图形解释】

图95重点所示的是2012年1月6日2132点时的上下影线组合走势。先看前一段走势中间隔出现三次下影阳线探低回升，目的就是试探市场的反映，是否有抢筹现象等，说明此时已有大机构在活动热身了。随之出现的上下影线为前阴后阳，这只是一个探底信号传递，是否就此反弹或反转向上？次日后的起涨信号至关重要，如图，在次日后持续两根大阳线抢筹回升。二次探底回踩确认支撑时，其跌幅不大，成交量明显缩小为地量变盘信号，紧接着又是一根大阳线起涨，因此才走出一轮漂亮的上升行情。

【图解启示】

变盘信号后的起涨信号最为重要，在调整见底后的二次回踩探底寻支撑力度也很重要，这将关系到后市上涨的空间幅度。如果在上下影线之后没有出现起涨信号

图95 上证指数2011年11月~2012年2月的日K线图

那就必须要保持谨慎；再如果没有出现二次探底而是直接拉出V型底的行情难以延续太久，因为拉之过急；如果有二次探底并获得支撑的现象在后市能延续上涨的时间和空间都会放大。

例如，平高电气（600312）在2011年9月26～27日的缩量上下影小星线，次日变盘高开缺口启动一轮上涨行情。鼎龙股份（300054）在2012年2月9～10日的上下影的影线长度一致，并且上影收光脚下影收光头，其上影是主力在拉升之前试探前高点的阻力情况。

调整结束前的上下影变盘信号案例图解

图96　招商轮船（601872）2011年11月~2012年6月的日K线图

【图形解释】

图96重点所示的是招商轮船（601872）2012年2月10日和13日的上下影线。图中的低点是长达两年半时间下跌后的低点，随着大盘见底时该股也引起了大机构的重视，图中大阳线涨停板必是主力所为，由于盘子较大的明星股必然会有不少老庄，所以在拉高次日冲高放巨量回落。在此后进行短期缩量平台修整，末期出现上下影线变盘信号，虽然次日没有突破，但收出高位地量十字星线，这种信号对变盘预期看涨会更加强烈。

【图解启示】

主力建仓后进行洗盘整理的手法有多种，也体现出不同样的图形特征，所以上下影线对洗盘调整的图形没有要求，只要是在洗盘的特征图形后出现上下影线都可说明洗盘结束即将上升。于是，笔者将上下影条件选股编入软件中，选出来的上下影线个股中如有处在洗盘阶段的都会重点关注，因为这种盘面能确定有主力在里面控盘，因此，洗盘过后的变盘为最佳的买入信号区域。很多投资者不懂得技术分析以及K线形态性质，往往在上涨或调整之后不能及时发现重要的变盘信号，这将直接导致操作上的失败。例如，图中有巨量阴线出现在拉高之后，这样的情况太突然，对投资者心理有一定的影响，所以短期必会有修复的过程，如果次日后没有横盘修复并继续放量直接下跌，可断定是在出货。

又如，海泰发展（600082）在2012年3月28～29日的上影阳线和下影阴线组合，次日收阴星线但是地量，紧接着小串阳回升直至放量大阳线，一轮上涨高达40%。

箱体末期时的上下影线变盘信号案例图解

图97　中体产业（600158）2011年8~11月的日K线图

【图形解释】

图97重点所示的是中体产业（600158）10月19～20日的上下影线。在图中的低

点5.13元（捂要上）盘面语之后就此回升，并且在箱体横盘中上涨放量回踩缩量，这两大信号特征是表示有主力在吸筹。在横盘末期收出的阴线均以缩量为主，说明主力惜售，紧接着就走出上下影线，其上影线突破前两个月的上轨，下影线未破前低点就获得支撑，其意图是突然拉升。

【图解启示】

对于中小机构在建仓期一般在一两个月内进行收集筹码，一旦收集到位，必然会快速拉高股价远离成本区以防止市场波动。如上图所示，在低点逐个上移的箱体时长刚好两个月，此时也为变盘区域，且在变盘区域里面又出现变盘信号，可想而知接下来的走势会怎么样？另外也可从主力在建仓中的手法观察出所收集的筹码量，以及对预期是否强烈看涨。上图在收集筹码时是低点上移、小阴小阳耐心吸筹、阳线放量阴线缩量说明一边在吸筹一边在锁筹，如此一旦变盘突破后必将会强势上涨。

除此之外还有宝德股份（300023）在2011年11月3日～4日也是在主力箱体吸筹末期出现上下影线，变盘后就放量拉出主升浪。

最后，我们不妨假设想象一下，将上下影或下上影两根K线合为一根K线，岂不是大十字星K线吗？既然是大十字星K线说明多空在强烈争夺，也表现出有主力在异动，在争夺后必然会选出一个方向。所以，随后是收阳还是收阴？是重心上移还是重心下移？影线部分修复情况是否完成三分之二或完全修复？这三者都将决定最终的趋向。

第三节 十字星变盘法

“十字星”在股票技术中最为常见，可分为小十字星、大十字星、长下影十字星、长上影十字星、T型光头十字星、倒T型光脚十字星和一字线七类，还存在不同成交量能的变化，这些不同类型的分解在《做精一张图（彩图版）》一书中已描述，在各种案例图解中均带有“十字星”的点评，也包括双星或多星并列的变盘信号，所以在此就不必重复附上图解。总之，“十字星”变盘信号只是一个问号，其实答案已在十字星之前的K线组合中隐藏。所以，在平时多看多学多研究不同的形态组合，当出现十字星线时就是你要做出两手准备的时候。特别是大十字星（上下影线都较长）之后几日内必将会变盘选择方向，一定要引起重视。

第四节 兄弟线变盘法

“兄弟线”是由两根K线组成，两天的开盘价和收盘价以及最高价和最低价都非常接近，有时仅差几分钱，而形成的两根K线大致同样称为兄弟线。一般较为少见且鲜为人知，所以笔者特此举出图解。这两根K线可以是同时阳线也可以是同时阴线，往往也是一种变盘信号。这是主力在预先计划范围内整理筹码而产生即将变盘的信号。比如说，主力在今天要买进或卖出500万，明天还是买进或卖出500万的资金，这两天买进或卖出的资金一样、手法也一样，所以在图形上走势也一样。有时也有可能是主力特意做出这种变盘信号，传递给市场，引起大家的注意，以便提升人气关注量。

兄弟线转多信号案例图解

【图形解释】

图98重点所示的是鹏博士（600804）6月4日和7日收出兄弟连阳组合K线。在此之前一个月时间急挫至股价接近腰折，企稳后可以试想会有其他主力进行抄底做反弹，或者之前没出完货的老庄进行自救。6月4日的开盘价8.92元、最高价9.16元、最低价8.86元、收盘价9.11元；下一个交易日6月6日的开盘价8.88元、最高价9.13元、最低价8.80元、收盘价9.04元。可见这两天的开盘价和收盘价，以及最高价和最低价都比较接近，仅差几分钱，次日的成交量还有所放大，这使变盘看涨的信号增强，因此在兄弟连阳的次日就出现了高开变盘并收光头光脚的涨停板。

【图解启示】

兄弟连阳K线组合的特征和分析技巧：

1. 这两根K线的涨幅一般不会超过3%，成交量均为缩量。
2. 这两根K线的开盘价和收盘价以及最高价和最低价都比较接近且同为阳线才

图98　鹏博士（600804）2010年5~10月的日K线图

为兄弟阳线。

3．出现位置往往会在整理走势中，但有时这两根K线价格和成交量相差太大，或频繁出现星线需要结合其他技术条件分析。此图中出现的位置较好，是在二次探底企稳时，所以预期变盘看涨信号要强烈一些。

4．这种技术特征变盘信号一般为短期有效，除非是在大跌之后的底位出现才有望变盘走出大波段上涨行情。

兄弟线转空信号案例图解

【图形解释】

图99重点所示的是南方轴承（002553）12月9日和12日的兄弟连阴组合K线。9日的开盘价19.39元、最高价19.49元、最低价19.12元、收盘价19.29元；12日的开盘价19.33元、最高价19.44元、最低价18.90元、收盘价19.14元。先从阶段位置来分析，前面曾出现过放堆量的阳线拉高，后又出现放堆量的阴线见顶回落，在下跌中继平台中出现这两根兄弟连阴组合，次日变盘急挫至跌停板，整个波段下跌幅度达30%。

图99　南方轴承（002553）2011年10~12月的日K线图

【图解启示】

兄弟连阴K线组合的特征和分析技巧：

1．这两根K线的跌幅一般不会超过3%，成交量均为缩量。

2．这两根K线的开盘价和收盘价以及最高价和最低价都比较接近且同为阴线才为兄弟阴线。

3．出现位置往往会在整理走势中，但有时这两根K线价格和成交量相差太大，或频繁出现星线需要结合其他技术条件分析。而此图中出现的位置在下跌中继平台中，所以预期变盘看跌信号要强烈一些。

4．这种技术特征变盘信号如果是在下降趋势中出现，一般为下跌危险信号，除非是出现在上涨趋势通道中如此缩量回踩方可看涨。

下跌后的企稳平台和下跌中继平台的分辨技巧

1．企稳平台会大阳线突破，下跌中继平台会大阴线跌破。

2．企稳平台会挑战新高，下跌中继平台会寻前低支撑。

3. 企稳平台会阳肥阴瘦，下跌中继平台会阴肥阳瘦。

4. 企稳平台30分钟阳线较为突出，下跌中继平台30分钟阴线较为突出。

5. 企稳平台会先缩量再到地量然后放量起涨，下跌中继平台会先缩量后再放量下跌。

6. 企稳平台的资金线会在平台中上移，下跌中继平台的资金线在平台中没有明显上移或下移。

7. 时间窗口变盘、下跌后短期平台变盘、技术及指标强弱转换变盘，这些都有可能出现在这个位置。

8. 关注量能变化、关注盘中容易出现变盘的时间段、关注方向性选择、关注奇迹是否出现，关注的同时应做好两手准备。

9. 从阶段位置区分中继平台的上下振幅，如建仓区域、底部起涨后、洗盘起涨后的上涨中继平台振幅一般较窄，当股价涨幅较高时的振幅一般较宽，相反向下也如此。

10. 从阶段位置区分中继平台的长短，如底部区域和起涨后的中途平台一般短，高位区域平台一般较长，相反向下也如此。

第五节 三角形变盘法

“三角形”变盘信号是指三根十字星形K线组成向上或向下的三角形形态。向上的三角形是指一根K线在上方，另两根K线在其下方一左一右；向下的三角形是指一根K线在下方，另两根K线在其上方一左一右。这是主力在选择方向之前进行的一次震仓现象，同时也能起到迷惑投资者对方向性判断的作用。在实战分析中，向上的三角形并非看跌，向下的三角形也并非看涨，因为这是主力做盘的一种障眼法。所以，在运用当中比较难以准确把握，只能知道该信号是属于一种变盘信号，接下来就应密切观察方向。

三角形变盘信号案例图解

【图形解释】

图100重点所示的是乐凯胶片（600135）6～7月的三角形走势。此图形比较经典也比较罕见，在大三角形中的三支角处又出现三个不同的小三角形，并且都产生不同的变盘方向。特别前两次在三角形次日变盘时都以大阴线和大阳线的加剧信号出现，此变盘信号非常明显。该股被笔者跟踪时也正是在王亚伟持股中，这样的底部特征出现后上涨幅度达到翻倍，或许这是他的新玩法？

【图解启示】

这种三角形变盘分为正向三角形或倒三角形，主力的目的往往是为了做出骗线诱空和诱多，例如图中在底位时出现正向三角形，理应看空实为做多。三角形组合是属于主力震仓手法中的一种，或许是为了调仓、打压洗盘、上下试盘。总之，要密切关注次日是起涨还是转跌来进一步确认方向，再做出相应的操作决定。

类似的还有钱江水利（600283）在2011年7月28日后的两根T字线和中间一根倒T字线组成的三角形变盘信号，随后两组串阳组合变盘上涨。还有国海证券

图100　乐凯胶片（600135）2010年5~10月的日K线图

（000750）在2012年3月27日、28日、29日也收出三角形变盘信号，次日平开后一路走高至尾盘封涨停板。

第六节
神奇数变盘法

“神奇数字”是指股价在某一天的开盘价、收盘价和最低价、最高价出现的股价为吉利数字，例如：顺子号6.78元、7.89元，豹子号8.88元、9.99元，对子号11.11元，情侣号13.14元、15.20元。除此之外，还有谐音如11.33元（要要上上）、15.15元（要捂要捂）、17.17元（要起要起）、18.88元（要发发发）、9.11元（美国“9·11”事件），错觉类的如13.24元（1234）、14.58元（要是我发）等。一系列可联想到的吉利数字和易记的数字，当这样的股价数字展现在盘口和图形上，绝大多数都具有一定的意义。

原因略为三种

1. 主力在控盘中以股价数字作为业内合作伙伴的暗语指示。

2. 主力在控盘中以股价数字给市场投资者发出指示，如果出现在低位目的是吸引人气，如果出现在高位目的是诱多。

3. 如果盘中的最低价或最高价出现吉利数字时是以一张大单完成，随之远离该价位再也没有触及过，这可以充分说明是主力所为。相反，那就是随市波动的散户所为，也就是自然现象或者只是巧合。

4. 出现这些神奇数字后立即查看分时图的随后变化，如瞬间转向则为见成效。

5. 在低位最低价和最高位最高价出现时，都要注意行情就此反转，该加仓或建仓、该减持或清仓都不能忽视。

6. 总之，宁可信其有，也不信其无，但也不能完全信，更不能就此单一定论，一般随后三天内必会露出真相。

“神奇数字”也可称为操盘语言密码。操盘语言密码最早起源于美国，华尔街股市巨头为了使用盘中交易数据对本机构内各分支机构之间的操作或其他机构等市场参与者产生快速沟通暗示的作用，通过更改摩尔密码编码的方式，将之隐藏在股市交易数据当中形成最初的操盘密码。在中国A股市场，在股票的分时图中，探底顶价格、买卖挂单和成交量的数字价格都暗藏玄机，这就被称为各大主力的操盘语言密码。要了解这些密码，必须先知道每个数字所代表的具体含义，笔者数年操盘实战经验总结如下。

一、买卖挂单密码

这些买卖挂单形成的盘口语言，通常都意味着某种约定，由于机构在做盘的时候，出于某种目的不能利用当代通信工具沟通，所以在挂单上打出特殊数字的买卖大单也就成为一种信号，这种信号可能意味着建仓或出货，也意味着警告做多或引诱，下面笔者根据市场资料举一些常见的特殊挂单以及底顶股价或尾数意义，宁可信其有，也不信其无，实战操作中建议最好以实盘方向为准，不要太过于执迷。

111代表“要要要”，如果压在卖单处，那代表该股可能下跌，将还会有更低的卖点出现，如果是压在主动买盘处，那就预示该股可能即将拉升，需要注意的是，如果是在历史高位拉升，波段可能就此结束。

222代表“让让让”，是某一机构暗示单方面行动的表示。

333代表“赚赚赚”或“上上上”，表示即将上涨，无论挂在买盘还是卖盘；另外也代表“闪闪闪”，如果该股在高位，或连续在卖单出现此数字，那可能是机构要出货的一种表示。例如，顺发恒业（000631）在2012年1月6日探底价3.33元后经过两轮上涨至6.40元。

444代表“死死死”，被市场称为恶庄，不是用大单疯狂买进就是疯狂卖出，特别是在挂单上出现4444，代表机构实力极强，不惜成本买货或卖货。例如，沙河股份（000014）在2012年1月6日以探底价4.44元经过两轮上涨至9.87元，在同一天如ST福日（600203）探底价4.44元一轮上涨至6.31元，还有象屿股份（600057）也如此。

555代表“捂捂捂”，预示即将上涨，如果该数字出现在买盘，那表示有人要接盘，如果出现在卖盘，那表明机构还在吸筹阶段，叫其他机构捂住，不要被短期的波动给震出。例如，2011年10月24日的上海新梅（600732），当日以5.55元探底，随后一轮上涨至7.69元。

666代表“溜溜溜”和“留留留”以及“六六大顺”，如果出现在卖单，则可判断是主力要出货的一种暗示，而出现在买单，是一种叫各大机构留住股票的暗示。哈药股票（600664）在2012年4月10日经长下影线探底价为6.66元扭转回升。

777代表“吃吃吃”和“起起起”，表明主力要吃货，手中筹码不够的一种表现，也是多家机构共同买进的信号。例如，长江投资（600119）在2012年1月6日以4.77元中阳探底回升至8.32元的阶段高点。

888代表“发发发”，通常代表发财的意思，出现此密码，代表该股将进入拉升阶段，但是随着近期该密码被市场所熟悉，现在的888多为发货的意思，即主力出货。

999代表“救救救”和“就就就”或“久久久”，一般指某一家机构的现金或筹码用光了，打出该密码，让另外一个合作机构接盘的意思。或者是在9的前后再配上1或8那就是“要就发”“要久发”等。如2011年10月19日的600313ST中农最高价9.99元。再如凯乐科技（600260）在2005年7月18日探底价0.99元、2008年10月28日探底价1.99元、2010年7月2日探底价5.11元、2012年1月6日探底价4.98元，在出现这些财富密码之后都产生一轮超级上涨行情。

168代表“一路发”，一般这种挂单如果出现在低位横盘时，是一种拉升前的征兆，代表一路持有，一路发财。但值得警惕的是，如果该股在高位，可能是主力机构放出的烟雾弹。

158、1558、1588代表“我要发”“要我发”的多种组合，此数字代表机构仍然在建仓，一般在刚开始建仓和建仓进行到一半的过程中发出。

5858代表“捂发捂发”，此种密码出现，代表主力很可能将此股做成长线牛股，出现慢牛的可能性比较高。

123、456、789类似这种三个顺子号连续数字的密码，也值得关注，一般都是个股需要启动的信号。例如，宝钢股份（600019）在2011年12月19日以长下影线探底价4.56元，随后一轮上涨至5.36元。

二、封单密码

可封于涨停或跌停价位处，有时封单量大于流通盘，常见封单密码：79、377、114、244、498、511、234、445、578、979、4774等。

三、成交量密码

此密码多见于深市，沪市较难控制，由于深市交易所最后三分钟14：57～15：00是集合竞价时间，这就使得部分主力能利用这三分钟来制造最后一笔成交量的盘口语言密码。开元控股（000516）2010年4月23日成交量为38447手，外盘3554，内盘34893；同日还有亚星化学（600319）成交量为86080手，外盘28868，内盘57212。类似这种有很多，举不胜举，都各具意义但有的也并非意图。

四、密码编码灵活多变

1. 经典顺码：是由非常吉利的数字或者递增序列与递减序列数字组成的密码，

如58、68、80、88、89、98、108、118或者123、234、456、321、876等。经常在股价下跌末期或三日以上连续下跌末期，或者横盘整理末期成交极度萎缩后出现。经典顺码的出现说明已经有机构介入该股票，暗示合作机构开始进场，或暗示其他非合作机构不要参与以免成为对手盘。经典顺码出现前后，股价往往形成阶段或底部，在机构资金建仓推动下股价开始走高，出现大幅暴涨或爆发连续涨停的行情。例如，啤酒花（600090）在2012年1月6日最低价为6.68元探底，一轮上涨至10元以上。再例如，中国平安（601318）在2010年10月25日最高价66.65元，而在2012年1月9日最低价33.35探底扭转回升。

2．出货汉堡夹码：由两个相同数字中间夹杂其他数字组成，如0870、1210、2982、5383、9000、9009、9999等。经常在股价上涨末期或者三日以上连续上涨末期，或者高位横盘末期成交量极度放大后出现。出货汉堡夹码出现说明已经有机构准备或者开始出货，暗示合作机构开始出货。

五、其他密码

例如，911、12315、10010、120、110、119等，可以联想到的或者是易记的数字都有可能成为主力们的常用暗语密码。

六、不要过于被密码煽惑

操盘有密码，但重要的是投资者不要被密码所煽惑，要形成自己的独立思考习惯和操盘风格，并找到自己的财富密码。炒股过程中如果仅凭操盘密码做判断是不行的，因为密码数字分析是相对难以琢磨的，还需结合技术图形以及量价关系和最终变盘方向所做出的结论为准。对于密码，偶而运用下还是可以的，例如笔者在软件上设置这种选股模式，选股条件是以尾数两位可任意设置参数进行选股。

开盘价神奇数字变盘信号案例图解

【图形解释】

图101所示的是开山股份（300257）在几处关键中出现的神奇数字。前期从41.9元后经过两轮下跌图中的探底价13.33元谐音（要上上上）寓意数字，并且开盘价和最低价都是13.33元的光脚实体阳线，当日成交量没有出现异常现象，属量价齐升。在此数字之后3个月又上涨至32.01元（倒数开始）的寓意探顶转跌。

图101 开山股份（300257）2015年8~12月的日K线图

【图解启示】

出现这样的数字可信可不信，因为有时可能会是自然波动形成，又或许是纯属巧合。但是从此图来看，前期下跌股价已腰折，在此探底也很正常，加上大盘也在同日扭转回升。特别的是分时图中主力留下做盘手法轨迹，在出现这些数字后分时图中的股价线会瞬间发生反转，这一系列的轨迹仅属主力所为，不可能属于巧合。再结合当天的量价关系是齐升，随后持续温和放量的阳线扭转，在二次探底时没有跌破前低点，并立即大阳收复重返升势。

一般出现开盘价和探底价一致并且还是吉利数字极少，因此这种特征出现后看涨的潜力非常大。

最低价神奇数字变盘信号案例图解

图102 济川药业（600566）2011年11月~2012年3月的日K线图

【图形解释】

图102重点所示的是济川药业（600566）2012年1月6日的探底K线。股票代码是600566，且收出的探底价也为5.66元，在分时图中两次触及该价格后就扭头向上回升。在前面暴跌之后出现技术性的反弹，符合技术条件，再加上在此变盘区域里出现这样奇异的数字，难道这不是主力发出的一种暗语信号吗？

【图解启示】

出现神奇数字的股价是处在最低位阶段时，都值得我们的关注。查看分时图走势看是否为主力所为？查看前一周以上走势是否有主力吸筹现象？关注接下来的走势，如次日是否收中大阳线回升？或者后面一周以上的走势是否有主力在建仓？如果技术条件也符合做多，那么一定要珍惜介入的机会，这样的庄股一般是不会弱于大势的。

再例如，国海证券（000750）在2012年1月6日最低价9.89元，次日小幅低开后走高收涨停板，如此强烈的变盘信号确立后，在后市走出大牛股走势也符合预期。

最高价神奇数字变盘信号案例图解

图103　东软集团（600718）2010年7~12月的日K线画

【图形解释】

图103重点所示的是东软集团（600718）在每一次相对的阶段高位都出现不同的吉利数字诱多。一两次出现或许是巧合，但在整个下跌趋势中的每一个高点都频繁出现吉利数字，说明该主力比较常用此手法。

【图解启示】

除了最低位的最低价是吉利数字值得关注外，其他在高位出现最高价的吉利数字都值得回避风险。因为往往买进的机会比卖出的机会要多，一旦出现卖出信号或警示信号后就是一次最佳出货的机会。特别是在高位出现具有顶部特征的K线或组合以及巨量时带有类似这样的数字股价，一定要回避风险。当然，也会有一些特殊的个例，针对个别强势大牛股如国海证券（000750），在2012年2月27日上影线最高价为14.44元，随之就展开了洗盘流程，后市继续上涨。

再例如恒顺醋业（600305），在2012年5月9日最低价12元、开盘价13元、最高价14元，同时伴随巨量出现，随后股价展开了调整。

收盘价神奇数字变盘信号案例图解

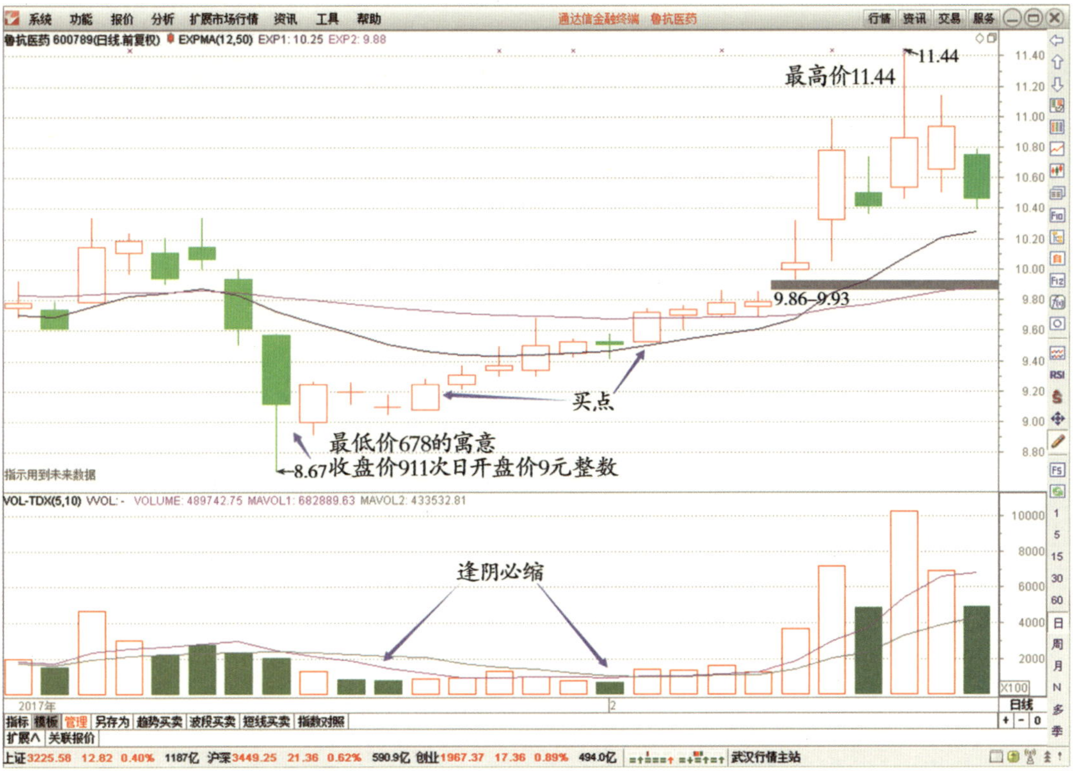

图104　鲁抗医药（600789）2017年1~2月的日K线图

【图形解释】

图104重点所示的是鲁抗医药（600789）最低价和收盘价的神奇数字关系。该股前期2016年9月8日最高价11.68元探顶，回落到图中14：30时间窗口时探出低点8.67元（实为678的寓意），出现此数字后分时图立即收出V字形态，当日仅30分钟时间刚好拉到9.11元（美国“9・11”事件的熟悉数字暗示）为收盘价，次日以9元整数开

盘。随着两颗缩量十星抗拒下跌，其中第一颗十星最低价为9.11元以此为保护。紧接着串阳回升中的阴线地量，再往后接近前高左右时以跳空突破，主力意在攻克阻力以表信心。最后放量拉高收出11.44元的阶段顶部。

【图解启示】

对于大多数股民投资者而言，只方便晚上进行选股，在收盘之后该收盘价9.11元的字样非常显眼，同时可引起更多的人关注而增加人气，也或者是该主力是为了给行业人员发出一种信号。所以，不管是最低价还是最高价以及开盘价和收盘价出现这些奇异的数字股价后，多少都会存在一些意义的，特别是分时图在敏感数字后瞬间反转的，更值得我们加以收藏密切跟踪以及提防。相对来说，并不是出现这样的数字后都会走出牛股，有的也会与大盘同步或短期稍微强势一点，这一方面可以理解为是自然巧合形成，另一方面也可理解为是主力缺乏资金实力而故弄玄虚增加人气的行为。总之，在寻找个股和买点信号时，千万不能单一条件定论，一定是两三个条件信号相辅相成才成立。

第七节
顶底背离变盘法

除了前面讲述的K线图形变盘信号之外，还有一种是涉及指标功能上的顶底背离变盘信号。市场上的股票软件一般都有不同的指标可发现是否已背离，但笔者要讲的不是后知性的，也不是普通的KDJ和CCI指标，而是具有前瞻性且操作性较强的指标。

“顶底背离”是指在短期内经过下跌或上涨之后，从技术上产生一种超卖超买的指标反应。认识到这一点可以机械制地控制追涨杀的习惯，如此可以有效控制整体资金安全。

日均线和MACD线顶底背离案例图解

图105　郑州煤电（600121）2010年4~11月的日K线图

【图形解释】

图105所示的是郑州煤电（600121）随手截取的一波段走势图。该股用日均线背离来讲解很容易理解，简言之就是当股价远离5日线后必然会有回收的要求，如果是放巨量冲高同时5日线也产生顶背离时一定要回避风险，可以逐步锁利减持。其次就是MACD指标的运用法，该指标有几种运用分析技巧，例如：（1）其中的红柱为强势区域，绿柱为弱势区域，金叉变红柱，死叉变绿柱，往往在金叉时买进比较迟缓，在出现死叉时再卖出为时已晚，实际操作意义并不大。（2）MACD线在0轴之上两条线出现“蜻蜓点水”属于波段低吸的强势特征。（3）如图所示，当股价创新低，但MACD线的低点在明显抬高形成背离现象，说明接下来面临反弹的要求，此时可以在背离时逐步买进。相反，在股价不断走高，但MACD线的高点明显下降，说明上涨之后面临回调的要求，此时应该及时锁利待观察。这种技巧不仅可以在股票技术上使用，笔者还经常在金银现货市场中使用，也同样有效，对于短期“T+0”模式操作很有帮助，在股票方面也可运用到分钟周期图上。（4）MACD线在0轴之下持续出现三次金叉后，说明离底部已不远，随时都有探底反弹或反转的可能，特别是对大盘在大调整之后非常有帮助。

资金流向趋势指标顶底背离案例图解

【图形解释】

图106重点所示的是新赛股份（600540）几处顶底背离的走势。对于EXPMA趋势移动指标线在《做精一张图（彩图版）》中已用不同图形进行了讲解，实战操作中比5日线更有帮助，对趋向性有极大的分析帮助，同样在出现顶底背离时也会产生变盘信号。笔者在此要重点讲解的是图下方SUPL主力资金趋势线，它的优点是可以看出近期以及前期的整体资金趋向，而不是仅看当日资金的流进流出。如图，股价不断下移或横盘或是在平台中时，资金趋势线一直保持明显上移，说明主力在不断收集筹码，对预期看涨较为强烈，此时可以择机低吸。相反，当股价持续走高，但资金趋势线的高点在逐个明显降低时，说明是主力在技巧性的假拉升，实为中间主力在逐步抛售，此时应该逐步减持。从这点可以很直接性地反映出主力在下跌吸筹建仓，在上涨中逐步抛压出货。当普通投资者从图形形成后发现时已经错过最佳机会了，如平常对某种走势看不懂时不妨运用资金线来分析，这对散户投资者在预期判断上很有帮助，可以先知一步稳操胜券。

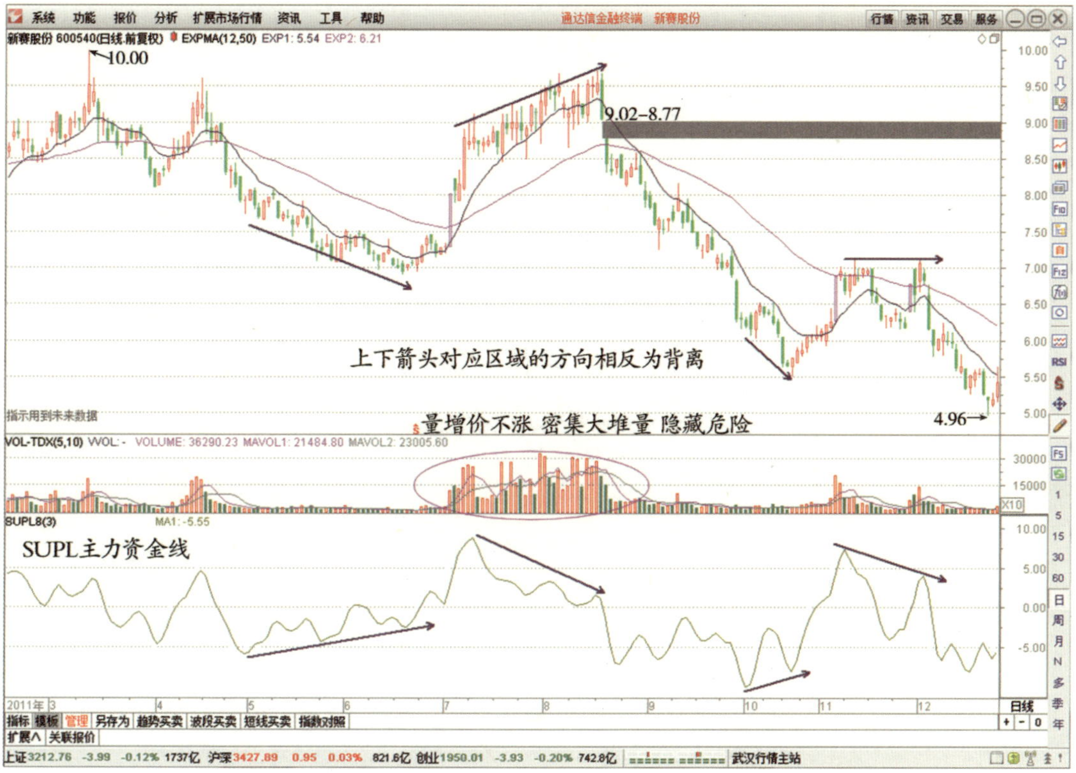

图106 新赛股份（600540）2011年3~12月的日K线图

分时图资金流向顶底背离案例图解

【图形解释】

图107所示的是上证指数（999999）随意打开上证指数某一天的分时图走势，从图中可以一目了然地洞察出接下来的变动。分时图中的即时线不断下移，但资金流向线却在上移，说明接下来将会回升，这即是先兆信号。相反，分时图中的即时线在不断上移，但资金趋势线却在高点明显下移，说明在拉升过程中不断脱离了资金链的供给，即将面临回调的先兆变盘信号。很多散户投资者对大盘以及个股分时图非常迷茫，不知下一步该怎么走，运用这一指标条件可以起到不小的帮助。特别是针对大盘分时图分析明确后，在当天操作买卖策略中就有了明确的指示。同样也可运用到日K线或30分钟周期图形上时，也可如笔者一样设条件选股。当用在K线图形上最好是资金线上移有一定距离后再下定论，这样操作起来会更有把握。当然，也少不量价形态上的分析，例如，K线上也有蓄势的现象更好。

图107　上证指数2016年10月21日的分时图

第八节 底部与顶部变盘法

为什么很多股民投资者最终难以赚钱？其原因有：察觉不出底部，只会追涨追高；察觉不出顶部，只会捂股待涨；察觉不出变盘区域和变盘信号，只会后知后觉。总之，只会比主力和市场慢一拍甚至慢几拍的节奏。以下笔者用图例将底部和顶部分别三个重要环节进行讲述。

底部反抽信号案例图解

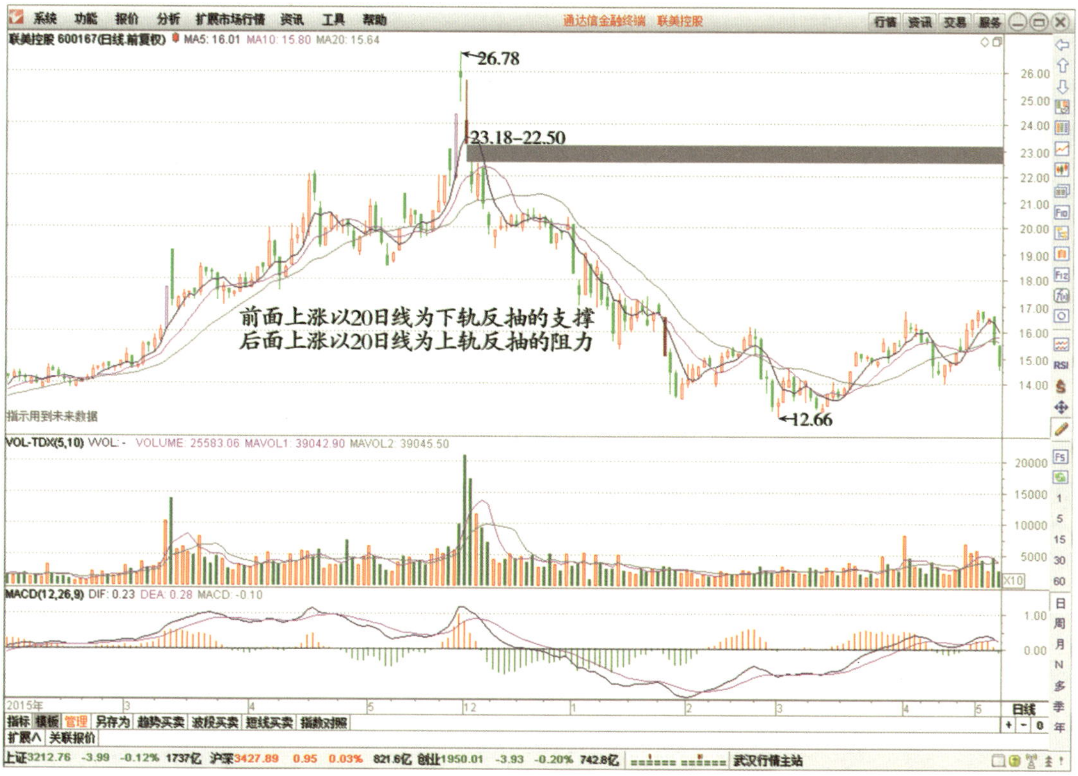

图108 联美控股（600167）2015年3月~2016年4月的日K线图

【图形解释】

图108所示的是联美控股（600167）的MA均线有别于K线反抽的特征。在近几年笔者与读者交流中，发现很多人对反抽、反弹、反转区分不开，在此笔者以图示例。

反抽特征：一般是在股价运行通道内的一种震荡，回探通道上下轨的阻力和支撑，其振幅一般不大，反抽时的能量萎缩为主，反抽的时间也会很短，整体为股价运行方向的常态化。因此，在上升通道中的反抽（回踩）可捂股或增持，在下降通道中的反抽是出逃或减持的信号。

底部反弹信号案例图解

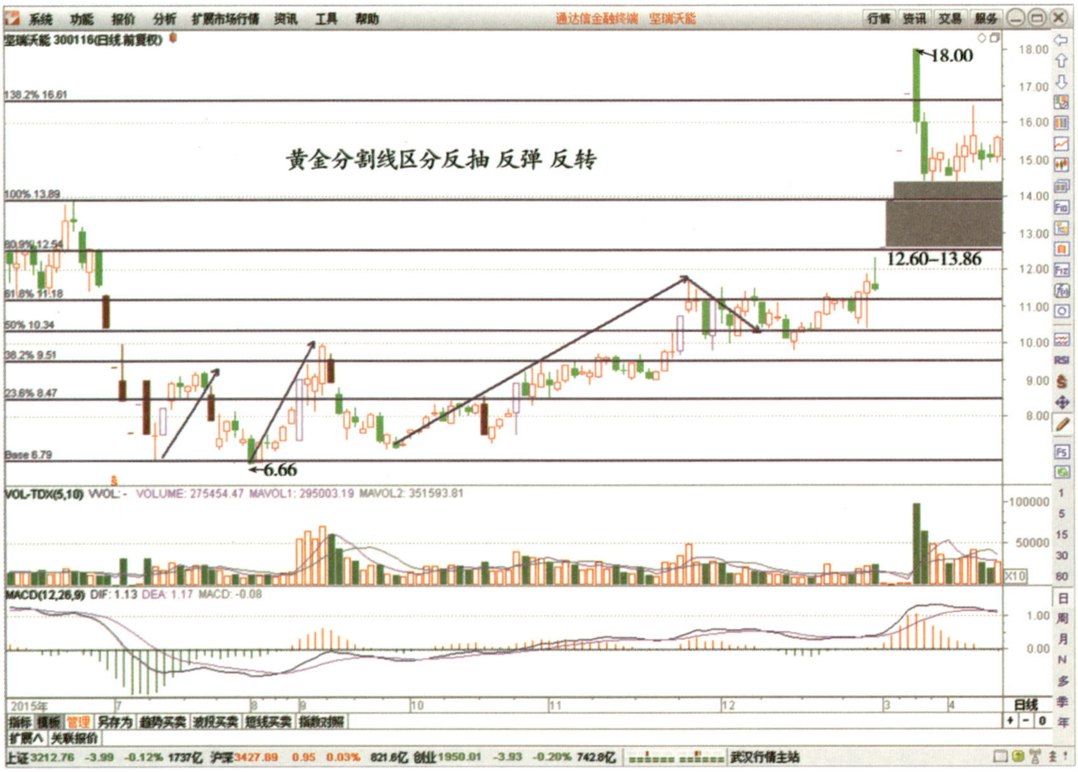

图109　坚瑞沃能（300116）2015年7~12月的日K线图

【图形解释】

图109所示的是坚瑞沃能（300116）“黄金分割”与反抽、反弹、反转的不同之处。画线方式：一轮下跌后低点向上测，就从最近的低点往前高点拉；一轮上涨后

向下测，就从最近的高点往前低点拉。

反弹特征：一般是急涨急跌后导致股价远离均线、导致指标超买超卖时，会产生技术性的反弹要求，尽可能的价格回归均线。另一种是股价跌至某个支撑位时，也会产生反弹的需求；或者是股价跌至价值低估时也会产生反弹；还有一种是下跌中的K线乏力、空头大量释放后都会产生反弹的要求。相反，向下也如此。这种股价涨跌幅度达到一种极限时，引起的反弹幅度会稍大一些，能否由反弹演变为反转？可借用“黄金分割”来区分。

笔者个人认为，例如下跌后向上涨时：0.382之内属于低位弱反抽，0.5之内属于反弹，0.5之上属于强反弹（再回踩0.5为反支撑后继续上涨为反转）。图109第一木箭头为0.382之内，第二根箭头为0.5之内，第三根箭头为0.5之上再回抽0.5为反支撑，演变为反转（摆脱底部区域进入上行通道）。但笔者日常喜欢以眼力评估为：三分之一位置、二分之一位置、三分之二位置，不必过于计较具体角分，靠直眼视觉看出大致位置即可，到达止位置就加强注视。

底部反转信号案例图解

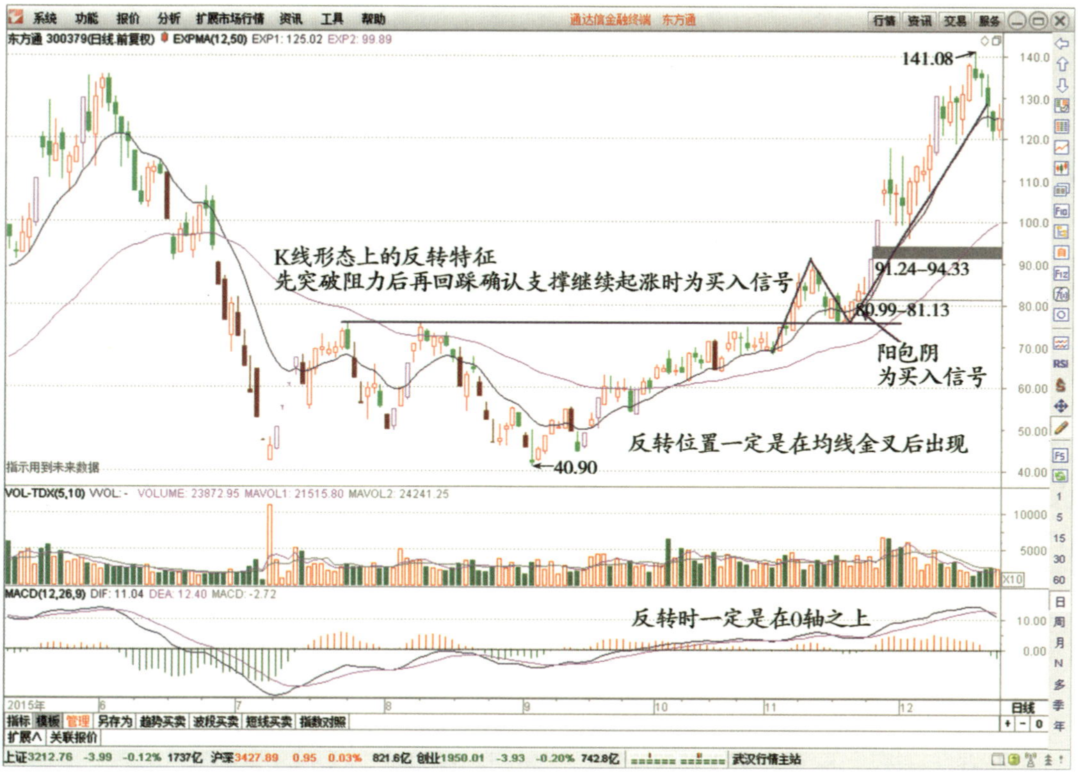

图110 东方通（300379）2015年6~12月的日K线图

【图形解释】

图110所示的是东方通（300379）11月符合反转条件的K线形态。抛开“黄金分割”之外，我们还原K线形态的本质上判断。

反转特征：是由反抽企稳、到反弹回归均线或指标线、再到0.5强弱分界线之上，回抽时以0.5为反支撑后，再出现起涨信号的综合条件都达成时。再例如，当股价突破下降通道的上轨后，再回踩上轨为反支撑时，再继续起涨也属于反转趋势。总之，先突破阻力后再回踩确认反支撑继续起涨时为“反转买入信号”。

顶部回踩信号案例图解

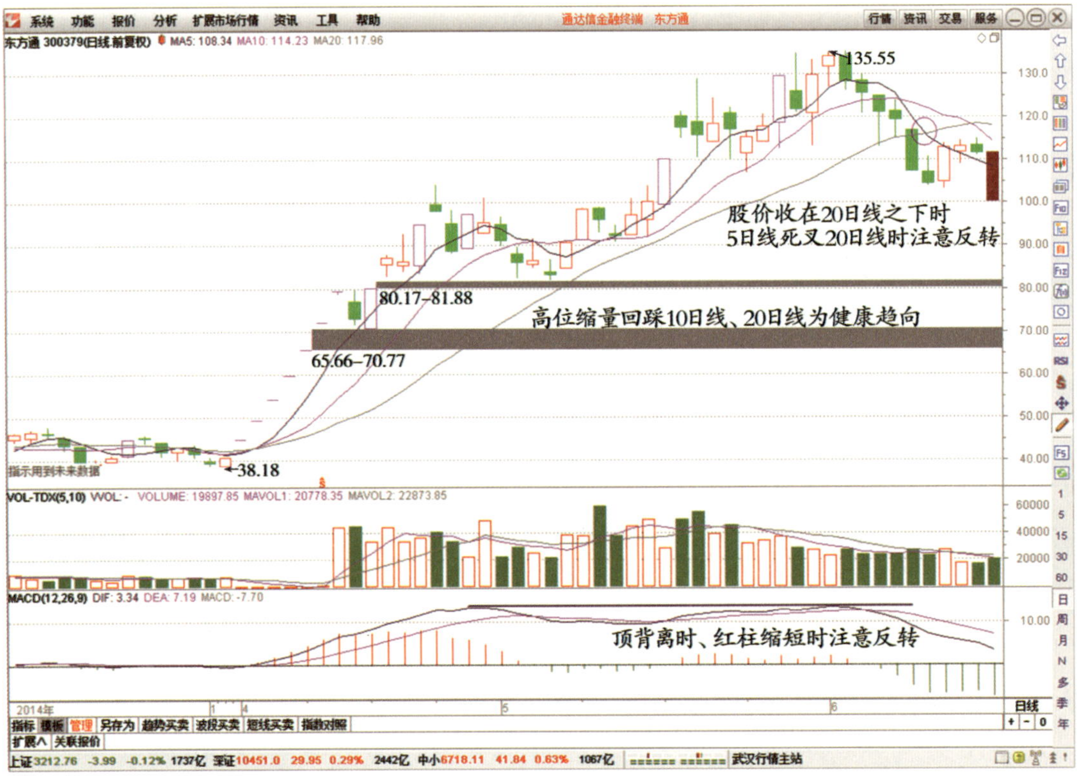

图111 东方通（300379）2015年1~6月的日K线图

【图形解释】

图111所示的是东方通（300379）的MA日均线有别于回踩的特征。各股的上行通道都有所不同，有的是沿5日线上行，有的沿10日线上行，有的是沿20日线上行，

可观察前面一段时间的规律获知。当第一次缩量至地量回踩到位时，都是低吸的机会，当继续温和放量回升至5日线之上时，是加仓的信号。

顶部打压信号案例图解

图112 大晟文化（600892）2015年4~6月的日K线图

【图形解释】

图112所示的是大晟文化（600892）上行通道中的打压案例。例如，布林线故意跌破中轴或下轨、移动平均线故意跌破轨道线、故意跌破上行通道的下轨之后，迅速再收复还原，这些都属于主力一种打压手法，好比行驶在高速公路上的“点刹”。主力在打压时大多数会以缩量为主，但也有个别会放大量能，只要能迅速收复才是关键。

顶部反转信号案例图解

图113　升华股份（600156）2016年2~7月的日K线图

【图形解释】

图113所示的是升华股份（600156）高位后探顶反转趋势的案例。先抛开前面讲过太多有关探顶的量价关系，就此以阶段位置作为重点讲述。例如，图中的圆圈处极其关键，一旦下跌初期直接跌破左边平台低点之下时，说明低点在下移，接下来的高点极可能会下降。但在跌破后一般会有小幅反抽的现象，等待均线下移靠拢。然后再继续下跌，去挑战前一个密集区作为第二支撑，此时一轮下跌基本到达“黄金分割”的0.5位置左右。在强弱分界线处一般会有多空争执现象，在修整中观察高低点的移向决定后市方向，如图113中后面修整时高低点都在下移，说明还有第三轮跌势，去挑战前一轮涨幅的起点附近寻求支撑，所谓“零和游戏”与“价值回归”之说。

第九节 平台与横盘后变盘法

笔者个人认为：以A股多年的运行规律来看，三分之一的时间在上涨，三分之一的时间在下跌，三分之一的时间在横盘或构平台以及十字星。平台与横盘是代表股价处于一种静态现象，休息整理状态，甚至是酝酿蓄势或空中加油状态。那么，如何去区分？笔者以下用图例分别讲述。

底部平台变盘信号案例图解

图114 友阿股份（002277）2014年3~12月的日K线图

【图形解释】

图114所示的是友阿股份（002277）识别低位平台的强弱特征。首先笔者描述一下底部和低位的区分：底部是指前面下跌幅度超过0.5以上，已完成各种下跌的浪形，能量是由天量到缩量至“地量区域”之后的综合特征。低位是指下跌幅度在0.5以内，上行趋势下轨以内，下跌中迅速缩量到“地量日”出现后再温和放量回升的综合特征；还有一种是地量日之后没有明显的放量回升，则演变成下跌中继，整体属于低位弱反抽状态。

至于横盘或平台的强弱区分，可从几方面进行观察和判断：第一是阶段位置很重要，如前述的底部和低位的关系；第二是借助MACD或SUPL指标背离作为初期判断，但仍需进一步突破来确认；第三是观察期间的阳线多还是阴线多？阳线放量还是阴线放量？例如阳线比阴线多和阳线放量阴线缩量则看涨，相反则看跌；另外就是观察高低点移向。几者可进行综合性判断。

底部横盘变盘信号案例图解

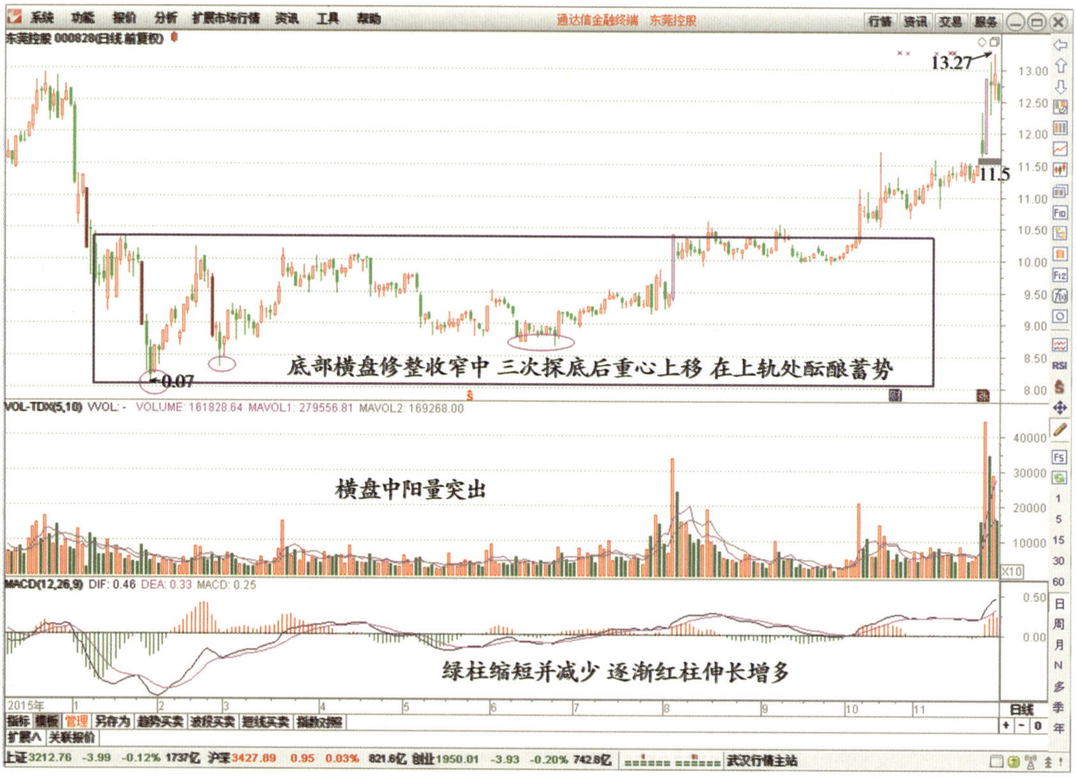

图115　东莞控股（000828）2015年1~11月的日K线图

【图形解释】

图115所示的是东莞控股（000828）底部横盘后的变盘区域信号。横盘与平台的时间不同之处如：横盘是指一个月以上，平台是指一个月以内。横盘的原因可略分为几种：第一种是随大势环境衰弱影响而成；第二种是上市公司基本面恶化导致该股无人问津；第三种是等待大势转好或等待该股利好消息发布；第四种是主力缓慢建仓吸筹所导致。值得我们重点关注的是第四种，其基本特征为：横盘中的阳线多阴线少、阳线放量阴线缩量、低点抬高。变盘要点为：高低点收窄后变盘选择方向，变盘前先诱空跌破下轨挖坑再填坑，三次高低点后面临变盘，末端重心上移至上轨处蓄势，横盘中出现底部图形，突破上轨后再回踩上轨确认反支撑再起涨为反转买入信号，横有多长竖有多长等特征。类似图115的个股还有如索菲亚（002572）2015年6月~2016年4月的日K线图。

中继平台变盘信号案例图解

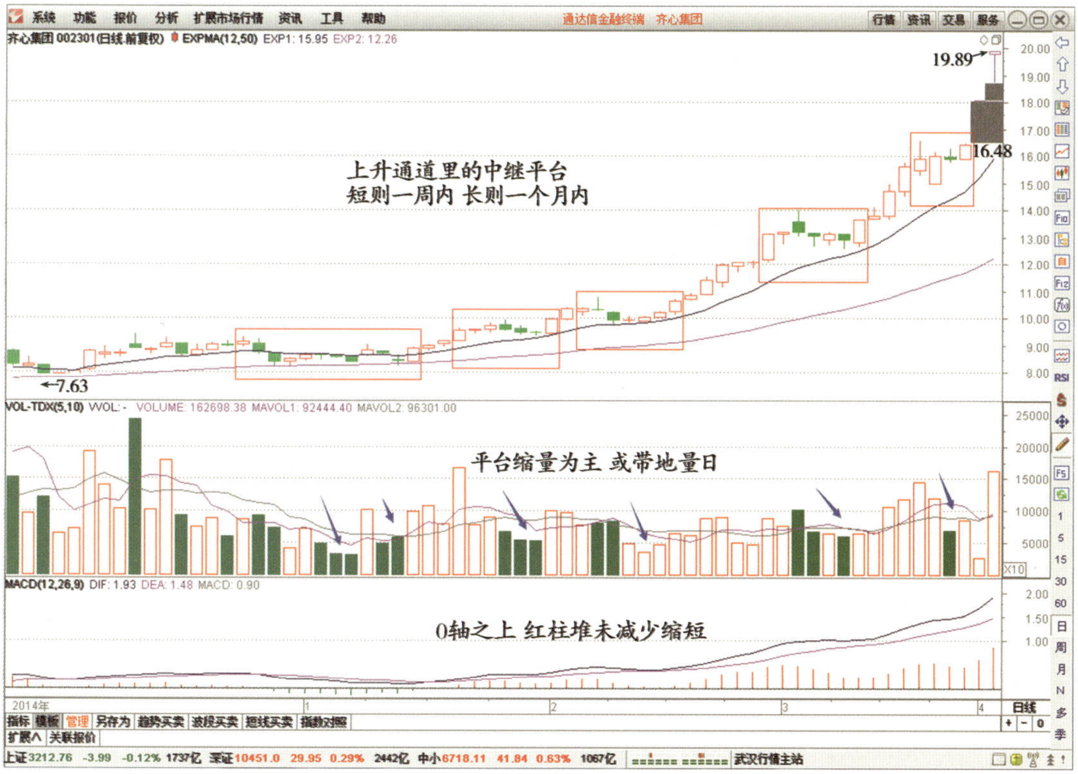

图116 齐心集团（002301）2014年1~3月的日K线图

【图形解释】

图116所示的是齐心集团（002301）上涨中继平台的案例。上升通道中的平台好比登山路一样，每爬一段山路后会有一个平台和坐椅，目的是让登山人休息片刻，再继续登山，如此才能攀登更高。同理，在个股中也如此，常言如空中加油平台、休整平台、中继平台、千金难买牛回头、疯牛喘气等描述方式。仔细观察技术特征为：沿着上升通道的运行轨道线停顿，短则一周内，长则一个月内，越短筹码越集中说明越强势，太长时间容易导致筹码流失，除非主力想达到洗盘目的；平台中均以缩量为主，或带有地量日，变盘前一日或会以下影诱空跌破平台下轨，随后温和放量阳线吞没前一日高点或吞没整个平台高点时为买入信号。

中继横盘变盘信号案例图解

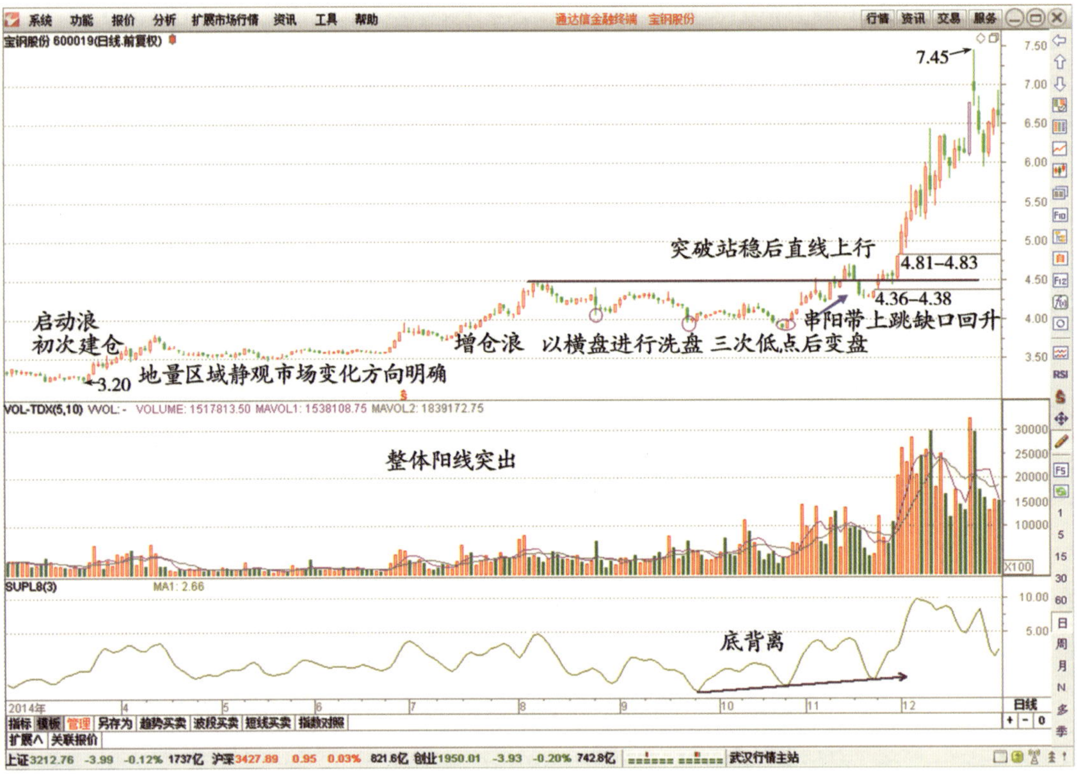

图 117　宝钢股份（600019）2014年3~12月的日K线图

【图形解释】

图117所示是宝钢股份（600019）上涨中洗盘时的横盘后变盘区域。中继阶段位置出现长时横盘的原由一般为两种：一种是主力建仓后等待季报发布，或等待公司重大事项的进展、等待大盘回转的配合；另一种是主力在底部持续涨停板建仓，导致太过于明显，容易引起场外投资注目或监管层监管，所以运用长期横盘来消化这一切，当大家都忘记它时，却再度上升。总之，能在中继位置长期横盘说明主力很有耐心，所以笔者常说“横有多长竖有多长”，更值得大家耐心跟踪。技术特征和技巧如前述一样。

顶部平台变盘信号案例图解

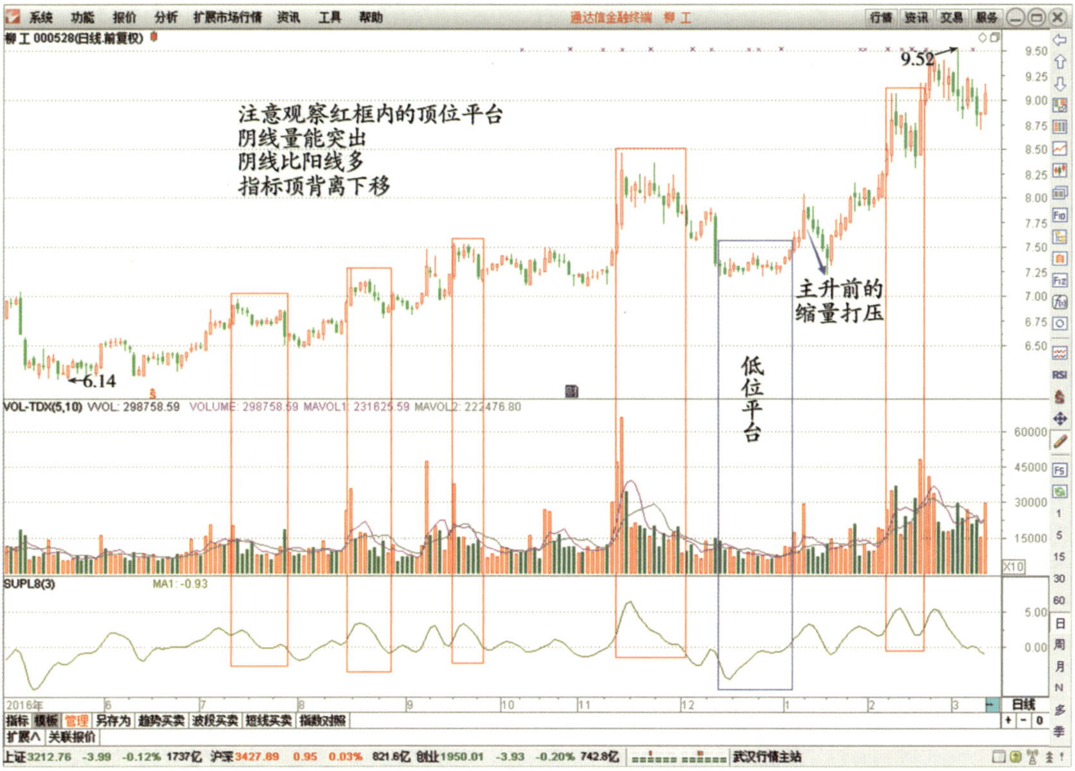

图118 柳工（000528）2016年5月~2017年2月的日K线图

【图形解释】

图118所示的是柳工（000528）顶部平台的技术特征。在这种没有回落之前，

很多人容易误认为是上涨中继平台，但细心观察后便会发现K线的构成和指标的移向会有所不同。如图中标记处的平台中阴线比阳线多，阴线量能突出，主力资金线（SUPL）向下移，平台重心下移等特征。类似这种顶位平台一定要等突破新高时再买入，才较安全，先知先觉者也可在下跌后出现地量后买入。

顶部横盘变盘信号案例图解

图119　新宙邦（300037）2013年11月~2014年9月的日K线图

【图形解释】

图119所示的是新宙邦（300037）顶位横盘磨顶的技术特征。与底部横盘的技术特征如同相反，首先的预期信号是在SUPL指标出现顶背离后，再出现横盘走势，并且横盘中指标明显直线下移，其次再观察量能也有所不同。不过，一般顶部横盘的时间不会太长，因为时间稍长就会露出主力的出货意图。除非探顶后一轮中级回调，原主力已经出场，导致该股无主力参与而走出低位长期横盘，后市不排除再有新主力进驻的可能，从而在大形态上看最终也属于中继阶段的横盘。

本章总结

技术图形上的“变盘信号”能比其他时间窗变盘信号更直观地反映盘面的变化趋势，因为任何消息影响、任何理论上的时间窗口、任何突发情况下，以及市场心理变素上都会在K线图形中展现出来。无论主力运用何种手法控盘，在上涨拉升和下跌调整之前都会有预兆现象的，只要用心观察分析都可发现方向突破之前的变盘信号。

笔者再次强调三点：一是先从前期量价形态走势中分析出主力现况，以及下一步的意图，也包括现处阶段位置是危险区还是安全区，从中可以初步判断即将变盘的方向，再采取相应的操作对策。二是当自己有跟踪的个股或发现具有强势特征的潜力个股时，如果在变盘区域里面出现变盘信号，这种变盘的可能性较大，如果你全部认识不同的变盘信号图形后，往往还可在临暴发点抓获大牛股。三是从前阶段确认里面是否有主力存在？再从整体图形中判断是否处在变盘区域？最后在变盘信号后判断是否有明确的方向性突破？不管主力用什么手法图形的变盘信号，最关键的就是最后一步确认是否有效变盘并已选择了方向？例如，在变盘信号次日收中大阳线起涨，则为转多，此时可大胆参与，相反在次日收中大阴线，则为变空，此时应果断放弃。

第八章 主力起涨手法

在熟悉前面讲到的一些主力手法后，最为关键的就是“起涨信号”出现时能否及时大胆参与。主力用到的手法仅是一个流程，没有前阶段的巩固也不会有后面的起涨。实战操作中，起涨信号才是最安全和最佳的买入点位。前面出现的变盘信号只可试探性地少量参与，待出现起涨信号后才大胆参与。至于后市涨幅有多高？有多么强势？除了从前面的蓄势中判断出预期涨幅，还可从起涨第一天的势头看出后市的上涨力度。本章节将讲解不同的起涨信号如何运用于不同的操作手法。

导读

主力做起涨信号的特征

主力做庄控盘炒高股价获利，好比建筑工程一样的流程：从选择区域（选择板块）、实地观测（公司调研）、选择地块（选择个股）、设计构造图纸（操作计划）、筹备资金（资金准备）、购买材料（试盘）、打地基（震仓吸筹）、盖楼（起涨信号）、封顶（主升浪）、装外墙（逐步出货），最后拿钱收工。所以，楼房要怎么建？主要看是什么用途以及地理和地质情况而定，主力要怎么控盘？主要看资金来源以及市场环境和操作手法而定。因此，起涨信号发出时也会有不同的起涨方式，笔者在本章只讲述在后市上涨较为强劲的四种起涨信号。首先我们要明白起涨信号的基本条件和特征：

1. 形态：每天能上涨的个股都不少，哪些是刚刚起涨的个股？可以通过软件设置条件选股。哪些形态正处在起涨阶段呢？一般而言，在前期经过充分的整理之后，或者是前期一直在低迷状态突发起涨并突破前三天以上的走势形态出现才符合真正的起涨阶段。

2. 价格：首先，上涨幅度在2%~5%以内，因为低调起步后劲才更有力，除非是突发利好或高调起步的大阳线起涨，但这只是属于短期强势，其次，看消息的可靠性以及影响力和持续力。因为起涨日的涨幅太小说明力度不足，涨幅太大说明消耗过多，影响后续推动力，所以涨幅在2%~5%之间最为合适，再结合以下的量能描述。

3. 量能：在起涨当日成交量必须是温和放大，同比前一天增长2倍以内，换手率也一样。如果起涨第一天就放出太大量能以及高换手，那后市上涨空间将会受到影响，因而后劲上攻的力度会减弱。

4. K线：在起涨当日收出的K线为多实体阳线，而不是留下太长的上下影线。如果影线太长说明多空还在争夺拉锯，主力还没有完全控制盘面，对于起涨拉升的前期工作还没做到位。

5. 联动：如果是某一板块的多数个股在同一天都出现起涨信号，那么这种联动性可促使板块上涨的持续性。其次看是否与大盘同步，在大盘收阳线的情况下某只个股也出现了起涨信号，那么在后面的操作中要注意根据大盘节奏来把握。

6. 结合：很多散户投资者在日常操作中，一旦止损卖出后股价就上涨，80%的可能是不懂得识别变盘信号的技术图形特征，或者是一旦买进后持续好几天都不见上涨，这100%说明你还没掌握到变盘信号和起涨信号相结合运用的技巧，一般是先有变盘信号再有起涨信号，将两者融会贯通后再操作就会明朗许多。在此笔者列出精简易记的公式为：缩量或迅速缩量——地量区域或地量日——起涨信号，这三者为一种连贯性的组合顺序。

第一节 先变盘后起涨

先出现变盘信号，再出现起涨信号，此为强势股的表现，如果我们能顺藤摸瓜，从变盘信号到前期主力吸筹阶段中开始关注，就会发现其中隐藏巨大的潜力，如果蓄势越充分，那么在起涨信号之后就越具有强势牛股的性质。如果你想做精一只股、做精一张图、做精实盘手法的话，那么这些细节观察一定要分析到位。找出牛股的共性、踏准节奏规律，及时发现最佳机会信号，这些可是一大考验，是需要投入时间学习及研究和在不断操练中所累积的经验。

因为上一篇变盘信号图解里面已做出一些在变盘信号之后的起涨信号描述，在此章节笔者就不必重复叙述，大家不妨多复习上一章节，其义会自现。笔者相信，当你熟悉变盘信号之后，次日的起涨信号出现时你一定会敢于追涨，对买进信心和持股信心都会有所提升。

第二节 回踩支撑起涨

通常在实战操作中对于某一只庄股而言，最佳的买入信号仅有四次：

1. 在主力建仓阶段中，例如二次或三次探底且低点上抬、指标线已经二次或三次底背离、阳量增阴量缩等特征时，可以少量跟庄参与，但不能买进太多，否则会引起主力的注意。同时，主力在建仓期走势较为复杂，在买进后持股必须要有一定的耐心。

2. 在确定主力进场且洗盘结束时，如上述公式在股价企稳中出现的变盘信号可以少量试探性参与，但也不能买入太多，否则主力还会继续洗盘。

3. 在主力洗盘整理之后的起涨信号出现时可大胆买进，此时买入一定要又快又狠，不能犹豫。

4. 在洗盘调整之后重拾升势接近前高点时，一般会有一次回踩确认支撑，如果有效获得支撑并再现起涨信号时要勇于买进，这也是牛股底位最佳买入信号的最后一次买入机会。在此之后主力将远离建仓成本，当主力在盈利后的高位想怎么操控就怎么操控，那时就很难再踏准节奏规律了。所以，在回踩确认有效支撑后的起涨信号往往是股价暴发点。

回踩确认支撑后的起涨信号案例图解

【图形解释】

图120所示的是瑞和股份（002620）识别突破前大阴线、突破前平台高点时、突破后回踩前高点为反支撑时的买入信号。这些都是一只个股在上涨通道中常见的买入点位，至于买入后的涨幅和快慢节奏，主要取决于阶段位置。例如，图中第三次底后为建仓完成阶段、第三次顶后进入洗盘阶段、洗盘后上行节奏逐渐加快进入主升阶段。

图120 瑞和股份（002620）2015年1~11月的日K线图

【图解启示】

有效的起涨信号都是有缘由的，例如，有主力参与、有资金推动、有投资价值等，在股价上涨中所出现的每一种具有强势特征的信号，都值得我们去研究和探索以及利用。

在回踩确认支撑有效后发出的起涨信号是最安全的买入点位，例如，“二次探底”后起涨，在前低点后有主力筹码并能获支撑，那么二次探底之后出现起涨信号时介入是相对安全的，第三次探底后的起涨点买入所获收益是最显著的。再例如，“洗盘后起涨”，在主力建完仓进行洗盘之后出现回升时，此次回升仅是反弹？前高点是否有阻力？这两大问题只有等到回升之后再一次缩量回踩，最后又出现起涨信号时才能确定。此时是散户投资者在底部区域中的最后一次低吸机会，也是最佳的增仓机会。

其实炒股可简单化也可复杂化，多数人都会选择简单化，但又有很多人却未找到可行的捷径而一直将某种技术复杂化，最终越炒越迷茫，甚至失去方向感，直至消极退出股市。

炒股如中医学，找一位医师给你开一副中药，先将你全身的经脉打通，后再对症下药，并立竿见影。股市也一样，在学习中先要明白根源所在，治标要先治本，弄清问题的起源之后很多问题迎刃而解，很多方法技巧以及理论都是融会贯通的。经脉一旦打通，就一通全通，不通就问题百出。经脉好比是股票的量价形态、主力建仓特征、变盘信号、起涨信号、出现信号，如果有看不清楚的信号或看不懂的个股可以放弃操作。

第三节
平量涨停起涨

在战场上要想战斗力能持久并能确保战胜，那么必须要分配控制好枪支弹药，有足够的后援储备，才有望获得胜战。股票控盘中也一样，特别是在起涨时如果成交量放得过大，将会失去后劲力量，并不能长期战斗下去赢取大胜利。只有在起涨时适当分配资金量比，将更多的弹药留在后面做围击，才能大获全胜。所以，在股票起涨时的成交量要出现量价齐涨的现象，对接下来的涨势才更加可观。

平量涨停板起涨信号案例图解

图121　天舟文化（300148）2011年6~12月的日K线图

【图形解释】

图121重点所示的是天舟文化（300148）8月后的走势。第一次涨停是带攻击性的，且突破了前期高点，由于量能太大，拉升过急，所以短期内需要进行修复消化跟风筹，让前期买进的投资者获利出局，因此才有二次探底并破前低点的走势出现。但是二次探底时主力并没有刻意打压而是缩量微调，在破前低点时很快以下影线企稳，再出现十字星变盘信号，随之再次出现涨停板，这一次涨停板的成交量能控制适当，很轻松就封住了涨停板，所以后面才没有出现及时回落现象，而是缓慢波动中不断收集筹码。在后面第三次探底时未跌破前低点，并且以持续几根阴线吓出散户，随后再以温和放量的涨停板抢筹拉高，一连拉出数个涨停板，直到量能不断释放耗尽时才告一段落。

【图解启示】

此图在《做精一张图（彩图版）》和笔者的视频材料以及软件条件选股如“有一生三”和“追踪涨停”技巧中有过描述。里面唯一的要点就是强调成交量，在低位第一个涨停板起涨时的成交量同比前一天增长在2倍以内，这样的条件下在次日后才有持续涨停的可能。这只是相对而言，但笔者认为这种技巧是散户投资者最容易理解和看懂，也最容易把握住机会，并且成功率较高的操作方法。

在起涨信号时放出的量过大，说明三点：一是说明该股在上涨中抛压过大，在拉涨停板时换手和量能都在不断扩大，这是受到短期做多的直接影响，换言之，说明主力在拉升中比较费力，在技术上还不能立即形成上升趋势，需要进一步整理。二是主力趁大盘上涨或趁利好消息兑现时放量拉高套现，这种情况会持续放堆量但价格上涨不多。三是遇到重大利好影响，主力和市场散户投资者一拥而入，导致成交量放大，但这种上涨是难以持续太久的，后市上涨高度的不确定因素太大。

在低位第一个涨停板成交量属于量价齐升时，说明主力拉升很轻松，仅需一点量能就能够封涨停，将更多的资金留在后市做出更大的上涨空间。

低位第一个涨停板不会放大成交量的原因是：一是该股关注的人少，里面没有前期的跟风筹和老庄，在主力单边做多拉升时成交量是不会放太大的。二是主力操盘手法技巧，既不引起市场注意，又不让太多跟风筹参与，之前持有的散户筹也不会趁机卖出，所以成交量不会放大；主力操盘手法技巧就是在分时图上下功夫，例如，先拉升2%再进行横盘走势，横盘30分钟以上再拉升3%，又走出一个10分钟以上的小平台后再直线拉到涨停位置。简单地说，在低位第一个涨停板没有放大成交量的可以去看一下当日分时图，若不是在早盘很快就封涨停，那在早盘之后的时间封涨停板的分时图中一般都有出现过横盘现象。因为横盘中方向不明可减少跟风盘，横盘之后再直线拉升，此时也没有谁愿意追涨或追高，因为时间太快难以捕捉。

再看看宁波韵升（600366）为什么近年来那么强势，原因是稀土题材是一方面，其次它的技术特征也别具一格。仔细观察该股在上涨中的涨停板大多数都是平量上涨，由于量价控制适当，才能持久上扬。例如，2010年7月6日探底后平量涨停板起涨、8月30日突破新高平量涨停板进入加速阶段、10月19日在洗盘后平量涨停起涨并展开阶段中的主升浪。所谓牛股有牛的题材背景，强势有强的技术特征。

第四节 突变逆转起涨

突然从沉没中唤醒起涨，形成扭转乾坤逆转趋势的情况有：

1. 突发利好消息，使场外资金蜂拥而入，导致突变中大阳线起涨，能持续多久关键要看消息的实质性和起涨量比控制。

2. 无风不起浪，突然中大阳线起涨的背后必然会有图谋，是主力要套现？还是有潜在利好即将公布？如果是主力急于套现就会持续放出大堆量，如果是存有潜在利好，那么主力会进行反复震仓收集更多的筹码，并且在逆转起涨后紧接着将会把盘面控制得井然有序，例如，在次日后进行技术修复时会立即以缩量为主，并且还具有吸筹的迹象，否则就难以完成技术修复，图形也将会进一步被破坏。

3. 中小主力故意造势，在行情低迷之后，很多中小主力会先启动中小板块造势吸引人气，不管有没有利好消息，只要基本面没变坏短期就不会恶化，只要盘子小，主力都有可能从中搏利。同时，可给予场外投资者一种猜测和神秘感，使场外投资者误以为背后隐藏重大利好的可能，所以才有批量的跟风盘参与，当人气不断增加时，主力也就逐步锁利出逃。有时还针对一些冷门股、ST股进行炒作，流程就是如此。

无论是哪一种情况引起突变起涨，只要有持久动力的特征都可追涨参与，但不能追高。

“突变起涨”会出现在不同的形态和阶段当中，背后的推动力因素各有不同，所以笔者在这就没必要列出图形讲解。对于涨因不明的个股最好保持谨慎，不盲目参与，只做密切跟踪关注，待回踩时再择机介入，或者从成交量比和分时图走势中分析判断是否可以追买。

第五节 光头光脚起涨

“光头光脚阳线”指开盘价和最低价为同一价格，最高价和收盘价为同一价格，没有上下影线的全实体阳线。如果下跌后的低位、变盘信号的次日、平台末期，其涨幅在5%左右，成交量和换手同比增长2倍以内，形态上突破前三天以上的高点，在这些条件下属于一种起涨信号。同前面讲到的起涨信号条件基本一致，只是这种光头光脚的中小阳K线起涨，相比之下要更强势、更可靠一些。

光头光脚阳线起涨案例图解

图122 益生股份（002458）2011年12月~2012年3月的日K线图

【图形解释】

图122重点所示的是益生股份（002458）2011年12月16日、2012年1月17日和2月13日的光头光脚阳线。前次是出现在下跌中继平台中，由于量能和阶段位置关系而失败，第二次出现在二次探底起涨时，它前一根K线是地量星线变盘信号。第三次出现在上涨通道中的加油平台末期，它前一根K线是缩量的小十字星线变盘信号，从时间周期上一般短期平台为3~5天。因此，确切地说图中第二次光头光脚阳线起涨信号是出现在变盘区域里面的变盘信号之后，这使得后市挑战前高点势在必行。

【图解启示】

相反，“光头光脚阴线”指开盘价和最高价为同一价格，最低价和收盘价为同一价格，没有上下影线的全实体阴线。如果出现在下降通道中跌势还将延续，如果出现在下跌中继平台末期一定要当心跳水变盘，也就是转跌信号。

当然，没有百分之百的技巧，一切都是相对的，并不是所有出现类似的“光头光脚阳线”都属于起涨信号。俗话说：“给我一个支点，我可以撬起整个地球。”这个支点就是起涨信号前的潜力条件，地球就是起涨信号的意思。简言之，起涨信号出现后上涨有多强势？关键取决于起涨信号是否出现在重要位置区域以及前面的蓄势状况，在关键位置出现重要信号有时是奇迹，有时是一种必然，这种信号反映在短期极为强烈。假设当你走进沙漠时迷路，突遇一人送你水喝并指明方向，这就是关键时间得到重大帮助。在平常操作中，各自都有自选股收藏以及跟踪，稳健型投资者一直都在等待机会，等待跟踪个股的变盘信号和起涨信号出现，对于一只有潜力的个股，在有心理准备的操作下，有事先策划好的操作计划，一旦机会来临时，必会功到自然成。

除此之外还有其他位置出现“光头光脚阳线”起涨信号的案例

福田汽车（600166）和华昌达（300278）在2012年3月30日洗盘之后出现了起涨信号。

先河环保（300137）在2011年8月11日和8月19日两次低开探底回升，这是明显的起涨信号。

海大集团（002311）在2012年1月20日在单针探底变盘信号后出现起涨信号。

宋都股份（600077）在2011年7月4日在一个月横盘末期出现起涨信号。

宋都股份（600077）在2011年10月25日在前两天以7.11元探底后出现起涨信号。

海信电器（600060）在2012年2月17日在休整后出现起涨信号并拉出主升浪。

益生股份（002458）在2011年12月16日高位串阴下跌中继时出现缩量的光头光脚阳线，这不是起涨信号而是转跌信号。

本章总结

并不是所有类似上述条件的阳线都是起涨信号，一定要注意条件范围，就好比开水没烧至100℃就不是真正的开水。

不同的起涨条件，不同的起涨位置，不同的起涨信号，有着不同的后续动力。并不是所有的个股出现过起涨信号后都会一直强势上涨，有的只是短期看涨，有的在起涨信号后突然或缓慢转弱，甚至跌破起涨信号的最低价使起涨信号失效，此时知时务者为俊杰。

起涨信号是买点信号，不能以此条件为选股条件标准，一定要以其他条件将潜力个股选出来然后在跟踪过程中如出现符合条件的起涨信号立即买入。

前面讲到的变盘信号一定要配合起涨信号灵活运用，这样成功率较高一些。

第九章 主力拉升手法

在没有做空机制的中国股市中只能通过拉升股价才能获利，当有主力资金进场控股时，在水涨船高的推动下股价都会有所拉升。但在实际操作当中，许多散户投资者频繁换股操作，往往会丢掉正在拉升或即将拉升的个股，有时也可能在拉升途中被主力吓唬或骗出局。如何分辨拉升中的量价形态特征是否还有继续拉升的动力？哪些信号下还可以增仓？哪些状况下需要减持或锁利清仓？请继续往下看。

导 读

主力拉升的特征

1. 随市拉升：是指随着大盘指数或板块整体上涨，而带动个股的拉升，简称一定时期内的“随波逐流”或“随波做市”。

2. 利好拉升：是指该个股受到政策利好、公司利好、经济数据利好、高层讲话等利好而受益，同时刺激股价短期或中期的投机性拉升。

3. 主力拉升：主力分别在底部试盘、诱多、建仓、中途增仓稳步攀升、高位急拉出货等行为，在这些环节中均会出现刻意或逆市拉升股价的情况。

第一节 拉升中的环境变化

学习需要环境影响，环境可以造就一切。主力在拉升股价时一定要先确保市场环境支持，以免风险扩大。

“环境”是指上市公司状况和大盘指数以及周边市场三大方面，这都会影响个股价格的变动。例如：公司当前有没有法律官司在纠缠中？未来几个月有没有大小非解禁？公司产品在市场有没有出现负面影响？这三大因素会导致太多的不确定性，所以主力在拉升股价之前必须考虑周全。

“拉升”可分为三个层次

1. 先于大盘拉升：在中长期调整后能够提前大盘启动上涨的个股，基本面和消息面必须有确切性，否则主力也不会如此有信心做多，但这部分个股毕竟是少数。依笔者经验来看，每一次大调整或熊市之后都是先出现“政策底”，随后频繁出政策利好救市，两个月后才是真正的“市场底”。为什么政策救市信号出现短暂反弹之后，大盘指数仍然还要下跌？实际上这两个月就是主力一边打击散户信心直至绝望，而另一边却不断在下跌中收集筹码。特别是对于一些长期资金来说，一般都会提前大盘吸筹拉升。一般而言，能够提前大盘拉升的个股，在大盘见底回升以后，这些少部分个股都会一直强于大势上涨，演绎翻番大牛股也十分正常。

2. 同步大盘拉升：同步大盘指数波动的个股是普遍现象，但是“一涨遮百丑，一跌露百陷”，所以此时并不是选股好时机。有的随着板块联动或轮动式拉升，有的随龙头股拉升，有的受消息和题材刺激拉升，在大盘指数拉升护盘的情况下，权重股搭台个股唱戏。在操作上需要运用追捕热点和纯技术性操作。

3. 落后大盘补涨：补涨略分为两个层次。一是主力被套或还没盈利时甚至出货条件还不成熟时就遇大盘调整时必须补涨脱身；二是炒高一二线题材股后，一些冷门边沿化低价个股易被游资挖掘炒作，但这类个股一般拉升难以持续太长时间，操作上只能顺势投机性参与。

“拉升”还可分为三个阶段

1. 建仓期：建仓初期为了能反复震荡收集更多的控盘筹码，拉升的幅度不会太高但较复杂，通常在建仓末期会加速拉升进入涨幅榜吸引人气，随之展开洗盘。操作上要注意洗盘风险，在前面买进的一定要有耐心和信心捂股待涨。

2. 盈利期：主力建仓不但为了能赚取丰厚的盈利，还要考虑到大量资金的安全性。所以，在建仓洗盘之后再重拾升势远离成本区域，才能确保建仓资金的安全性。这一轮拉升较为平稳而又持久，操作上可以沿短期日均线如5日线、10日线之上为捂股依据。

3. 出货期：一般建仓期区域拉升幅度在20%左右才能顺利完成建仓，盈利期区域拉升幅度需结合市场环境而定，一般在30%以上才能确保有利可图，而出货区域拉升幅度20%以上，才能有足够的空间顺利派发出货。出货期也称为短期主升浪，拉升特征又快又急，量能换手突增。此时操作上是高风险高利润期，追捕中要把控好仓位的风险，并见好就收快进快出。

第二节 拉升中的量能变化

火箭能发射多高，能否顺利将卫星送入太空，关键在于燃料供给是否充足以及是否有成熟的技术。股票能否顺利完成拉升，并且达到主力预期目标位置，关键在于资金供给是否充足以及操盘手法是否得当。俗话说成交量是不会骗人的，但成交量的变化也隐藏着不同的意图。特别是在拉升中能否持久或是已拉升至末期各具有哪些特征表现？

在拉升中的成交量一般表现为

1. 成交量递增：从起涨到拉升末期，整个过程的成交量由小到大，逐渐温和放大至巨量时，阶段性拉升行情才结束。成交量耗尽缺少多头供给资金流入，升势自然难以持续，除非主力还没达成出货的条件，或许用最后的力量再次上攻，此时股价可能会创新高，但成交量已明显减弱。

2. 成交量递减：对于一些优质的个股，一些慢性特征的个股，在起涨阶段一周左右放堆量建仓。随后升势由急转缓，成交量也由大转小，但形态上却稳步上移，直至股价上涨较高位置主升浪时才再次放大成交量探顶。还有一种是，在整个拉升过程的前半段以放量为主，但到了后半段时成交量逐渐递减，升势也明显减缓，K线上也明显出现阴阳交夹现象，这说明上攻力度在减弱，缺乏拉升后劲更不太可能出现主升浪了，往后会逐渐形成圆弧顶形态。

3. 不规则成交量：拉升中反复震荡式盘升，成交量忽大忽小，股价上蹦下跳，节奏规律不明显，唯有上升趋势没有改变。这种走势难以演变为大牛股拉升，只会产生波段上涨行情，并且涨到30%以上时不知不觉就盘出顶部，当大阴线急挫时再反应过来则为时已晚，如案例个股安居宝（300155）在2011年12月至2012年4月之间的走势一样。

当理解透在拉升中的成交量变化特征后，往后在操作持股中就能明白何时宜进出了。

第三节 拉升中的形态变化

拉升中的形态可以直接反映出主力所用的手法及运行规律节奏，这可作为技术分析中推断的种种依据，例如，上下轨、阻力和支撑、顶底背离、空间估算、买卖信号等。

第一，在“拉升”中的趋势都是向上，但不同的形态走势可略分为。

1．直线拉升法：受到重大利好消息刺激而进行的炒作，或者是主升浪阶段以直线方式快速拉升。在直线拉升中沿5日线、10日线逐日攀升，操作上可以触及5日线处低吸，顶背离5日线时卖出，或者根据成交量的变化决定持股和卖出。

2．曲线拉升法：这种方法会随着大盘上行趋势中震荡上移，一般以20日线、30日线为上行轨道线，同时在上下轨之间进行波动，持久性会稍微长一些，但容易受大盘走势影响。操作上要么以波段持股，要么以高抛低吸来回操作。

3．波浪拉升法：它属于一种成熟的技术手法控盘，拉升中有节奏规律可寻，涨跌分明、量能搭配均衡。操作上可按波浪理论中的条件信号进行低吸高抛以及空间的估算。

4．漫步拉升法：是属于一种如蜗牛般的拉升趋势，量能和换手一直保持均衡状态，也属于一种慢性牛股特征，通常延20日线这一轨道线上移。在操作中只要没有有效跌破下轨线图形破坏时都可一直持股待涨，直到股票价格高估或技术见顶时再卖出，持股中需要较强的耐力。

第二，在拉升中的每一根K线都可让散户投资者心惊肉跳，例如，拉升中突然中继、拉升中出现骗线、拉升中阳线缩短、拉升中阴阳线频繁交夹、拉升中出现背离等多种变化让人捉摸不透。在哪种K线出现时可以继续持股？哪种K线出现时可以适当减持？哪种K线出现时一定要卖出？可从以下几个方面来判断：

1．拉升中是否保持通畅：第一，形态上是否上行通道保持良好；第二，K线和量能是否保持量价齐升；第三，拉升中快慢是否有节奏可寻，例如有的是先快后慢，有的是先慢后逐步加快。这三种变化会直接影响拉升的持久性，一旦这三种条件错乱时，涨势就变得更加复杂，也可理解为已经拉升到一定程度了，可以逐步减持锁利，不一定非要卖在最高点。

2. 拉升中是否出现骗线：骗线有很多种，但意图都是为了“诱空”或“诱多”，震出一部分浮筹以便不影响主力在后市的继续拉升。在《做精一张图（彩图版）》中已有对各种骗线的图解描述，只要仓位控制得当，不贪图，一般的骗线还是能够应付的。因为骗线既是主力与散户之间的心理决战，也是考验散户的心理和技术。被骗不要紧，关键是能及时觉醒，就还有纠正的机会。

3. 拉升中星线是否加长：当股价拉升到一定程度时，多空争夺越来越激烈，导致K线在高位出现十字星线，留下的影线越来越长，并且频繁出现。此时操作上应逢高减持或全抛静待变化，如果能及时平息下来在突破时还可少量追涨，相反，如果出现阴线延长时则应放弃。

4. 拉升中是否阴阳交夹：一般在拉升途中阳线持续不断，一旦在高位出现阴阳线频繁交夹时，说明短期内面临调整的要求，拉升也将逐渐结束。在阴阳线频繁交夹的走势中如果是以横盘为主，或许在一个月左右整理后再现主升浪，当然如果在此之前已有明显的主升浪出现过，那么就没必要期盼了。如果走势出现磨顶特征，走出双重顶或三重顶以及重心下移甚至阴线延长的情况下，应立即做出清仓处理。

5. 拉升中是否突然转势：对于一些恶庄来说，拉升也快回落也快，好比电梯一般。在持续拉升的高位某一天突然大幅低开或一直走低，甚至跌破前1～3天的低位时，这极有可能是转势的信号，应果断出局。

注：无论哪种拉升方式，操作中买入的成本价一定要争取降低，在后面才不会受到股价波动的心理情绪影响，其次是在获利之后不要得意忘形或贪婪，可避免犯大错。

第三，K线走势图是多空双方力量对比的痕迹，当多方力量强时向上走，当空头力量强时则下行；当上方有套牢盘的阻力或心理压力价时就形成一种拉升中的担忧，当下方有承接盘或心理保护位的支撑时就形成一种重拾升势的现象。以下用明细化的讲解对阻力和支撑技术特征进行描述。

阻力

空头力量盛、多头力量弱的地方形成阻力，下列区域常会成为明显的阻力。

1. 前收盘：若当日开盘价低于前一日的收盘价，那么，在向上升的过程中会在此遇到阻力。这是因为经过一夜思考之后，多空双方对前收盘达成了共识，当日开盘时会有大量投资者以前收盘价位作为参考来参与竞价交易，若低开表明卖意甚浓。在反弹过程中，一方面会随时遭到新抛盘的打击，另一方面在接近前收盘时，早晨积累的卖盘会发生作用，使得多头难以越过此道关。除非多头力量加剧反败为胜，股价才有可能继续重拾升势。

2. 今开盘：若当日开盘后走低，因竞价时在开盘价处积累了大量卖盘，因而接下来在反弹中回到开盘价时，会遇到相应的阻力。

3. 均线位置：短期均线如5日线、10日线被技术派格外重视，在下降趋势中当价格上升至5日、10日或周月线时，对于技术派便产生了一种心理阻力，以防均线档道而卖出。

4. 前次高点：前面之所以创下高点，是因为此处有明显的卖盘积压，当价格在此遇阻回落又再次回升时，一旦接近前次高点，就会有新的做空力量介入，同时多头也会变得小心谨慎。因此，在走势图上便形成了明显的M头形态，而且多数时间右边的高点会低于左边的高点。

5. 前次低点：前次低点的形成源于多空双方的均衡，表明买方力量强劲，而当价格在此低点渐渐失去支撑时，会有相当多的交易者进行止损，从而导致价格跳水，因跳水时间过于短促，所以会在此处沉淀下未成交的卖盘，当价格反弹至此处时也会遇到阻力。

6. 整数关口：由于人们的心理作用，一些股价整数位置常会成为上升时的重要阻力，如10、20、21、22等。

7. 成交密集区：当拉升至前期曾有密集交易区域上下时也会成为阻力位，因为前期该位置沉淀了大量套牢盘。

支撑

跌不下去的地方即为支撑，常见支撑区域有以下几类。

1. 今日开盘：若开盘后走高，则在回落至开盘价处时，因买盘沉淀较多，支撑便较强。

2. 前收盘：价格从高处回落，在前收盘处的支撑也较强。

3. 均线位置：主要是5日线、10日线的短期均线也会有明显的回踩支撑作用。

4. 前次低点：回落至前面的低点区域时一般会成为人们的心理支撑。

5. 前次高点：在突破前次高点的阻力之后，因累积买盘较多，因此当再次回踩时，一般会得到支撑。

6. 整数关口：比如从20元下跌至10元时使股价折腰，自然会引起市场惜售，此支撑是为了争取在低位区域买进。

7. 成交密集区：在曾经的阻力位时产生了密集交易争夺，当突破上升之后，该区也是未来的支撑位。

由上述分析可以看出，支撑与阻力是一对可以互相转化的矛盾，原先的阻力突破后反过来可以成为支撑，原有的支撑突破后反过来也可以成为阻力。这有利于对支撑与阻力的把握，也有利于对大势的判断。

本章总结

有许多技术派投资者喜欢运用黄金分割理论来划分阻力和支撑以及目标预算，但笔者个人认为，任何涨势与跌势都是顺势而为，如果用机械化衡量价格会有点不太符合逻辑。笔者认为，判断升跌势、判断价格、判断阻力与支撑、判断顶底等还是从量价形态特征中研究显得更实际一些，因为股票技术的本身精髓就在于“量价形态”关系。特别是对于一些没有技术功底的投资者，总是喜欢采取一些其他方式来填补，例如，市场上某一些股票行情软件可发出买卖提示信号、涨跌色彩划分、特色指标预示等，其实这些都是心理上的满足，实战中全是枉然，因为这些不太切合实际，且大多是对未来数据的预测，有一定的风险性。例如，在生活和事业当中，要想把某一件事情做到更精彩，都需要在一定的基础上去发展，并且找到最适合你向往的一方面，再努力创造的过程得来。

第十章 主力出货手法

主力“出货”是收获的季节，也是很重要的一个环节。但是，由于在前期主力的控盘资金量日益增长，在出货时为了不引起盘面太大波动，以及不引起场内投资者的注意，并且在预计的空间范围内顺利完成锁利，在不同的市场环境和盘面中，主力有必要做出不同的手法来完成出货任务。特别是对于喜欢跟庄的投资者，如何能提前顺利逃庄？对于技术派投资者又该如何避开主力出货？在《做精一张图（彩图版）》中有大量的技术上卖出信号图解，在此笔者做出一些补充，就不再以图示例了。

导 读

主力出货的特征

1. 价格特征：价格在短时间内出现急拉快涨，导致各指标均线远离股价，频繁出现大单，上方抛压较大。甚至主力通过早盘和尾盘集合竞价中大额出货。

2. 量能特征：高位出货阶段一般为阳量缩阴量增，或者持续放大堆量或天量（巨量）；倘若在磨顶前期已经出现堆量，那么在磨顶过程中均为平量，其主力实为暗度陈仓式的缓慢出货，此时的MACD指标极可能是反向下移（背离）。

3. 消息特征：往往在主力出货时期，时而会伴随或炮制各种利好假象，更可能主力借机或故意出货，此时即使有拉升现象估计也难以持续。

第一节 出货前的征兆

主力出货手法是很狡猾的，也是很突然的，更是很狠毒的，如果当我们从表象上发现主力在狂抛时再反应过来就为时已晚，如果我们持仓成本较高就很容易被套，一旦被套就难以做出止损的决定。那么，我们可以借助一些其他条件来观测主力在拉升过程中是否有出货的先兆，是否有即将面临调整的技术特征。如此我们在操作中才可避开追高的风险，同时还可避开主力出货的魔掌。

1. 阶段位置：主力出货说明主力已经获利，从价格估值和市场环境因素符合主力出货的条件才会出货。所以，可先从前期自建仓特征以来的上涨幅度以及到当天的阶段位置，并且还可包括该板块是否热度已消减，来做出一个初步的判定：是否符合主力在此位置出货的可能性以及意图。比如说，从价格上涨幅来看，已超过50%甚至翻倍，从形态上来看，自建仓上涨之后到近期已出现过主升浪现象，从成交量能上面观察，近日明显放大甚至阴线拉长，从节奏上可发现近日阴阳线频繁交夹，从上行轨迹中可察觉到，近日的走势没有前期那么通畅，振幅明显有所扩大。这些层层现象都能预见性地反映出股价即将面临调整，操作上应做好风险防范动作以及风险意识。

2. 指标辅助：在确定前述的基本要素之外，还可结合运用技术指标来辅助分析判断。例如，在本书前面已提及到的：5日线、EXPMA趋势线、MACD线、主力资金线，当这些产生顶背离时，也是属于一种见顶前的特征，因为它具有趋势上的实用性质，而CCI和KDJ这些指标波动太过于频繁，实战参考意义并不太大。因为5日线是短期的一个运行航线，EXPMA是具有至少一周以上的趋势预判性，MACD线是对中短期的一个强弱分界线，笔者的软件所用到的主力资金线是可以一目了然地观察到从前至今的资金整体趋向，并且还可运用到周期K线和分时图中。

就笔者个人认为，卖出信号和先兆信号是很容易被发现的，因为主力出货的时间一般较短，手法也比较简单，不如建仓期那么复杂，周期那么长。即使发现有主力在建仓，单单从表面上是很难分辨是短期还是中期做多，是属于哪种主力资金来源和类型，这些是需要经过较深一层的研究和理解才能分辨清楚的。但是在主力出货时发出的卖出信号往往是非常准确的，或许就发出一次很坚决的信号。所以，笔者认为卖出比买进更容易懂。

第二节 主力出货手法

主力在出货手法中看似很简单，实际上在前期走势中已有隐蔽和掩护，当被众多股民发现时那只是最后的清货阶段。当然，如果散户投资者能先知先觉反应及时并做出应对，还是可以避开大的风险。

1．边拉边撤法：首先要知道主力为什么在盈利之后做主升浪，主升浪中就是在边拉边撤，一边吸引人气一边逐步派发，同时也为出货留足空间，可称为是“飘带式拉升出货”特征。此时从成交量上面观察是量增价不涨，星线上下影线延长。有类似现象发生在阶段高位时，投资者可以逐步逢高减持，未必等到高点出现后再买，也不必苛求于卖在最高点位。

2．高开低走法：分时图中早盘先小幅高开可引入跟风盘，然后走低直接套住当天接盘的筹码，或者是在分时图中先横盘后跳水使场内投资者措手不及，在整个分时图中可明显发现重心是在下移，甚至午盘收盘前和下午收盘前有跳水现象。主力的各种手法也包括老鼠仓等，都会在分时图中留下轨迹，特别是在出货阶段，分时图中极有可能出现急拉慢跌的熊市特征，在即时股价线急拉时均价线并未跟随，背离现象也较显著，其次是分时图中的成交量时不时就会放出一根很长的绿柱，这说明盘中主力有一张大单卖出。

3．趁机出逃法：趁机出货一般可分为三种情况：一是当市场出现利好消息，例如，降准减息等，使市场投资者一片乐观时主力就趁此机会派发。二是当上市公司发布利好消息，例如，业绩公布增长或是新增订单合同等，可促使手持该股的投资者进行增加或新进股时，主力也有趁机派发的可能。三是当市场没有出现利好或是与上市公司有利益关联时，可以将早已发生的利好晚时公布，或者直接炮制利好诱多市场。这些在关键时刻发出的利好诱多出货法纯属调虎离山和金蝉脱壳之计。在操作上只要是前期涨幅已高，遇到消息利好兑现或传闻时一定要三思，是否有危险潜存，同时应做好仓位比例调控以防不测。

4. 大单异动法：对于市场环境紧迫或者主力控盘资金较大的情况下，在出货时难免会抛出一些大单，当然全是大单卖出也不太实际，所以需要适当时挂出几张大单买进停留在盘口上，进行假单诱多。在高位阶段凡是在当天或近日的盘口和形态上出现异动现象时，投资者都应提高警惕。试想一下，主力在高位异动要么是调仓对倒，要么就是出货，在紧要关头作为散户群体肯定是斗不过主力的，也没有能力去反搏，还不如以退为进让别人去斗去，对看不懂的图形个股就早点了结或放弃。

5. 多头陷阱法：没有一个主力会傻到在出货时声张旗鼓，如果有那不是出货而是在震仓洗盘。所以，此时要使出种种能够诱多的手法，例如，指标金叉后突然转跌、类似吸筹现象的串阳后突然扭转、在形态上类似蓄势待发状态后突然跳水回到一个月以前的价位、放量涨停板频繁被打开或尾盘封板但次日又大跌、B浪反弹诱多构双顶等手法。那些喜欢买涨不买跌的人、喜欢追涨的人、只看技术表面的人很容易被骗，因为这些人经不起诱多。所以，笔者一直强调要成为真正的技术派建议多采取“低进式”操作手法，才能稳健获利，才有控制风险的可能，并能在股市中生存更长久。如果要火中取栗只会飞蛾扑火，后悔莫及。

6. 假象洗盘法：笔者出货手法的最高境界认为是“温水煮青蛙”，就是技术高手也怕盘跌。技术形态上，在见顶时先不做出有见顶信号的特征，而是以缩量方式阴跌，从表象上看类似洗盘手法，实为障眼法而暗度陈仓。直到放量急跌真相大白时，主力早已将大资金撤离。特别是再加上一个假回升攀双顶最容易引入陷阱，笔者建议只要在前面高位放过一大堆量再缩量回调后又上涨那其实就是主力在做最后的清货，别去追。在操作上特别要注意在高位中的盘跌现象，还有就是“下跌中继平台”和“下跌企稳平台”都比较类似，区分技巧在前面已讲述。手持此现象的个股时，投资者一定要先减仓锁住一部分盈利，待方向明朗时再增仓也不迟，就算后面图形破坏时再卖出另外一部分，至少前面有锁利使盈亏可以基本扯平，如此将可以人为把风险控制至更低。

第三节
8种见顶特征

主力出货手法和所花时间各有不同，同时也会留下不同的顶部形态。笔者在此要分享的是出现以下8种见顶特征图形时，一旦成立后下跌的杀伤力极大。奉劝读者一定要牢记在心，如果一不小心碰上一次，折损你一年的盈利都是有可能的。

表1　最具爆发力的8种顶部图形特征

图形/名称	细节描述/注意要点
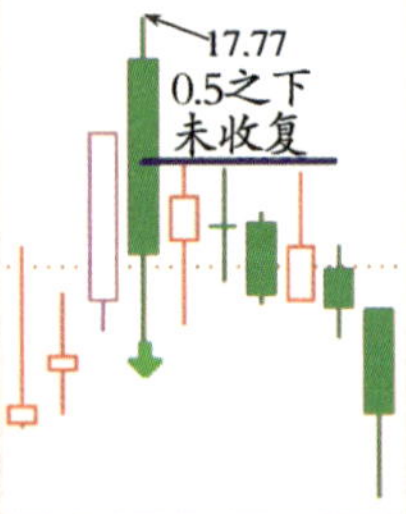 一叶落便知秋	高位长阴吞没前面数根K线，甚至收线无下影或很短，次后反抽不过0.382或0.5。早盘放量急挫，盘中反抽无力，10：30左右卖出
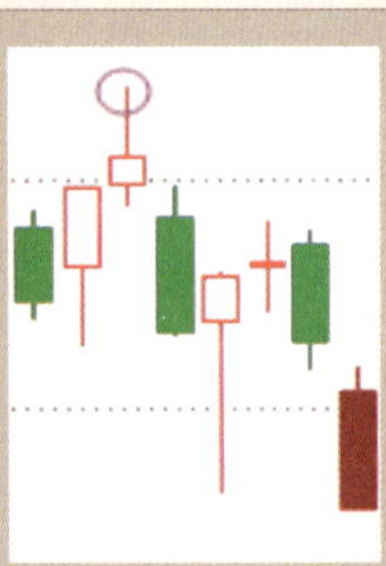 避雷针	盘中冲高时股价线会远离分时图中的均价线，一般为早盘冲高回落且分时重心下移，收出放量长上影线，当天应减持，次日早盘继续下移，此为清仓信号，上影越长越难突破，此处很可能是中长期顶部

（续表）

图形/名称	细节描述/注意要点
下跳缺口未补	下跳缺口越大杀跌越大，早盘宜减持，当日未补尾盘宜清仓，5日内不补中期走弱，应择机止损
高档串阴	同串阳组合相反，4～6根连续的中小阴线后，再以缩量小阳线反抽后再加速下跌，在小阳反抽时及时卖出
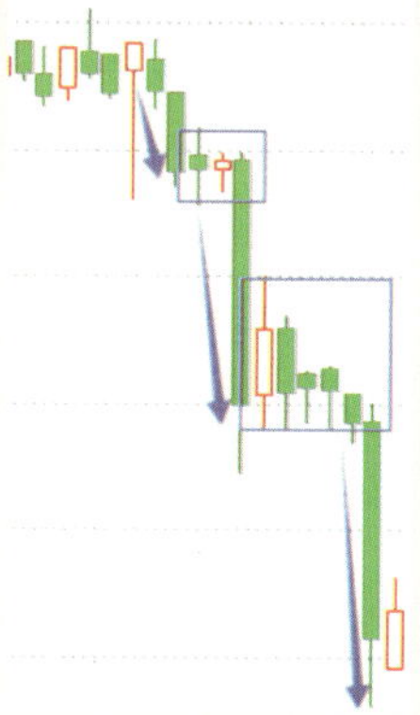下跌中继	下跌中继小平台中反弹无力，三兵红或十字星，在前大阴的低位0.382位置弱反抽，重心下移，破前日新低时即卖出

（续表）

图形/名称	细节描述/注意要点
 反向点水	反向蜻蜓点水卖出信号：当趋势线快金叉时但又未金叉，反转而下破前日低点时卖出，一般形成后破新低
 复合顶	双重顶/三重顶卖出信号，顶点可能平行或下移，频现长上影，放量转头向下时卖出，破第一根横线的弱反抽中一定要出逃
 反弹结束	在反弹中趋势线金叉后又快速死叉，说明反弹结束继续转弱市，如死叉时放量急跌则清仓

本章总结

俗话说："会买的是徒弟，会卖的是师傅。"笔者给出以下几点建议。

1. 反应敏捷：买入信号可能会有几个，反应较慢错过后还可另找其他，但卖出信号往往就一两次，能否锁定盈利就在此刻。所以，一旦发现有卖出信号时一定要反应敏捷并及时处理。

2. 风险衡量：股价在上涨途中风险性对比可分阶段分层次，一旦到达高位时便是高风险高收益区域，应提前做好风险防范的意识再入场操作，并适当分配仓位比例。

3. 果断意决：当出现卖出信号时，该减就减、该清就清，不必抱有任何幻想和猜测以及听信他人言判。无论有无盈利都必须防控，千万不要因小失大，卖出后手持现金还会有其他机会可随后介入，是不存在踏空的。

4. 拖泥带水：有许多人在买进时很果断，不用左思右想，表象上看比较诱人就盲目买进去了。但在卖出时，没有盈利或盈利太少，以及图形破坏时不卖出，继续重仓持股等待，也不先减持一部分，用少量的仓位做最后一搏。这类型的人是欠缺风险意识的，也没有技术上的见解。如果你是驾驶员，在没有风险意识下驾车的后果是难以想象的。

5. 操作习性：良好的习惯是一贯养成的，并不是天生的，对于任何风险防控这方面一定要严格执行，知错即改才有更好的发展空间。如果不懂卖出信号的人可将本章重要图形打印出来贴在电脑旁边，以便时刻提醒自己。

下篇 散户必用手法

XIA PIAN

概　　述

在掌握主力手法之后，当股价每一次波动中都可大致明确主力的意图何为，同时再找到适合自己操作的手法去针对主力手法。很多散户的手法太过于杂乱，没有针对性的实用价值，大部分是因个人的性格和心态影响，以及还没有找到一种适合于自己的操作手法模式。俗话说，只要一出招就是知有没有，如果最基本的手法都错误，那么极有可能全盘皆输。以下笔者做出一些散户在操作当中常用的，也是必须用到的手法进行分享，读者可以根据自己的风格选之一二，或借鉴参考。

第一章 散户选股必用手法

很多投资者把股市当作提款机，从而误入歧途，凭着自己的直觉进行投机，在每一次买进时不经过思前虑后，重利轻危，导致短线变中线，中线变长线，浅套变深套，深套变割肉。出现这种现象的首要原因就是在选股方面太过于草率，在短暂的分析下就盲目参与，而失去了对该股整体上的正确评判。本章笔者将分享几大选股要点及细节，这些也是在选股时必须放在首位的要点。

导读
散户常用手法特征

1. 追涨杀跌：见涨看多，见跌看空，无主观意识，无独到眼光，易受消息或传言影响左右。

2. 高买低卖：用通俗的话来讲，看好的个股当涨势惊人时买进，当跌势惊人时卖出，经受不住市场的恐慌和诱惑。

3. 节奏错乱：诱多时买进、诱空时卖出，见底后反转中趁反弹卖出、见顶后反转中趁回抽买进，看见大盘指数上涨时买进冷门板块中的个股，买进个股后忽略大盘指数和板块龙头的风向标，刻意挑选冷门低价的个股，刻意寻找低位盘整未涨的个股买进，高位磨顶时误认为是上涨中继而买进，下跌中继时误认为是探底而买进等等，总之是没有市场逻辑思维和发现节奏规律性的盲目交易。

4. 盲目跟风："听"别人谈市场便闻风而动买卖，"看"到互联网各种小道消息（非官方权威性）而影响行为左右，"发现"行情异动便立即跟风买卖，"贪图"低价、低位、小流通盘而盲目买进，忽略市场主流和大势所趋。

5. 捂错个股：市场行情是转换的，板块个股是有轮回的，当没有经过"自上而下"或"自下而上"以及"周月季年K线"的分析步骤去研究，仅通过单一定论的信心去捂股，是很容易捂错的。

第一节 长看一年翻几倍

从5元上涨到30元的股价翻6倍，当你发现该股时如果你还认为有中长期投资价值那就比较危险了，当然这不是没可能，只是这可能性非常小了。为什么有很多人容易买在山顶？为什么原计划的短线最终变为中长线被套？为什么买进之后股价没有再创新高？或是仅有一点小反弹后又继续下跌或盘整。想要避开这一切，在选股时就必须要先看前一年以上的走势图。

长看一年看什么

1．看价格：例如前期一年以上股价上涨数倍，查清是什么原因导致股价能翻番？是大盘牛市？还是重大题材？还是基本面优质？如业绩大增、毛利率提高、是否有涉及稀缺资源、还是资产重组等。技术面就是基本面的一面镜子，能长期走强必然少不了基本面的支撑，研究下这种支撑还能支撑多久呢？假设现在买进，后面还有多大的上涨空间呢？是否还能翻番吗？现在的价格还在估值以内吗？如果只顾及短期的诱人走势而忽略这些要点，很容易会被套在山顶。

2．看分红：经营再好的上市公司如果在一年以上或长年不进行分红派利也称不上是优质股。分红派利可以反映出公司对投资者的诚信和责任，广大投资者参与该股是应当得到红利回报的，因为钱存在银行也还有利息呢。不管分配多少，只要每年如期分红，与一毛不拔的铁公鸡概念是有很大区别。只圈钱不分红的行为，在中国证券史上已延续多年，自郭主席上任之后第一把火就点着“强化分红制度”并发挥了积极作用。这一点可以从股票行情软件上一目了然地发现，例如笔者的软件在日K线图下边用红色S字样标记的就是代表有分红派利和送转记录。如果你要选择中长线个股，那对于这一条件是应该不能少的。

3．看冷门：如果在这一年以前该股一直是位于冷门行列，股价一直在长期横盘波动，没有出现过像样的一轮大涨行情，那么说明该股的基本面已发生了质变。要么就是行业周期所致、要么就是公司经营不当等种种原因所致。面对这种走势在操作上不能自作聪明提前潜伏，特别是资金量小的投资者买进后在时间上是消耗不起的，没有主力的关注买进也是枉然。很多投资者图价格偏低，甚至白菜价格，本身资金量小价格低可以买多，而一些热门强势股的高价格买不了多少股，怀着这样的思维而被误解。股票投资是与价值有关而不是与价格和资金量有关，多买少买股数都是同样的资金在交易。举例说，京东方A（000725）在2011年股价一直在3元下的边沿处低位横盘，有读者问我该股可否参与，我的回答是“该股就是白菜价格的命”。笔者相信，该股肯定会有很多散户投资者在2009年到2011年有参与过，到2012年1月6日最低价跌到1.61元，在前期一两年的低位横盘中有参与的人必亏。如下图：

冷门股走势案例图解

图123　京东方A（000725）2010年1月~2012年8月的日K线图

【图形解释】

图123重点所示的是京东方A（000725）2011年的股价走势图。在A股市场中，用“方法总比困难多”来形容京东方A（000725）管理层应对退市或许再合适不过，

主业死而不僵上市11载亏103亿元，政府连年持续补助达6.66亿元。公司虽然在国内占据大品牌席位，但公司的创新技术缺乏，再加上2011年全球终端电子消费市场持续低迷，受此影响公司主要液晶面板产品价格继续走低。反映在股价走势图形上也非常低迷，成为近年来的冷门股典范。

【图解启示】

基本面的优劣将直接反映到股价走势图形上，在这个竞争激烈的资本市场和商业市场中，没有创新模式和高新技术是难以占据市场优势的。这些都源于公司高管人员的管理水平，以及资金运转实力。一些散户投资者因资金较少就喜欢寻找低价格的个股，一旦选中冷门股不但浪费了时间还损失了本金。要明白A股市场的本质性，是以政策市、消息市，题材为王的概念为导向，投资操作方面需紧沿主线寻找目标潜力个股。

第二节 中看半年炒作否

某只个股在上涨初期，大家都不经意，也不重视跟踪。当市场炒得沸沸扬扬时，股价已快上天了，那时还会有一些喜欢追高的人去搏短线，这种纯属在火中取栗。还有一部分人在见顶回落时去低吸，原因是在前期涨势不停而没有机会或不敢参与，当见顶回落时又回到之前看好没敢进的价格了，心想这下可以低吸了吧。恰恰相反，真正的强势牛股是很少给机会介入的，当给出充足的机会时那已经不再是机会了，而是风险。一旦热点冷落，一旦主力撤离，后期股价走势必会价值回归，下跌幅度和时间难以估量。

中看半年看什么

1．看炒作：除了大型投资机构以外的中小主力机构，在股市中只有以不断炒作的方式来谋利。无题则不成章，炒作的背后有着许不为人知的秘密，有的顺势推动，有的借题发挥，有的无中生有，一旦资金介入总要炒作一翻。适当时炒作一下，可激活市场不少人气与活力。但是，在我们操作中千万不要盲目跟随，特别是介入的阶段点位不能偏高，其次还要看题材概念本性价值观，如果明显处于泡沫区域那就迟早都会回归的。

2．看涨幅：题材炒作一般股价涨幅为1倍以上，具体能涨多少要根据当时的政策和热度影响的人气而定。但有一点可以明确，凡是被炒作的个股被冷却后至少半年内难以再创新高，一定要跟上冷热转换的节奏。例如，2011年的水利股和文化传媒股，天舟文化（300148）在2011年10~12月从10元一轮上涨到23元，之后半年内都没有回到20元以上。政策利好停止、利好预期兑现后，热度自会减弱。如果你恰好买在山顶或山顶之后风险极大，特别是一些刚上市的次新股在上市时经过一番炒作后甚至1年以上都难以回到之前的高位。如下图：

爆炒热度降温案例图解

图124　天舟文化（300148）2011年5月~2012年12月的日K线图

【图形解释】

图124重点所示的是天舟文化（300148）2011年7～12月的走势。党的十七届六中全会“推动文化大发展大繁荣”精神的具体举措，针对公共财政文化支出、传统剧目、公共图书馆建设、文化产业增加值增速、博物馆建设、科技攻关项目、涉外文化活动等细分项目，八大主要指标。受此利好消息后相关受益股全线大涨，股价全部翻倍。近6个月时间的一轮热炒之后，终告一段落。如图中技术上也明显走出大型的、典型的头肩顶形态，就此之后股价一直下降，一波反弹比一波更弱更低，一直修整半年之久股价都未返新高。

【图解启示】

没有长盛不衰的行业和热点，也没有只涨不跌的股票，以爆炒方式就更难以维持长期涨势。炒作初期很多散户投资者并不在意，在炒作中期明智者立即抢入，但仍有不少散户投资者不敢追进，到了炒作末期股价停止上攻时，或者在见顶回落后，一些散户投资者居然认为这下应该可以捡便宜了。事实上并不会如愿以偿，反成了主力的接力棒。原因就是散户投资者缺乏风险意识，缺乏技术顶部认识、缺乏技术分析要领。比如说，前涨幅已翻倍，主力已经大获全胜，随时都有可能撤离，当见顶时有明显主力出货现象或收出顶部特征的应远离该股，除非是在见顶之后没有持续重心下移，而是以缩量横盘方式进行修整，那么还有可能在修整消化浮筹之后有继续上攻的潜力。否则，一旦进入下降趋势必将转为价值回归过程，调整的时间至少半年以上才会有像样的升势出现，前期炒作越高，修整的时间就越长。

3．看主升：一般而言，在前半年有题材炒过的个股，在这6个月中有1个月建仓期，2个月拉升期，然后1～2个月的修整期，最后或许还有主升浪延伸。但前提是在一轮上涨之后的修整期中没有主力出货现象，技术上是缩量横盘蓄势为主。如果条件符合可在变盘信号和起涨信号时跟进必有厚报。如下图：

潜伏主升浪案例图解

图125　盘江股份（600395）2007年8月~2011年4月的日K线图

【图形解释】

图125重点所示的是盘江股份（600395）底部构建走势。构底中均以小阴小阳吸筹长达三个月之久，在二次大底横盘末期以涨停板突破展开阶段主升浪行情，随后洗盘中以缩量为主，在时间周期上刚好一个月左右，此为变盘期，再以企稳平台增仓收集筹码。整张图形为“前复权”中的股价涨幅已达N倍，共为三大浪完成，所谓有二浪后就有三浪的潜力，在第三浪中是否结果主升浪一并完成还是分别完成？详情请阅读《做精一张图（彩图版）》。所以，在分析个股图形时一定要求先将图形缩小再放大，才能精准识别当前所处阶段位置的重要性。

【图解启示】

低位吸筹时间越长，上涨幅度就越高，起涨时涨停板突破已展示建仓完成拉升在即，同时也证实了主力资金实力雄厚，做多意愿强烈。此时我们便可预判出主力的目标位必定是翻一倍以上，在随后的操作中跟上节奏即可。要知道，主升浪是酝酿出来的，先有建仓浪，后有洗盘蓄势期，再有主升浪。如建仓期出现过涨停、串阳、长连阳，在洗盘蓄势之后拉主升浪时还会通过涨停、串阳、长连阳来完成，这就是该主力前后一致的善用手法。

第三节 短看三月建仓区

任何一只个股在建仓期的特征可决定后市上涨的步伐和空间。简单地说，基础有多扎实楼层就能建多高，基础是什么样的结构，楼层也是同样的结构。主力在建仓时收集的筹码越低廉、越充分，后市上涨的周期和幅度就越高。主力在建仓时用到什么样的手法，后市在上涨趋势延续中也是同样的手法，投资者可从中可找到主力在控盘中的运行规律节奏，这能在操作上事半功倍。因为主力在建仓一只个股用的时间一般为1～3个月，所以在选股时要看前三个月的走势是否有主力建仓的轨迹。

短看三个月看什么

1. 看建仓位置：首先要看前面的最低价是否属于价值低估区域。如果不是，则极有可能是主力投机性短期炒作。如果前低点是主力在洗盘之后增仓，底仓还在三个月以前，那么就要看该股的基本面性质是否属于优质成长股。如果前面的最低价是大幅深跌之后甚至股价折腰，其价值回到估值区域左右时，一旦有主力进驻后，该股价格一般都会翻番，上涨周期至少3个月以上，主力才能在有盈利的情况下顺利进出。只要确定主力建仓的位置比较合理，对预期的上涨空间就会增强信心，接下来就要从建仓手法中找到节奏规律。

2. 看建仓手法：建仓手法就是从主力留下的轨迹中去发现，要想踏准主力的节奏就得找出主力运行的轨迹，沿着主力手法轨迹去交易成功率会提升很多。千万不能逆向而行，用句土话说“毛要顺着摸才通畅”。建仓手法在本书第一章已有图解，此时再重审三种最强势的建仓手法，并且在后市拉升中仍然会以同样的手法拉升，分别为：涨停板快马加鞭、串阳组合稳中有升、长串连阳一气呵成、疯狂抢筹牛气冲天、震荡攀升顺势而为。特别是低位建仓涨停板启动的更值得收藏，反映了主力实力及意图，往往也是牛股敲门砖。下面以图126浙江广夏（600052）为示例，请认真研读图例。

涨停板快马加鞭建仓案例图解

图126　浙江广夏（600052）2012年1~4月的日K线图

3．看建仓成本：对于主力的成本位是大家很重视的一个话题，但要看出准确的数值是不太可能的，不然主力就裸露了。再加上主力也可以进行分批分量分价位进行交易，可以将建仓成本不断降低，甚至在股价见底前就逐步吸筹。我们可以从两方面来大概界定主力持仓成本的区域：一是从前期涨幅中或至今的10日均线、20日均线、30日均线价格来判断；二是从行情软件中的区域成本筹码值来判断。其实，这些都是次要的，最关键的是观察量价形态。

4．看股性：人有人性、股有股性；股性如人性，人的性格可决定人的一生，股票的性质可决定个股的未来趋势。当今社会，无论是经商入伙还是业务往来以及人际交往，在见面之后要想进一步深入来往交际，都有必要先相互了解对方的性格，是否能成为更好的伙伴，以及有哪些针对性的合作。所以，要想找一位能谋图大业的合作伙伴，好比你要先熟悉该股的股性，才能同该股成为利益上的好伙伴。

串阳组合稳中有升案例图解

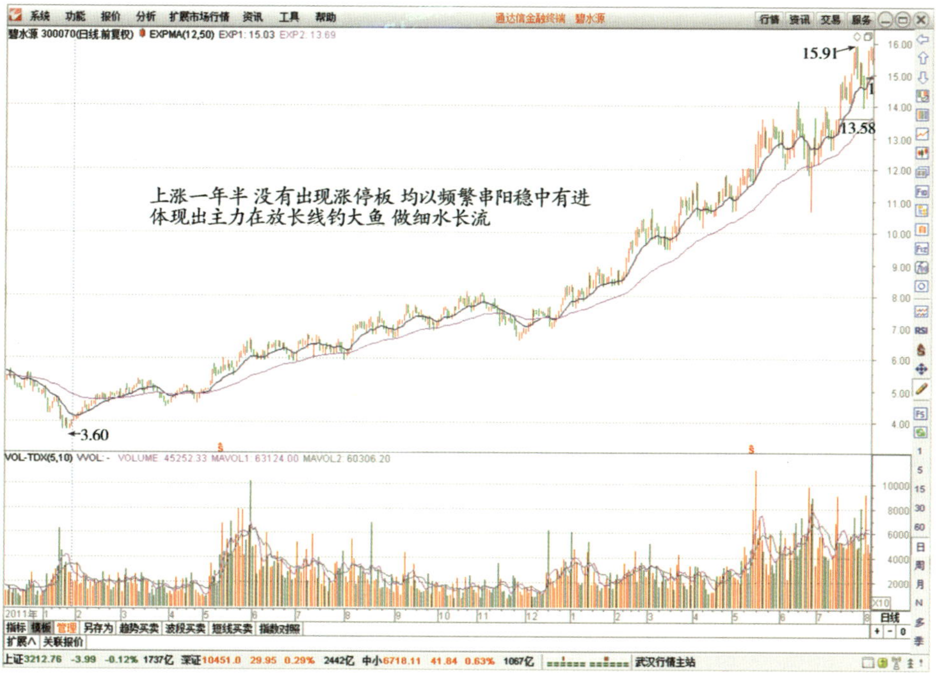

图127 碧水源（300070）2012年1月~2013年7月的日K线图

长串连阳一气呵成案例图解

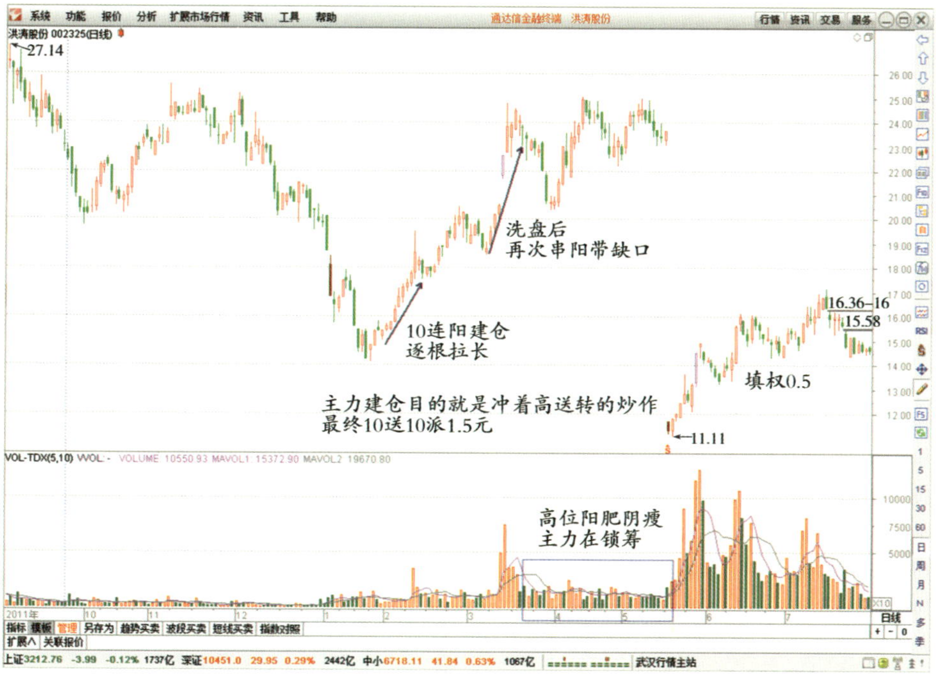

图128 洪涛股份（002325）2011后10月~2012年7月的日K线图

疯狂抢筹牛气冲天案例图解

图129　江苏吴中（600200）2008年10月~2011年4月的日K线图

震荡攀升顺势而为案例图解

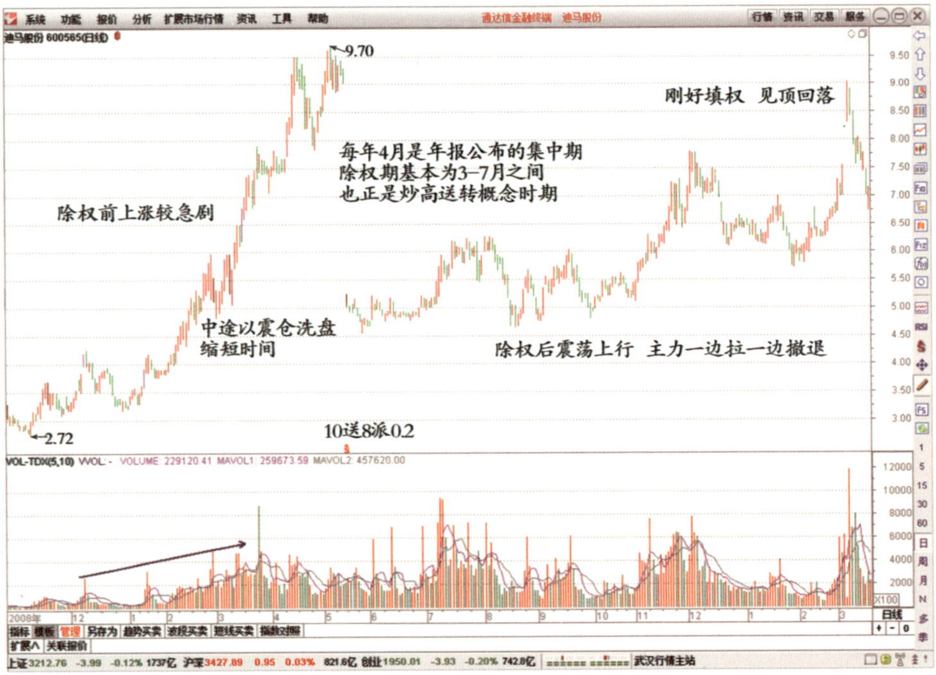

图130　迪马股份（600565）2008年11月~2010年3月的日K线图

股性可略分为以下六种

（1）活跃性——在前几个月走势中阳线比阴线要多，阳线比阴线要长，比如说有的个股在回踩后的低点时一旦出现首根阳线后，就会持续出现几根阳线。相反，有的可能在每一次回踩时都以串阴完成。

（2）节奏性——在前几个月走势中的每一次波动都非常有节奏和规律性，例如急跌慢涨（每一次短暂急跌后立即有中小阳线回升）、急跌急涨（每一次急跌之后立即有大阳线收复）、上下轨波动（每一次触及上轨就回落或触及下轨就回升），阶段见顶（每一次上涨到高位时就出现放量上影线，随后回落至地量时又回升）等，只要你细心去观察就会看出每一步的节奏。

（3）价格性——依据建仓之后1～3个月当中的价格涨幅变化来发现股性，例如，所有阳线涨幅都没有超过8%，一个涨停板都没有，那么在后市上涨中也难以出现涨停，也难出现大阳线，除非进入主升浪时。如果要做这种类型的个股你一定要有持股耐心。再例如建仓期频繁出现几个涨停板，那么在每一次回踩之后极有可能再出现涨停板的可能。相反，对于阴线的价格跌幅也同样分析。

（4）量能性——前两三个月当中主力运行轨迹中成交量变化规律相当重要，例如，有的是忽大忽小的山地堆量、温和放量、持续放量、平量保持等，但这些也需要结合K线形态分析。有关量能变化运用的技巧笔者在股民系统化视频教材里有详解，只要与K线灵活运用就行，在此就不必详述。

（5）奇异性——如果前期一段时间以来的走势中主力手法非常诡异，例如，类似老鼠仓的长下影线、频繁出现类似试盘的长上影线、假阴阳线、频繁出现星线或上下影延长线等。这种主力怪异手法让人难以捉摸，可直接放弃，因为你狡猾不过主力，也斗不过主力，更摸不清主力的轨迹。

（6）不规性——如果主力在前期控盘不严，资金实力有限，在基本面欠缺、人气不高等情况下，导致K线走势非常复杂，从中观察不出某种节奏规律的不规性，可直接放弃不参与。

第四节
近看一月洗盘位

如果你不想追涨追高，只想低进式的安全位置介入，那就请在主力建仓之后洗盘时择机介入，此时既安全，又有潜力，且不担心追涨追高后会被套牢的风险。没有只涨不跌的个股，再强的个股都会有洗盘的要求，只要你的自选股里面有庄股建仓控盘的，不想追高就耐心等待洗盘后的机会。千万不要介入在建仓末期或洗盘初期，所以在选股时一定要认清该股在前面那么强势是否有洗盘的要求？假设现在追进会不会恰好遇上洗盘的风险？如果选出来的个股正好有洗盘的特征或处在洗盘末期，那么就可以从变盘信号或起涨信号中跟进。

近看一个月看什么

1．看涨幅：是指看前一个高点的涨幅是不是主升浪现象，看前一个高点出现后是否有明显的大顶特征。例如，圆弧顶、M型顶、倒V型顶。意思就是判断出前高点之后到现在有没有洗盘的条件和特征，如果前高点位置时有主力洗盘的要求，或者从前高点后有洗盘的特征，才值得我们进一步跟踪。如果前面刚出现了主升浪，或者前面涨幅已经很高见顶回落，那么后面的走势就不太乐观了。

2．看量能：量能在任何位置都很关键，特别是在底位和顶位。如果在前高点前后出现放大堆量探高见顶，甚至巨量大阴线转跌，这样的现象极有可能是出货。如果仅是正常的洗盘，在阶段高位时不会放太多量，但也要放量。一般现象为：先适当放三天左右的量，但很快就见到缩量，并不会持续收放量阴线；缩量中的阳线量要比阴线量大一些，并且阴线量会逐根减少；缩量之后必有地量才有企稳的可能，如一直没有出现地量那就还有下探甚至放量下探的可能。

3．看信号：当确定前面的走势符合洗盘的条件和标准时，那就耐心等待变盘信号和起涨信号出现。在此之前也可以进行形态分析，看该股在下方是否有支撑，以及重要的防线或主力的成本区域，并分析出预期洗盘到什么位置，同时还可分析出突破什么位置属起涨信号，涨到什么位置才能大胆做多。因此，可以提前做好充分的心理准备，有备而战。

第五节
细看一周形态图

假设前期走势很好，主力也没有出货，但短期一周左右没有强势特征，接下来股价走势还有可能会继续保持原状。形态就是“舞台”，要想表演得更精彩、围观的人更多，掌声更热烈，首先需要有一个华丽的舞台和齐全的设备，才能打造出壮观的场景和气氛。个股形态搭配得好，才具有爆发的潜力，整装待发的架势，我们介入进这种股票，才能乘上顺风车。

细看一周看什么

1. 看仔细：对最近一周左右的每一个K线以及分时图的走势都要看仔细，也可点多日分时图一并查看。例如，前面出现过大阳大阴线以及涨停板等，在分时图中是怎么拉上去或打压下来的？涨停板是盘中什么时候封板的？是否频繁被打开过？从每一步到每一天的走势进行综合判断多空比率，其次就看短期的阻力和支撑以及缺口效应等。

2. 看组合：看完单根K线的走势后，要学会拼装组合搭配分析，也就是说看前后承接趋向有没有制衡关系以及短期的供给关系。在这条件之前要懂得各种技术形态的组合标准，不能错配乱搭，也包括量配变化，以免判断失误。这些可以从笔者的教材中加强研读获知，如果有看不懂的图形就直接放弃，最好是只做自己熟练的图形。

3. 看潜力：经过前两个条件的观察后，接下来就是评估潜力价值，不同的组合图形条件将走出不同样的趋势。但是，再华丽的舞台也需要一个繁华的地带环境，才更容易招揽人气。环境是指大盘趋势和该股的板块关联以及题材热点是否能成为助推器，以便借力发力，顺水推舟。其次看形态特征是否有强势股的前期蓄势标准，或者前期走势一直在酝酿之中。

第六节 再看分时找买点

选股不如选时，所以买进的时间和点位极为重要。买点是在发出变盘信号或者起涨信号下的一种交易策略，也可说是自己的一种交易机制，在没有发现这两种信号之一的情况下坚决不操作，或者说你要买进的点位早已在预期的策略之中。买点可分为点位区域内和明确的挂单价：买点位区域内是指在K线图形上符合买入条件，就不便计较几毛几分钱的波幅。明确的挂单价是指在分时图中符合买入条件时立即现价挂单，看分时挂买单目的是能够有效低吸，且买进后股价不会再往下打压，甚至有一买就涨的期望，也可以选择预埋单的方式。

看分时买点看什么

1. 看形态：分时图中的形态也有多种变化莫测，直接反映出主力操盘的步伐。例如，分时图中出现台阶式的上涨、W型底、头肩底、N字底、横盘蓄势等，不同的走势应采用不同的买入信号和操作手法。其次就是对股价即时线和均价线的关系进行灵活运用。

2. 看支撑：如果你发现日、周、月等周期K线图上在某个位置具有支撑价位作用，或者是当日分时图中的前低点有支撑，这些都需要在分时图中进行密切跟踪，当股价触及支撑附近时是否有回升现象？或者击破后是否快速收回？在受支撑回升时是否可以直线拉升？还是在支撑处反复震荡？从图中即可看出支撑的力度和市场反应以及主力的保护意愿。

3. 看阻力：看阻力与看支撑是相反的意义，特别是看突破的攻击性是否强烈？在突破之后回踩时有没有形成反支撑？或者是刚好到阻力位时以及还没有到达阻力位时就立即转身向下，说明上方抛压较大。其次就是看在突破阻力时均价线有没有紧跟而上，还是出现与股价线背离？如果是背离，那么很有可能是假突破。

第七节 时间窗口有变数

选股很重要、选时很关键、选窗口更理性。很多散户投资者受到市场消息或者K线图形的诱惑时，生怕错失牛股，更担心买不进，所以在次日还未开盘或一旦开盘就立即挂单交易，也不选价、选时、选窗口地盲目性介入。当激情散发之后，或当股价降下来之后才追悔莫及。俗话说“冲动是魔鬼”，不要轻易触犯，否则后果难堪。时间窗口即是变盘窗口，不得不防、不得不避的重要时间段。

时间窗口看什么

1. 看盘中窗口：一是早盘竞价中变化无穷，处于昏暗区域，一切要待竞价撮合后以开盘价为准。如果只是凭消息传闻而在早盘竞价中买进，风险相当大，很可能会出现低开、早盘走高回落、尾盘收低等被骗上当的情况。二是在开盘之后60分钟股价才会平息并走出方向，前30分钟在竞价多空激战之后难免会引起股价的剧烈波动，谁胜谁负在30分钟之后自有结果及方向选择，此时也可观察出当日一整天的预期走势。三是临收盘前20~60分钟，上午和下午临收盘都一样，一般在上午收盘前20分钟有拉升或跳水可直接反映出下午的趋向，更重要的是下午两点后。大盘个股都如此，在操作上尽量避开或提防这些重要的变盘窗口。

2. 看政策窗口：政策窗口可分为三大方面：一是相关会议和重大规划出台，在会议前后都属于变盘窗口，在重大规划试点、推行期都是时间跨度性的窗口，这些将会影响到相关板块及个股甚至整个行业界，总之看政府的脸色炒股准没错。二是经济数据发布，将直接反映出国民经济和工业运营状况的指数变化，在预期和公布期间都属于时间窗口。三是随着政策的变向和经济数据的变化而进行一系列的宏观经济调控，也会成为周期或时间段的变盘窗口。总之，在这些时间窗口因素中有的反应敏感，有的反应迟缓，做好心理准备就行。

3. 看理论窗口：指实战分析操作中运用到一些理论上的时间窗口，例如费波纳奇数列运用在日线、周线上的反应，黄金分割出来的价位左右时，每周每月每年的第一个交易日和最后一个交易日的开张日和收官日。在每周五的行情大家都担心周末消息影响，往往会在周五冲高锁利静观其变，所以有时周五的行情都不容乐观，特别是在政策时间窗口内。总之，信的人越多效应就越明显，有时也需要逆向思维来应对。

4．看政治窗口：指国家政治和法律发生重大转变，以及国家与国家之间发生摩擦，导致国民经济受损等现象，这也是一个重大的时间变盘窗口。事态是否会扩大或是变得更严峻要看国家高官如何处理以及所采取的相关措施而定，如果引起种种事态担忧时，最好是静观其变。

5．看系统窗口：指证券市中难以避免的系统风险变盘窗口，特别是国内不实行做空机制的A股显得更被动。例如，发生自然灾害、金融危机爆发、军事战争响起、恐怖事件突发等难以想象或难以控制且不可避免的系统风险来临。当这些特大事况发生后，金融市场将受直接的影响，所以在遇到时应立即果断做出相应的对策，是清仓还是要买入些相关受益股，要迅速做出决断。

本章总结

当读完上述内容之后，或许你会恍然大悟，明白了过去为什么选不到好股？买不到好点位？现在终于明白以往所犯下的错误和自身的缺陷。

但是，新的问题可能又出现了，笔者在前面长篇阐述中，要注意到那么多的细节和要点，真有点不习惯，有时根本顾不上这么多怎么办？笔者只能这样回答：“细节决定成败，当一个部件失灵、一个环节忽略，都能酿成大错；万事开头难，习惯成自然，心态好不如习惯好；唯有专注才能专业，唯有专业才能职业，唯有职业才有事业，唯有事业才有成就。大家一起努力学习进取吧！”

第二章 散户操作必用手法

股票操作是炒股中最重要的一个环节，也是正式投入真枪实弹资本战场的交易，战场是很残酷的，而结局是几家欢喜几家愁。特别是现在A股市场被庄家严重控制，使散户们以卵击石，伤痕累累。如果你没有一套完善的战术、一套严格的纪律、一套超前的思维是难以制胜的。根据不同人的性格、不同人的思维和心态、不同人的操作时间等可运用到多种操作方式，笔者在此以个人的经验交流分享一些散户在操作中必用的手法，仅供学习及参考。

导读

散户稳操胜券的特征

1. 良好的心态：不求暴利只求稳定，不大贪也不大舍，不激进也不犹豫不决、不顾一时盈亏只求坚持生存，不轻信他人也不过于自信，不与他人攀比只给自己激励等。

2. 坚定的纪律原则：不以规矩，不能成方圆，无规矩不能成事。例如，出现高危区、变盘区、不确定性等因素时定要用原则来克制出手；再例如，操作风格控制、个股组合控制、仓位控制、风险控制、行情节奏控制、情绪控制等定要用纪律来约束。

3. 完整的交易系统：在不断坚持学习和总结经验中，不断去填充自己的不足之处、不断优化自己的交易技巧和心得、不断融会贯通串联起来形成一套有效的交易系统。

第一节
学7战3

练兵百日用兵一时，活到老学到老，学无止境；一日不进步将落后一大步，一日不总结纠正还将会重复犯错。如果将70%的时间都用来学习，只用30%的时间来进行操作，做到每天进步1%，而结果必定非常惊人的。因为在这个世界上唯一只赚不赔的投资就是投资大脑！

学习需要时间、精力和家人在精神上的支持，同时还需要环境支持和正确的学习途径。其中最重要的是学习对自己有帮助的，且最适合自己的一些技巧和方法，并不是什么都学、见师就拜。有的方法技巧或许不适合你的风格，再怎么努力学习也没用，因为很难学以致用。如果学得太杂乱，不善于总结归纳、不灵活变通、不经过转换，只会让自己更加纠结，更加迷茫。笔者近年来推行个性化、精简化、实用化的“股民系统化学习现场培训班”和相关教材受到许多学员的赞扬，或许也能给你带来一定的帮助。

在此以简短的语句分享几句学员在学后的感受

1. 明白了过去：明白了自己的缺陷，明白了以往犯下的错误，明白了过去亏钱的原因，明白了股票市场的一些真理，明白了哪些东西有价值哪些没有价值，明白了哪些该放弃哪些要保留，明白了接下来要做哪些工作，等。当听完课程之后感到豁然明朗，茅塞顿开，浑身都轻松了许多。

2. 找对了方向：以前也知道要勤奋学习，也知道股市的风险，也知道要控制风险，但是不知道用什么方法，不知道用什么技巧最有效，也不知道哪种方法和技巧最适合自己，更不知道要从何做起。当听完课程之后就不再迷茫，有了新的向往、新的目标、新的方向，于是，也就有了新的起涨点，重新找到了自我定位，有了新的方法技巧资料辅助，以及笔者在后期的一路辅导和不断修正，必将终成正果。

3. 规范了系统：以前学得很杂乱，用的指标、方法、理论、手法、技巧太繁杂，虽经过频频操练但次次失败，耗时三五年还是回到解放前，最终无一精通，劳而无功。当听完课程之后像打通了三经六脉，懂得了弃废取精，懂得了交易原则，懂得了哪些技术是最重要的，从前到后都有了系统化的操作模式，在实战交易中可以进退自如。

总之，股票在一年当中只有30%的时间在上涨，另有70%的时间都是在下跌或整理，那么我们就用70%的时间来学习总结，30%的时间进行实战操作。但市场上很多散户投资者根本没有做到这一点，而是恰恰相反，70%以上的时间都在频繁操作，操作时间远超过学习总结时间，所以亏损也正常。如果每一天、每操作一次，都总结一次，并且一直保持下去，犯重复的错误的概率就会大幅降低，成功也早晚会属于你。知错不改错中错，谁人无过？过而能改，善莫大焉。

第二节 做熟弃生

乡村土话说："远怕水近怕鬼"。在黑夜时分去到一个陌生的地盘时，生怕会踩到水坑和沼泽被陷下去，是因为你不熟悉地形，生怕会招来风险。在自己熟悉的地盘上，可以避开有水坑和沼泽的地方并绕着走。

换到股市中来讲，对于一些不熟的主力控盘的个股，不熟悉的上市公司背景，不熟悉的技术形态，以及不熟悉的技术和手法，如果你冒然而行只会招来巨大的风险，从意义上讲就纯属赌博。相反，如果你只在你熟悉的范围之内操作，那么唯一担心的是某只个股的主力是否会玩诡异骗线，也就是说最怕主力突然异动，例如，震仓、打压、骗线、出货等。

不熟悉的个股尽量少做，不熟悉的图形尽量不碰，不熟悉的手法尽量不试，不明朗的趋势要停手，不明确的消息要谨慎，不明显的信号要深思。

因为，股票有其自身的性质或习性，主力也有主力的风格或惯性。若想熟悉一只股票的习性是需要较长的时间来研究的，熟悉一个主力的风格也需要较长的时间去跟进，熟悉一张图形同样需要较长的时间去操练。如果想要在操作上轻松踏准节奏，这些条件是缺一不可的。

所以，做自己最熟悉的市场，做自己最熟悉的个股，做自己最熟悉的图形，跟自己最熟悉的主力，做自己最拿手的手法，做自己得心应手的事再好不过。

第三节 以小搏大

以小博大，四两拨千斤，是所有投资者的愿望。在股市中投资者亏普遍损惨重，碰壁无数，以小博大的概念或许早已绝望。或许有人说这根本不可能实现，但世界之大无奇不有，要相信当技术练到位的时候功到自然成。

八仙过海各显神通，每一位操盘手都各怀绝技，在此笔者也分享两种以小博大的实战技巧。分别为以2%的风险博10%的利润和以5%的风险博20%的利润，请见下图。

以2博10案例图解

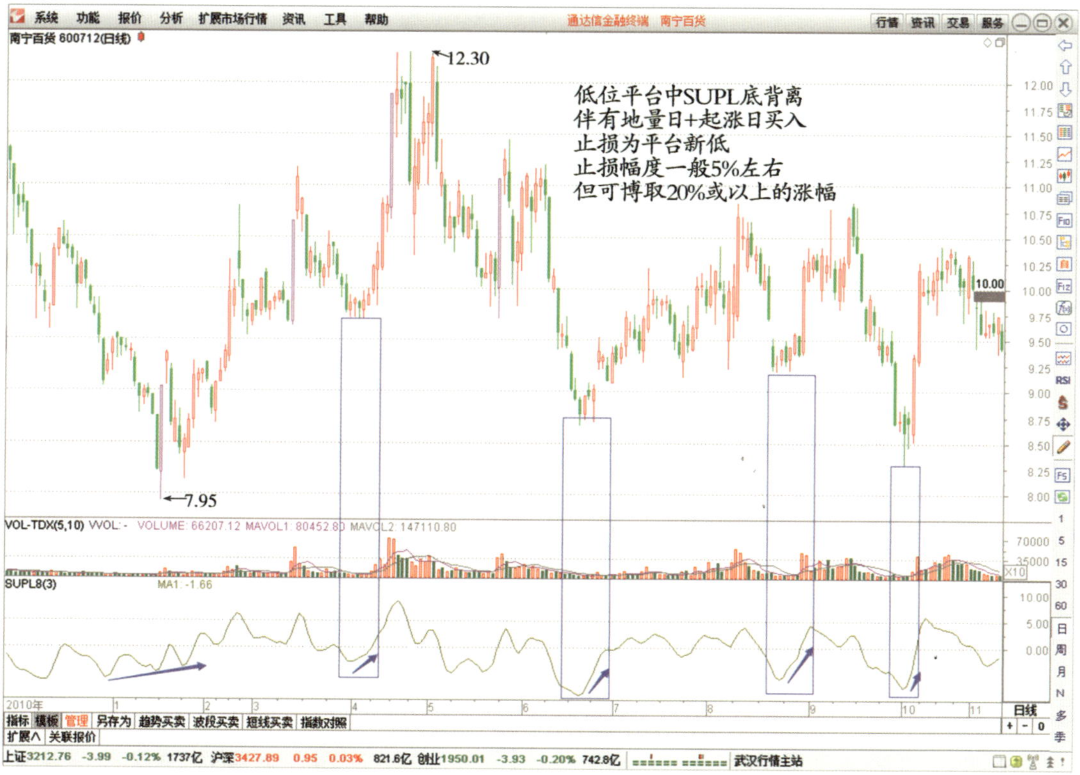

图131　南宁百货（600712）2011年1~10月的日K线图

【图形解释】

图131重点所示的是南宁百货（600712）的SUPL指标在低位平台中的底背离走势。图中经过每一轮上涨之后，急速洗盘下跌，其中下跌末期都以平台构底，同时下方主力资金线（SUPL）背离上移，说明在平台中有资金净流入。经过短期平台之后，以中大阳线起涨，当日中大阳突破平台高点时可买入，止损放在平台低点之下，以实现“以5博20”的条件，如果买点抓住平台地量日的尾盘，更可实现“以2博10”或以上。

【图解启示】

洗盘中的企稳平台比持续下跌后的止跌平台要相对安全一些，因为洗盘中的企稳平台有主力在，而持续下跌后的止跌平台主力还没有进驻。所以，在平常操作中要分辨清楚这两个平台。如图131，在下跌时虽有跌停板出现，但没有放量，从阶段位置来看也符合洗盘要求，后期无论上涨多少但至少短期还有上涨的潜力。特别是在横盘和平台中方向不明时，不妨借用主力资金线来辨别强弱。一旦发现有强势潜力特征时，便可以在平台下轨处低吸，假设突然变盘向下可在－2%时进行止损，但是这种图形一旦上攻至少是大阳线拉升，其涨幅不会低于5%，甚至一般有接近涨停板的潜力，因此这就是以－2%的风险博取10%的利润，从策略上讲风险远小于利润，在操作上值得一搏。至于后期能否持续上涨，一般目标可定在前高点上下锁利出局待观察下一步走势。

以5博20案例图解（一）

【图形解释】

图132重点所示的是舒泰神（300204）两处趋势线（EXPMA）“蜻蜓点水”的走势。图中前低点是自上市之后下跌的低点，见底之后主力经过一轮建仓上涨50%，共用时两个月。随后展开缩量洗盘一个月，在洗盘末期以地量小阳线筑底企稳，在洗盘结束回升时持续中大阳线抢筹拉升。在突破前低点时短暂技术性回踩均线获得支撑，又以大阳线抢筹起涨，随即展开一轮新的上涨行情。图中整体为三个大浪形上涨，并且浪形逐个拉长。

【图解启示】

图132为笔者之前讲述过的“蜻蜓点水”形态，在此需要点评的是建仓浪、洗盘浪和发展浪的密切关系，以及如何以小博大的操作技巧。首先前期建仓浪涨幅

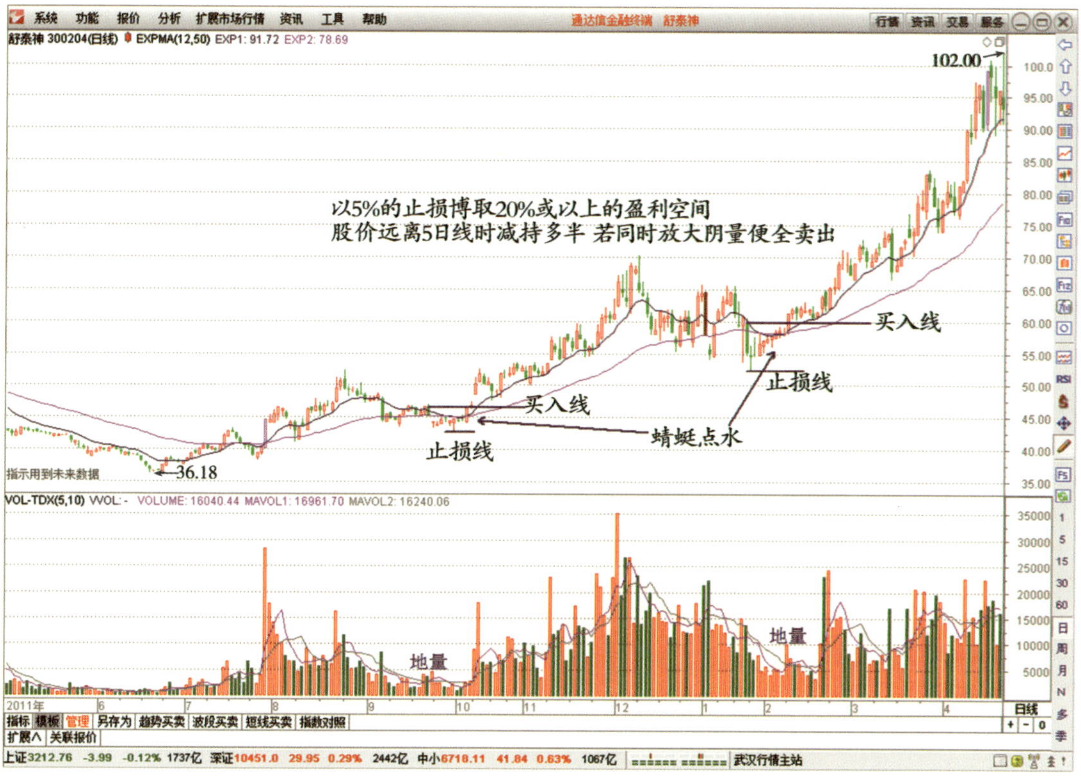

图132 舒泰神（300204）2011年5月~2012年4月的日K线图

不低于30%，因为建仓资金越多后市上涨越有力。洗盘时回调幅度一般为前涨幅的10%~20%之间，或者是黄金分割位的0.382和0.5之间，为止跌企稳区域。在止跌企稳中若以平台筑底同时再出现小串阳的吸筹现象，可视为是主力的增仓手法，此时可在筑底中逢低介入，因为有时筑底波动的幅度要偏大一些，那么就将止损位设在5%，一旦破位放量下探时立即止损出局，反之一旦向上重拾升势上涨第一目标是前高点上下，其盈利空间幅度为20%左右，所以这种技巧是以5%的风险博取20%的利润，并且是在洗盘之后的低进式介入，风险明显降低。

以上两种以小博大的操作技巧优点是：在操作时有明确的选股模式和买卖点位以及止损位设置，当有了明确的界定下操作时操作就显得更轻松、更安全、更踏实，更有利可图。

以5博20案例图解（二）

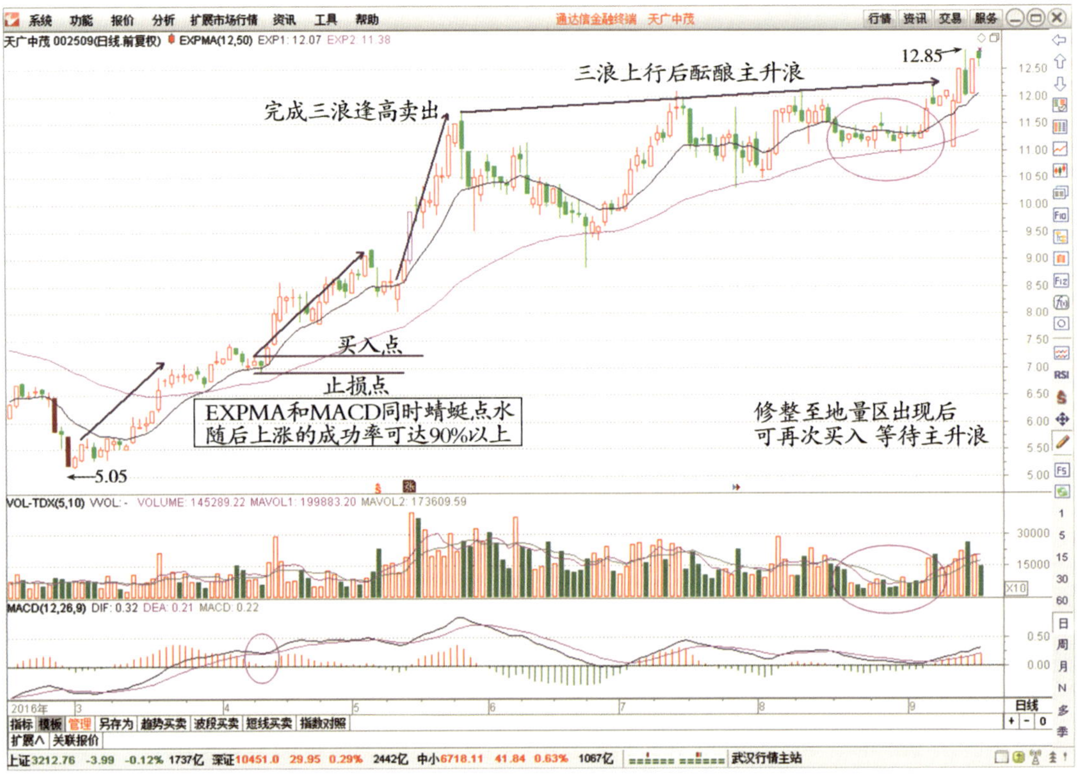

图133　天广中茂（002509）2016年3~9月的日K线图

第四节 仓位控制手法

控制仓位就等于控制风险，仓位灵活进出自如，对任何风险都可即时控制。在股市里面风险和利益是同等的，操控手法和结局也是同等的，仓位控制恰当能化小风险扩大利润，仓位控制不恰当只会扩大风险甚至没有利润。

一般散户投资者不能有效控制仓位，甚至缺乏控制风险的意识和举动，导致重仓深套难以自拔。起因源自两方面：一是“贪”字蒙蔽了风险，当听到一些消息看到一些漂亮的图形时，就不顾一切地全仓冲了进去，当头脑清醒过来时或当被套时才忏悔。二是缺乏控制风险的手法，心里也明白风险的要害，但就是不知道用什么方式来控制心态情绪、控制仓位，所以就一直重蹈覆辙。

根据笔者经验分享以下几种控制仓位的技巧

1. 加减进出法：加减仓的手法目的是逐渐降低成本价，将风险缩至最小。能加仓的前提是初次买进时要留足余仓到后面才有加仓的资金，也就是说初次买入的底仓最好不要大于五成。在什么情况下可以加仓？一是起涨信号出现时立即加仓两成；二是在突破后回踩确认支撑有效时立即加仓两成；三是在上升通道形成时沿5日线缩量回踩时低吸两成，这三大加仓要点都是属于安全性较高的。在什么情况下需要减仓？一是在起涨信号出现之后上涨至前高点附近时减仓两成以防受阻回落，减仓后待进一步整理后再决定下一步操作；二是在上升通道中的上轨处出现放量拉高或顶背离现象时减仓三成，以防出现阶段顶回调，回调时观察是否以缩量为主或下方均线有无支撑再决定下一步操作；三是在跌破第一道支撑线时减仓两成，以防技术图形遭破坏造成更大的损失，例如收盘在5日线之下或收盘在前低点之下等；四是在主升浪中的第二根大阳线起每天至少减仓两成，越拉越减，拉到第五天时最好是已经清仓，可防止煮熟的鸭子飞了反被套在山顶。

2. 条件增加法：无论你是技术派还是基础派，在决定买进一只股票时肯定是有自己的理由，至于理由条件有多少个或发出信号有多少个？这就要看你选股的方式以及能否洞察出个股的潜力。按照笔者技术派来讲是这样的：先给自己设一定的起步仓，如三成，例如在选股中发现该股具备蜻蜓点水的买入条件便计划买进三成仓，然后又发现在蜻蜓点水过程中有串阳组合的条件时，可计划再加多一成仓就是四成仓，再从蜻蜓点水的阶段位置来看是刚处在洗盘之后就计划再加多一成仓就是五成仓，最后往下看MACD线也是在0轴之上出现蜻蜓点水的买入条件，计划再加一成仓也就是一共六成仓买进这只个股。如此每多符合一个买入信号的条件就加多一成仓的手法，这样可以在扩大利润的同时还缩小了风险性，符合买入的条件越多，上涨的潜力就越大，仓位也随之加多。各投资者可多看笔者的书籍和教材，这样能辨别更多的买入信号条件成立。

3．成交量分配法：指通过上证指数成交量变化来决定仓位比重。据笔者经验划分为：600亿左右为低迷市区域，仓位三成以内，除非出现了政策底两个月后的底部区域可以逐步增加至5成左右；1000亿以下为弱市区域，仓位五成以内；1500亿左右为活跃市，个股普遍上涨时，仓位控制可根据自己的选股和操作风险自行决定；2000亿左右时为警示风险区域，仓位最多七成；2000亿以上时为高风险高收益区域，仓位可重可轻但一定要快进快出，以防历史大顶出现。依此伴随大趋势控制仓位风险是很有效的。

4．金字塔分批法：指在建仓时以金字塔分批方式买进，例如，初次买三成仓，每上涨3%～5%的台阶时加仓一成，根据技术图形或自己能接受的仓位范围内进行操作。在高位卖出也要按照倒金字塔分批方式卖出，例如，在主升浪拉升第二天就卖出4成仓，往后每一天的盘中高点都分别各卖出两成仓，切记在主升浪后主力很容易做诱多的图形，千万不要轻易在卖出后又追进去，最终赔了夫人又折兵。

第五节 散户卖出手法

买进容易卖出难，这是所以散户心理最纠结的问题，特别是在没有盈利的情况下卖出更为难。笔者在本书第一篇的第十章第三节也有“8种见顶特征”的图解说明，此处笔者再一次精简归纳一些要点提示。

1．逃顶卖出法：在技术上不管是真顶还是假顶，都要做好风险控制的措施，当卖即卖。不要贪、不要猜测、不要幻想、不要听信他人所言，立即做好回避措施。即使是假顶后面继续上涨也没关系，至少你有风险控制的意识，在往后操作中不会导致较大的损失。例如，在行车中遇到对面车时会很困难，如果不采取避让的危险意识，后果不堪设想，如果不避让且没有安全通过，但仅差几厘米的距离而没有发生碰撞，这种现状只能称你运气好，这样的运气概率又有多少呢？要相信，养成有风险意识的习惯必然是好事。

2．突变卖出法：常在河边走总会有湿脚的时候，长期在股市中操作总会碰到突发事件或突然变盘转势的情况。如果你在瞬间没有采取措施，后面的风险就可大可小了。突然变盘的因素有很多，但大多数是源自利空消息影响，其次就是技术修整。当突然变盘时，就立即查看30分钟图，只要30分钟图内某一根K线出现放巨量，就立马减持或卖出。没必要去四处打听为什么跌，或是看财经网站是什么原因导致利空之类，这样只会拖延亏损时间。

3．早盘卖出法：早盘往往是买入机会也是最佳卖出机会，因为早盘是敏感的变盘窗口。按笔者的经验发现，如果早盘低开2%左右的缺口，同时30分钟是放巨量阴线，此时果断卖出股票，不必找原因或犹豫。当时卖出可能只亏3%～5%，如果到10：30后还没有回补缺口，说明当天弱势已成定局，由空翻多的概率很小。假设真空翻多也没关系，在技术安全时再买进就是，但事先做好风险意识是不能少的。这好比站岗防盗一样，不是每天都有盗贼光临但必须每天都要守岗，如果不坚守岗位，那么随时都会遭遇盗窃。试想一下，如果到下午再次下跌或转势，那时已跌5%

以上就更舍不得卖出了，越到尾盘跌幅越大，甚至跌停都有可能，有时在早盘一个小时内都有可能跌停。一般当天低开缺口没有回补的实体大阴线，在次日早盘还会顺势下探低点的。如果在早盘及时卖出，不但减轻了风险而且在次日低点还可低吸抢超跌后的反弹。这一点很关键，一定要牢记。

4．分时卖出法：在早盘60分钟分时图中可细看股价线和均价线的关系，如果两条线走势来回上下纠缠，波动幅度也略大，说明当天的走势不太通畅，以震荡行情为主。如果开盘后60分钟股价线在均价线之下直线运行，说明当天以跌势为主，应减持或卖出。相反，如果开盘后60分钟股价线在均价线之上直线运行，说明当天以涨势为主。但这只是一个概率，并不具绝对性。最主要的是早盘第一个30分钟的量是否巨量，如果是，也是卖出信号。其次是股价线和均价线顶背离，股价线与均价线远离时，属于高抛信号。

5．征兆卖出法：下跌前的征兆信号有几种，可分为技术和政策两方面的信号。技术方面在本书前面已有讲过，政策也可分为两方面：一是观察官员发表讲话中的态度和脸色，例如2009年中小板上涨过猛，后面政府人员就发话了，虽然没有直说但意思就是不能这样去猛炒的。二是从经济和宏观数据方面探索，例如CPI数据达到5%以上时就有通胀现象了，此后要注意大盘走势是否有见顶的特征，一般以3%为合理。当然还有其他数据指数各代表不同的特征，央行货币调控周期等方面也值得关注。

第六节 主动解套手法

在股市实战操作当中，被套是难免的，有时在操作策略上还特意买套分批低吸，有时浅套10%以内也很正常，如果深套20%那说明操作上出现很多错误。浅套不要紧，只要有潜力，深套虽要紧，只要有方法仍可自救。千万不要死扛，一定要主动设法解套，早解机会多。

主动积极解套是一种方法，也需要一定的技巧

1．向下差价法：前提是要判断确定后市是向下的，在股票被套后等反弹到一定的高度，估计见短线高点时先卖出，待下跌一段后再买回。通过这样不断地高卖低买来降低股票的成本，最后等总资金补回了亏损，完成解套，并有赢利，则再全部卖出。

2．向上差价法：前提是要判断确定后市是向上的，在股票被套后先在低点买入股票，等反弹到一定的高度，估计见短线高点但不一定能够到第一次买入被套的价格时再卖出。通过这样来回操作几次，降低股票的成本，弥补了亏损，完成解套。

3．单日“T+0”法：因为股票的价格每天都有波动，就抓住这些波动来做文章。例如，你昨天有100股被套，今天可以先在低位买100股，然后等股价上涨了再卖100股；也可以先在高位卖100股，然后等股价下跌了再买100股，等今天收盘你还是100股，但已经买卖过一个或几个来回。一进一出或几进几出，到收盘时持股数量是与昨天相同的，但是现金增加了。这样就可以降低成本，直到解套。这个方法与向下差价法、向上差价法的区别在于它是当日就能来回反复地做，而向下差价法、向上差价法不一定是当日就来回做，可以过几天做一个来回。但是一定要确保该股的活跃性，如果波动幅度太小则不利上述三种方法操作，即采用下面第5种方法。

4．降低均价法：前提是你还有大量现金，在股票被套后每跌一段，就加倍地买入同一只股票，降低平均的价格，这样等股票反弹或反转就可解套出局。这种方法也被称为金字塔法。

5．换股法：就是觉得自己的股票实在是没什么潜力和机会，就选一只与自己的股票价格差不多且有机会上涨的热门股，也就是换为短期有上涨潜力且价格相当的股票，即是用调仓换买的股票上涨后的利润来抵消前面买入股票因下跌而产生的亏损。

总之，主动解套的方法多种多样，但它的核心思路就是要千方百计地降低成本，补回损失，直至盈利。

本章总结

操作手法甚多，找到适合自己的最重要。一种操作手法要做到精练，过程中还需要严格执行纪律，不断纠正错误，才能快速提升至精练。在这期间内也需要时间来考验和探索，以及耐心地坚持。

学习中不妨给自己写一份工作表，将你的优点写出来要如何继续发挥得更好，将你的缺陷写出来需要如何填补，将你犯过的错误写出来以便立即纠正，将你未来的计划和目标写出来才有方向，将你的誓言写出来可帮助时刻警惕或促使你进步。

附录

FU LU

附录一 做精一张图★强势股形态选股软件

软件介绍

笔者总结归纳出32种潜在强势股图形特征选股条件，精心编入软件选股器中。软件自2011上市以来经多次精编升级，可助用户更便捷、更可靠、更迅速地选出所需要操作的潜力个股。

软件风格

该软件是按照广大股民常用软件的基础上加以结精，以便容易上手。该软件有四大分析界面：短线买卖、波段买卖、趋势买卖、指数对照，不同分析界面用到不同技术，在分析时可一目了然地分辨优劣。虽然有的图形名称同市场有相类似但其中选股方法和操作技巧有所不同。

优势突出

兵不在多而在于精，将不在猛而在于谋。软件功能不在于多而在于高效实用，软件界面内容不在于丰富而在于简洁明朗。本软件没有色彩绚丽的界面，并不会因为功能繁杂而无从适手。在选股时可助股民用户轻松而又快捷地将所有强势潜力股在瞬间一网捕获。另配套相关选股方法和操作技巧视频讲解，以及股民系统化学习教材。

技术可靠

该软件是做精一张图的理念，最不可缺的是精华深化。大多数选股条件以量价形态为主，而不是依赖随机移动的指标条件。经过无数次成功测试，使现有用户异口同声地称赞如获珍宝。用户可根据各自操作风格和最熟悉的图形挑选几种作为重点操练做精。所谓系统化炒股三大法宝：书籍是图例教材、视频是实战技巧、软件是操练工具。

32种图形条件选股功能

志尚战法1空中加油—强中更强
志尚战法2仙人指路—强势加速
志尚战法3串阳组合—强势吸筹
志尚战法4挖坑洗盘—牛股埋筹
志尚战法5趋势金叉—中期转强
志尚战法6梅开二度—由弱转强
志尚战法7追踪涨停—有一生三
志尚战法8上跳缺口—强势启动
志尚战法9过顶突破—新高不断
志尚战法10短期拐点—上涨加速
志尚战法11中期拐点—捕捉主升
志尚战法12突破平台—升势在即
志尚战法13波段低吸—盈利丰厚
志尚战法14低位放量—抄庄家底
志尚战法15三外有三—大牛启动
志尚战法16秒杀老鼠仓—捕风捉影
志尚战法17蜻蜓点水—企稳回升
志尚战法18抄底反弹—与庄共舞
志尚战法19小阴小阳—必有大阳
志尚战法20地量十星—希望之星
志尚战法21光头光脚—起涨信号
志尚战法22两阳夹阴—做多信号
志尚战法23财富密码—见底信号
志尚战法24主力资金—跟庄潜伏
志尚战法25上升三曲—上涨中继
志尚战法26下轨低吸—低吸高抛
志尚战法27兄弟连阳—有庄控盘
志尚战法28分时横盘—即买即涨
志尚战法29均线黏合—多头初期
志尚战法30加油平台—上涨中继
志尚战法31横盘蓄势—大牛前兆
志尚战法32上下影试盘—变盘在即

提示：可在https：//zswm168.taobao.com 查看详细说明书，仅限读者享有

附录二　志尚财富简介

【LOGO释义】

内方外圆：孟子曰：“规矩，方圆之至也。”中华五千年的生存智慧浓缩于方圆之中，似太极般刚柔相济，变幻无常。“方”是做人的脊梁，“圆”是处事的锦囊，有圆无方则不立，有方无圆则碰壁，只有方圆结合，才能交出一份合格的人生答卷，所谓“做事先做人”。

方正：代表志尚团队架构掌握核心技术，三根K线符合行业代表（有一生三、三生万物，步步高升、突破外围财富无限的含义），由此而产生钻石般的志尚财富象征。

外圆：环环相扣，相互帮助，意味着全国广大读者们同心协力拥护着团队内圆核心。

整体形状：似徽章、金牌、金币，象征财富和荣耀，也体现了团队力量和权威特征。志尚财富简称“ZSWM”。

志尚财富创始人：李志尚带领一批行业精英团队，主要从事国内外上市辅导、产业整合、投资咨询、资产管理、基金管理、股权投资、文化产业投资、（股票、期货、黄金）预约开户服务、线上线下投资者教育培训等业务范围。

志尚财富团队一直坚持以人为本、诚信天下、海纳百川、乐于助人，为投资者、为企业提供贴心的服务，且着力于专业的人做专业的事。

志尚财富团队秉承着规范经营，以诚待人，客户至上，精诚合作，创造财富的宗旨。没有最好，只有更好，志尚财富团队一直在不断地努力。

志尚财富团队绝不会辜负众人所望，一切以实力胜于说服力，以业绩胜于影响力，时间可以见证一切。

志尚财富在全国各地设有合作网点，海纳百川，欢迎有资源、有志同道合的朋友加入或整合共创事业。

财富热线：4006 917866

客服咨询QQ：4006917866

志尚财富官网：www.zswm168.com

附录三 【股民系统化培训课程】干货大全

（五篇共56课时30小时）

【基础篇】要点：认识市场性质，看懂游戏规则、快速直线入门，点化学与做的明确方向，避免走弯路

第1课：股市到底为谁而开？
第2课：股市有哪些基本功能？
第3课：股市中有哪些交易种类？
第4课：股市适合哪些人投资？
第5课：股市中的钱被谁赚走了？
第6课：股市重要名词如何理解？
第7课：股市中有哪些风险？
第8课：股市投资入门步骤？
第9课：股票软件如何设置更有利于盯盘？
第10课：股市投资有哪些必学的技巧？

【进阶篇】要点：掌握核心知识，用正确的方式理性投资交易

第11课：基本面哪些内容必须要理解和解读方法？
第12课：技术面哪些K线必须要认识和运用技巧？
第13课：股市中运行时有哪些常见规律？
经14课：股市中的看盘技巧和分析步骤？
第15课：股市中有哪些必学的交易理论和运用技巧？
第16课：股市中在哪些情况下会影响股价趋势？
第17课：股市中最容易赔钱的是哪些人？

第18课：股市中最容易赚钱的是哪些人？
第19课：股市中哪些消息可信可不信？
第20课：股市中的投资组合和风格偏好如何建立？

【中级篇】要点：化繁为简，弃废取精，专注做精，直击赚钱核心

第21课：基本面成功率最高的选股技巧有哪些？
第22课：K线形态成功率最高的选股技巧有哪些？
第23课：如何把握题材股和龙头股的技巧？
第24课：如何精准分析大盘趋势的技巧？
第25课：如何运用成交量分析把握买卖点？
第26课：精准判断顶底的K线和指标有哪些？
第27课：分时图中有哪些重要的买卖信号？
第28课：短线交易必须掌握的技巧有哪些？
第29课：中线交易必须掌握的技巧有哪些？
第30课：长线交易必须掌握的技巧有哪些？

【高级篇】要点：融会贯通、活学活用、关键时刻出奇制胜

第31课：滚动做T的实战技巧有哪些？
第32课：在哪些信号后考虑加仓？
第33课：在哪些信号后必须减仓？
第34课：在哪些信号后立即清仓？
第35课：交易前需要做哪些策略？
第36课：常用的仓位控制技巧有哪些？
第37课：次新股的机会和风险与技巧有哪些？
第38课：抓住涨停板成功率最高的技巧有哪些？
第39课：被套后的快速解套技巧有哪些？
第40课：行情突变的应对措施有哪些？
第41课：有哪些主力做盘信号值得跟随？
第42课：投资过程中有哪些误区？
第43课：如何克服不良心态？
第44课：如何避开一些投资陷阱？
第45课：如何做到知行合一？

【境界篇】要点：归纳所学所用的精髓部分，并修炼成一种自然习惯和本能反应

第46课：如何培养盘感？
第47课：必备的交易手法是什么？
第48课：必备的交易纪律和原则是什么？
第49课：必备的交易素质是什么？
第50课：必备的稳妥战略是什么？
第51课：哪些情况下该出手、哪些情况下该收手？
第52课：常遇心理问题的解决方案有哪些？
第53课：哪些态度和行为习惯可事先注定盈亏？
第54课：股市老司机畅谈炒股哲学（你犯了多少错）。
第55课：李志尚的智慧语录（这些字值千金）。
第56课：万法归一的境界是怎么炼出来的？

综合概述

以上内容是笔者将《做精一张图（彩图版）》《做精实盘手法（彩图版）》《做精一只股（彩图版）》三本股票书籍的精髓部分归纳为完整的交易系统，并含有书中不便或不能以文字表述清楚的更多内容，笔者希望通过该系统培训课程能快速提升读者朋友们的实操技能水平。另外，笔者将在全年不定期开设读者现场见面交流会和股票、期货、黄金操盘手学徒培训班，真正帮助读者朋友们能够学以致用、立竿见影。

附录四 【期货系统化培训课程】干货大全

（五篇共56节课30小时）

【基础篇】要点：全面认识期货市场，了解期货市场的性质特点和功能，交易软件的选择和设置

第1课：期货市场的前世今生与未来趋势是什么？

第2课：期货市场的性质功能和分类有哪些？

第3课：期货市场重要的专业术语解释有哪些？

第4课：如何选择主力合约与主力合约到期如何移仓？

第5课：期货投资必须要懂的三大特点。

第6课：期货的属性和关联性如何分类更便于看盘分析。

第7课：股指期货的特征和注意要点有哪些？

第8课：如何设置期货行情软件更便于使用？

第9课：如何设置和使用期货下单界面？

第10课：期货程序化交易的特征与优缺点有哪些？

【进阶篇】要点：期货交易的方法分类，全面了解常用的期货投资方法，并重点惯通价差法技巧

第11课：如何做到高效的套期保值？

第12课：如何使用高效的套利技巧？

第13课：期货中的蝶形套利和异形套利技巧有哪些？

第14课：股指期货常用的套利技巧有哪些？

第15课：期货基本面分析要点有哪些？

第16课：期货技术分析的三个前提条件是什么？

第17课：期货技术分析必用的分时技巧有哪些？
第18课：期货技术分析常用到的K线技巧有哪些？
第19课：期货技术分析运用到的新版道氏理论是什么？
第20课：期货技术分析中的平均线运用技巧有哪些？
第21课：期货技术中的波浪理论运用技巧是？
第22课：期货技术中的江恩理论实战技巧是？
第23课：期货平方根法要义和应用技巧是？
第24课：期货三维图理论和应用技巧是？
第25课：期货实战技术中的趋势线怎么画？
第26课：期货技术分析常见必用的主要指标释义和用法。

【中级篇】要点：辨势析节与看盘分析绝技，以及重要的消息面和时间窗口的掌握

第27课：期货盘口中有哪些财富密码？
第28课：期货最有效的趋势分析技巧？
第29课：期货量价关系中的秘密是什么？
第30课：期货持仓量与价格关系的分析技巧有哪些？
第31课：期货双向成交量的运用法门是什么？
第32课：期货应用MACD判断趋势反转信号的技巧是？
第33课：期货交易中必须注意的消息面有哪些？
第34课：期货交易中必须注意的时间窗口有哪些？
第35课：期货程序化交易时如何优化成功率？
第36课：期货程序化交易的应用技巧与注意要点是什么。

【高级篇】要点：掌握风控管理和资金管理以及止损止盈要诀等

第37课：期货交易中固定比例开仓法的使用技巧是什么？
第38课：期货交易中盈利加仓法运用到的技巧有哪些？
第39课：期货交易中金字塔法运用到的有效技巧是什么？
第40课：期货交易中亏损加仓快速解套法的技巧如何做？
第41课：期货交易中的左侧交易技巧有哪些？
第42课：期货交易中的马丁策略的精华有哪些？
第43课：期货交易中的常用止损方法有哪些？
第44课：期货交易中的常用止盈技巧有哪些？

第45课：股指期货交易中的风控管理方法有哪些？
第46课：期货程序化交易中的择优组合和风控管理方法有哪些？

【境界篇】要点：做到知行合一和万法归一，并建立自己的交易系统

第47课：期货交易中必不可少的知识。
第48课：期货交易中如何培养盘感？
第49课：股指期货实战中的短线和趋势交易技巧有哪几招？
第50课：期货操盘手必用的开仓技巧有哪些？
第51课：期货操盘手如何精确地去发现趋势转折关口？
第52课：期货操盘手如何巧用程序化自动交易？
第53课：期货操盘手如何构建一套高效实用的交易系统？
第54课：期货操盘手常用的克服困难方法有哪些？
第55课：期货交易中怎样才能使自己做到知行合一？
第56课：期货操盘手如何树立良好的心境和行为？

综合概述

以上内容是由志尚团队期货老师李同麟将亲临期海十余年的经验精编而成，其中包含一些他的独门秘笈，首次对外传授，希望帮助读者朋友们能够学以致用、立竿见影。

后 记

自2011年7月《做精一张图》出版后，收到不计其数的读者来电和网络好评，志尚在此深表谢意，有你们的支持和鼓励，我将更加努力，志尚愿义不容辞地为所有读者耐心解答并提供服务。同时，更要感谢广东经济出版社编辑主任罗振文和责任编辑赖芳琨，在2017年修订版中还要感谢志尚财富团队张超老师的短线技术协助，在您们的引导与支持下，志尚顺利完成此书的写作。虽然随着政策和制度以及市场环境的变化，可能会产生一些新的主力手法，但人性和资金进出的量价形态关系是永远不会改变的，所以大家不用担心这一点，希望各位读者朋友们能早日扎实自己的基本功。

在股市中，每一位成功的投资者都有一套属于自己的操作系统模式，其中包括：

自我定位明确：自己最欠缺什么？自己最需要学习什么？自己最向往的是什么？

严守交易原则：原则如军规不可侵犯，有原则不慌，有计划不乱，从不盲目交易。

熟练操作手法：一招鲜吃遍天，使用自己擅长的手法而持续盈利。

独特思维奇观：做到客观理性、独立判断，而不是知其然，而不知其所以然。

心态决定成败：开始炒好奇、炒技术、炒眼光、炒智慧，最终是炒心态，炒境界。

细心多一点，认真多一点，净化多一点，练习多一点，总结多一点，修正多一点，奇迹般的成功，离你不会遥远。

聪明人拿时间学技术赚钱，糊涂人拿时间找借口亏钱。唯有专注才能专业，唯有专业才能职业，唯有职业才有事业，唯有事业才有成就。大家一起努力学习进取吧！

志尚团队全力为金融交易者、投资理财者提供全面的系统培训班，通过线上APP教学和线下现场实操相结合，可加强读者朋友们在读书后迅速应用到实盘当中，以及在线解答实盘中的各种问题。

读万券书，不如读烂一本书；学过千招，不如学精一招；做千只股，不如做精一只股；书读百遍，其义自现；一本好书，一生财富。所以，望请各位读者朋友们将志尚的书籍至少阅读5遍以上，并请多做笔记与梳理。

志尚愿各位读者加强研读及领悟，若有不明之处或提宝贵意见请与志尚联系。

以书结缘互动交流方式：
客服咨询QQ：4006917866
股票技术交流QQ：420150497
T+0技术交流QQ：396773457
咨询电话：4006-917866
志尚财富官网：www.zswm168.com
志尚新浪微博：http://weibo.com/LZSV5
志尚官网教材：https://zswm168.taobao.com

李志尚微信号

志尚财富微信公众号

志尚财富APP
在线学习终端

李志尚 2012年夏
修订于2017年春